재난 불평등

# 재난 불평등
재난은 왜 약자에게 더 가혹한가

초  판 1쇄 펴낸날  2016년  8월 30일
초  판 2쇄 펴낸날  2020년  9월  5일
개정판 1쇄 펴낸날  2020년 12월 15일
개정판 3쇄 펴낸날  2023년  8월 20일

지은이  존 머터
옮긴이  장상미
펴낸이  이건복
펴낸곳  도서출판 동녘

편집  구형민 김다정 이지원 김혜윤 홍주은
디자인  김태호
마케팅  임세현
관리  서숙희 이주원

등록  제311-1980-01호 1980년 3월 25일
주소  (10881) 경기도 파주시 회동길 77-26
전화  영업 031-955-3000  편집 031-955-3005  전송  031-955-3009
홈페이지  www.dongnyok.com  전자우편  editor@dongnyok.com
인쇄·제본  영신사  라미네이팅  북웨어  종이  한서지업사

ISBN 978-89-7297-978-4 (03330)

# 재난 불평등

THE DISASTER PROFITEERS

**존 머터 지음·장상미 옮김**

재난은 왜
약자에게 더 가혹한가

동녘

**일러두기**

1. 맞춤법과 띄어쓰기는 '한글 맞춤법'에 따랐다.
2. 외국 인명이나 지명, 작품명은 국립국어원의 〈외래어 표기법〉에 따라 표기함을 원칙으로 하되,
   표기법과는 다르지만 굳어져 많이 사용하는 단어는 관행을 따라 표기했다.
3. 필요한 경우 외국 인명이나 지명, 작품명 등의 영문명을 병기했으나,
   주석에 명시된 경우에는 병기하지 않았다.
4. 원서의 이탤릭체 강조는 고딕체로 강조했다.
5. 독자의 이해를 돕기 위해 옮긴이가 주를 단 경우 대괄호([])를 사용했다.
6. 본문에 사용한 기호의 쓰임새는 다음과 같다.
   《》: 단행본, 〈〉: 논문, 신문, 잡지 등
7. 이 책의 개정판 서문 〈코로나19는 평등하지 않다〉는 저자가 코로나19 팬데믹 시대의
   재난 불평등을 주제로 추가 집필한 글이다.

# 코로나19는 평등하지 않다

자연재해에 관한 과학 저작물에서 팬데믹pandemic(감염병 범유행)을 다루는 경우는, 가끔 있기는 하지만 대체로는 드물다. 더 대중적인 글쓰기에서는 말할 것도 없다. 똑같이 자연 발생하는 현상이라도 태풍이나 지진 같은 사건과 팬데믹은 성질이 아주 다르기 때문이리라 짐작할 수 있다. 우선, 팬데믹은 평소 발생하지 않거나 아주 적게 발생하던 신종 질병이 여러 나라 또는 대륙에 걸쳐 심각한 수준으로 확산하는 현상을 말한다. 전 세계에 새롭게 나타나거나 재유행하는 감염병이 셀 수 없이 많고, 휴면 중인 질병은 더욱더 많다. 팬데믹은 전 지구적으로 끼치는 영향과 사상자 규모 면에서 비교할 만한 것이 없다. 그나마 가까운 예로는 마오쩌둥 집권 당시 중국에서 **대약진운동**을 추동했던 기아 사태 정도를 들 수 있다.

팬데믹은 자연재해인가? 그런 질문은 부차적이다. 그게 어디에 속하는지가 정말로 중요한가? 어떤 딱지를 붙이든 괴물은 괴물이다. 팬데믹을 다르게 분류하는 이유 중 하나는 여타 자연재해에 쓸 수 있는 물리적 도구를 가지고는 그 현상의 자연적 측면을 이해할 수 없어서일 것이다. 이것은 생물학적 현상이다. 다른 어떤 재난도 사람과 사람 사이로 전파하지 않는다. 재난에 백신이나 혈청을 사용하는 경우도 없다. 팬데믹은 **다르다**.

이 책 초판에서는 팬데믹은 물론이고, 동일한 현상이지만 지리적으로 더 좁은 범위에 국한하는 에피데믹epidemic〔감염병 유행〕조차도 거론하지 않았다. 그 점이 아쉽지는 않다. 코로나19COVID 19〔공식 명칭은 코로나바이러스감염증-19이며, COVID 19는 세계보건기구가 정한 약칭이다. 한국 정부는 코로나19라고 부른다〕가 발생하기 전이었으니 말이다. 이제, 이 글을 쓰는 중(2020년 7월)에도 여전히 맹위를 떨치는 이 팬데믹에 관한 분석 없이는 자연재해에 관한 어떤 논의도 불완전할 것이다.

지진 진원지와는 다르게, 1918~19년 인플루엔자 대유행the great influenza pandemic〔흔히 스페인 독감이라 부르는 팬데믹으로, 인플루엔자 바이러스 A(H1N1)로 인해 발생한 감염병이다. 1918년 봄에 1차, 그리고 가을부터 이듬해까지 2차 유행하면서 전 세계적으로 엄청난 피해를 끼쳤다〕과 2019~20년 코로나19 팬데믹은 발원지를 지목할 수 있다. 코로나19는 중국 후베이 지역에서 발원한 것으로, 박쥐 몸속에서는 해를 끼치지 않던 바이러스가 박쥐 사체나 배설물을 다루는 인간에게 옮으면서 시작되었음이 거의 확실하게 드러났다. 달리 말해 코로나19는 동물원성 질병, 즉 라임병Lyme disease〔사슴 진드기를 통해 보렐리아균이 인간 몸에 침투하면서 발생하는 감염병으로, 발원지인 올드라임시의 이름을 따 라임병이라 부른다〕처럼 동물로부터 저항력이 전혀 없는 인간 몸에 침투한 감염원이 다시 다른 인간에게 전파하는 감염병이다. 2019년 11월 17일 후베이 지역에서 첫 발병자가 나왔다. 글을 쓰는 현재 전 세계 감염자는 1,000만 명, 관련 사망자는 50만 명이 넘는 것으로 확인된다(2020년 11월 현재 전 세계 감염자는 확진자 5600만 명, 사망자 약 1300만 명이다). 주 사망원인은 폐렴이다. 호흡기 질병이 있는 사람, 그 중에도 노인이거나 면역력이 약한 경우가 특히 취약하다. 진단 검사를 충분히 하지 못하는 나라가 많기 때문에 이 수치는 실제보다 낮을 가능성이 있다. 미국에서는 바이러스 및 항체 검사 역량, 사회적 거리 두기 규정, 봉쇄 해제 일정을 모두 주정부와 지방정부가 관할한다. 영국을 예로 들자면, 이렇지 않다. 모든 것을 보리스 존슨 총리 주도로 결정한다.

검사와 진단에 일관성이 없는 미국에서는 바이러스 전파 상황을 추적하기 어렵다. 2020년 4월의 일일 검사량은 15만 건 미만인데, 상당히 높은 수치로 들릴지 몰라도 이는 최우선적으로 검사를 받아야 하는 인원의 3분의 1 수준밖에 안 된다. 2020년 7월 초에는 검사량이 늘었고, 질병통제예방센터CDC, Centers for Disease Control and Prevention에 따르면 현재까지 미국 내 총검사량은 4,000만 건이다. (미국 인구는 약 3억 3,000만 명이다.) 그러나 포괄적인 검사만으로는 바이러스를 제거하기 어려우며, 분리, 격리, 거리 두기, 여행 제한, 동선 추적을 동시에 진행해야 한다. 그린란드처럼 고립된 지역에서조차 감염자가 발생할 정도로(2020년 7월 13일 현재는 모두 완치), 사실상 팬데믹을 피할 수 있는 곳은 전 세계 어디에도 없다.

나라마다 정치 체계, 경제, 자원 사정이 다른 만큼 억제 전략도 다를 수밖에 없어, 역학 감시 정보와 윤리적 보건 집행을 감독하는 데는 국제 보건기구들이 핵심적인 역할을 맡고 있다. 제약업계와 대학 소속 연구자들은 팬데믹을 종결시킬 대책인 코로나19 백신 개발 및 임상시험에 전력을 다하고 있다.

1918~19 인플루엔자 대유행의 발원지는 캔자스주 해스컬 카운티Haskell County라는 설이 가장 유력하다.[1] 1918년 당시 해스컬은 인구 밀도가 낮은 외딴 농촌 지역으로, 전 지구적 팬데믹이 발원할 만한 곳이 아니었다. 우체국이 반쯤 땅에 묻힌 뗏장집sod house(뗏장은 흙이 붙은 상태로 뿌리채 잘라낸 잔디 조각을 가리키며, 뗏장을 벽돌처럼 쌓아 만든 집을 뗏장집이라고 한다. 미국 서부개척 시대 대초원 지역에서 많이 쓰던 건축 양식이다)에 있을 정도였다. 인플루엔자는 동물원성 질병이 아니었다. 겨울이면 도는 풍토병으로, 사실상 해마다 돌아왔고 지금도 있는 병이다. 풍토성이 낮았던 탓에 어느 틈에 폭발적으로 확산했을 가능성이 아주 높다. 폭발적 확산에 불을 댕긴 건 캔자스주, 특히 캠프 펀스턴Camp Funston(이후 포트 라일리Ft. Riley로 이름이 바뀌었다)에 있던 군 주둔지의 위생 상태였다. 그러나 그 불씨가 해스컬에서 300마일이나 떨어진 캠프 펀스톤까지 어떻게 날아갈 수 있었는지는 알지 못한다. 제1차 세계대전 참전을 위해 새로 입대한 병사들이 밀집 상태로 거주하며 훈련받았다. 막사는 미어터질 지경이었다. 캠프 내 의료 설비는 사소한 질병과 부상을 처치하는 수준이어서, 감염병 대응에는 끔찍할 정도로 부적절했다.

　　감염병이 도는데도 병사들은 자유롭게 드나들고, 가족을 만나러 집에 가거나 가족 방문을 받고, 주둔지도 자주 옮겨 다녔다. 그러다 전장으로 갔는데, 가장 많이 갔던 프랑스에서 즉시 병이 퍼졌다. 적군도 감염시키는 바람에 독일군이 그 병으로 엄청난 타격을 받았다. 되짚어보면 특히 군 지도부가 끔찍한 실수를 자주 저질있다. 전 지구적으로 가장 적게 집계한 사망자 수가 2,100만 명이고, 많게는 1억 명까지 잡기도 한다. 세계 인구가 오늘날의 28퍼센트 수준이던 때다. 경악할 만한 일이다.

이 책에 썼던 내용을 다시 들여다보면, 질병과 재난의 닮은꼴과 다른 점이 여러 방면에서 드러난다. 지진과 태풍처럼 바이러스는 부자와 빈자, 흑인과 백인, 기독교도와 힌두교도, 유대인, 무슬림을 가리지 않는다. 우리는 모두 같거나 비슷하게 취약하고, 같은 면역 체계를 갖고 있다. 한편으로는 꼭 그렇지도 않다. 코르테스Cortez(에르난 코르테스는 스페인 출신 정복자로, 16세기 초 쿠바 원정에 참여한 후 멕시코 지역을 정복했다)는 수적으로 엄청나게 열세였는데도, 선주민들을 천연두에 감염시킨 덕에 아즈텍을 정복했다. 아즈텍인들은 이전에 천연두를 접해보지 않아 면역력이 전혀 없었다.

1918~19 인플루엔자 대유행과 2019~20 코로나19는 과학계에 큰 충격을 주어, 감염병으로 고통받는 이들의 생명을 살릴 해결책 또는 대응책을 찾는 연구에 필사적으로 매달리게 했다. 백 년이나 떨어진 사례들이긴 해도, 우리 사이에 퍼진 이 미세한 괴물을 파악하기 위해 가차 없이 한계를 뛰어넘고 엄격한 실험실 규정을 양보하며 헌신하는 과학자들의 모습은 거의 다를 바 없다.

슬프게도, 정부의 대응과 무대응 또한 비슷한 양상을 보인다. 이 책에서 다룬 허리케인 카트리나에 대한 부시 행정부의 대응과 사이클론 나르기스에 대한 군부의 대응이 보여준 유사성을 떠올려보자. 불길한 평행선이다. 우선은, 부인한다. (상황이 그렇게까지 심각할 리 없다.) 그다음은 거의 보편적으로, 상황을 완벽히 통제하고 있다고 주장하려 무던히 애를 쓴다. 아무것도 통제가 안 되고 있다는 증거가 넘쳐나는데도 말이다.

**"역사는 반복된다. 한번은 비극으로, 한번은 희극으로"**라는 말이 이보다 더 적절할 수 없다.[2] 2020년 초, 세계에서 가장 호전적이며 권위적인 지도자들은 초기에 코로나19를 거의 완전히 무시했다. 증상도 사망률도 전혀 다르다는 증거가 나오는데도, 다들 단지 계절성 독감이라고 오판했다. 전 세계 과학자들은 이 병이 독감 주사 한 번 더 맞으면 되는 전형적인 계절성 인플루엔자 바이러스의 변종이 아니라, 사스SARS, Severe Acute Respiratory Syndrome[중증급성호흡기증후군]와 마찬가지로 코로나바이러스로 인한 바이러스성 호흡기 질환이라는 사실을 빠르게 인지했다. 그러나 통제력을 과시하고 싶은 지도자들은 대부분, 과학이 생성하는 사실과 해석이 자신의 독재적 정책에 어긋나는 경우가 많다는 이유로 과학적 사실을 외면했다.

1918~19년으로 돌아가 보면, 윌슨 대통령 또한 인플루엔자 대유행에 무관심했지만 그 이유는 다르다. 실제로 그가 질병에 무관심했다는 표현은 맞지 않을 수 있는데, 윌슨은 그렇게 말한 적이 없기 때문이다. 대중이 진실을 알기 원치 않아서보다는 미국의 제1차 세계대전 참전 여부를 놓고 고심 중이라 그랬을 것이다. 일단 결정한 뒤로는, 미국이 벌인 것은 아니지만 동맹국들에게 심각한 고통을 주던 해외의 그 전쟁에서 승리하는 데 집착했다. 그의 관심은 온통 전쟁에만 쏠렸다. 다른 사람들과 마찬가지로 윌슨도, 인플루엔자 유행을 공개적으로 언급했다가는 전쟁에 대한 의욕과 대중적 지지가 떨어지리라 생각한 것이 틀림없다. 특히 군 주둔지가 발원지로 보이는 상황이니 더욱더 그랬을 것이다. 미국 내에서 별로 지지받지 못하던 전쟁에 참여하기로 한 윌슨의 결정은 옳았을 수 있지만, 혹여 그렇다고 하더라도, 그 때문에 역사상 가장 치명적인 팬데믹이 가져올 결과에 관한

정보가 널리 퍼지지 못한 것도 사실이다.

2020년 7월 11일 현재, 미국 내 사망자가 13만3,000명(2020년 11월 현재 1150만 명)을 넘어가는데도 불구하고 트럼프 대통령은 코로나19를 거의 언급하지 않는다. 기자들의 압박을 피할 수 없는 상황이거나, 자신이 무슨 말을 하든 그 말이 얼마나 터무니없는 것이든 상관하지 않는 지지자들 앞이 아니고서는 말이다. 차라리 윌슨처럼 아무 말도 하지 않는 편이 낫다. 팬데믹이 "아마도" 사실일 거라고 마지못해 인정한 뒤, 트럼프는 우리더러 가정용 세제를 주입하라 하고, 과학자들에게는 바이러스를 죽이기 위해 피부에 강렬한 자외선을 쬐는 방안을 연구하라고 요구했다. 이런 기적적인 치료법을 쓰면 단 1분 안에 효과를 볼 거라고 말했다. 그리고는 확진자가 많이 나오는 것은 단지 검사를 많이 하기 때문이라며, 공식 확진자 수가 더 늘지 않도록 검사를 중단해야 한다는 말도 안 되는 소리를 했다! 이 미국 대통령이라는 자에게는 이게 말이 되는 모양이다. 그는 단 한 번도 개인보호장비PPE, personal protective equipment를 쓴 모습을 보이지 않았다. 그러니 열성적인 그의 지지자들도 똑같이 행동한다. 얼마나 많은 투병과 죽음이 자기 책임인지 그는 절대로 모를 것이다. "희극"이라는 말이 정말로 잘 들어맞는 나날이다.

이와 반대로, 1918~19년 팬데믹은 전혀 정치적 사안이 아니었다. 제1차 세계대전 후 독일에 부과할 전후 배상금 책정을 맡은 영국의 저명한 경제학자이자 철학자인 존 메이너드 케인스는 감염되었지만 살아남았다.[3] 베르사유 조약을 팬데믹 와중에 진행한 탓에, 여기에 참여한 저명인사 상당수가 감염되었다. 전쟁이 끝나자 누구도 팬데믹을 부인할 수 없었지만, 전후 시기를 덮친 침체 때문에 여전히 뒷

전으로 밀려났다. 그저 견뎌야 할 고난 중 하나일 뿐이었다.

당시에도 지금처럼 손 씻기, 개인보호장비, 격리, 휴교 등 기본적인 예방책을 실행했다. 사실 코로나19를 겪고 있는 2020년 현재보다 1918~19년 인플루엔자 유행 당시에 이런 대책을 더 잘 이행했을 가능성이 있다.[4] 19세기 말에서 20세기 초 사람들은 콜레라, 황열병, 성홍열, 홍역 같은 감염병에 익숙했고 기본적인 예방책과 지지요법 supportive care(증상을 조절하고 완화하는 치료를 뜻한다)밖에는 손쓸 방법이 없었다. 소아마비 백신도 없던 때라, 병을 억제하기 위해 (반복 실행하면 그다지 좋은 방법이 아니기도 했던) 사회적 전략을 강구했다.[5]

한국은 코로나19를 효과적으로 제어하는 몇 안 되는 나라 중 하나다. 왜 한국일까? 우선 한국 정부는 초기에 상황을 부인하지 않았는데, 앞선 경험 때문이었다.[6] 그들은 2003년 사스와 2015년 메르스 MERS, Middle East Respiratory Syndrome(중동호흡기증후군)을 겪었다. 한국에서 코로나19 첫 감염 사례가 나온 날은 미국과 같다. 하지만 한국은 격리 및 동선 추적을 위한 법률을 제정했다. 진단 검사를 집중적으로 실시했고, 규제 준수율도 높았다. 정부는 격리 중인 시민들이 잘 견딜 수 있도록 2주 분량의 식품 꾸러미를 제공하고, 하루에 두 번씩 상태를 점검했다. 동선 추적을 위해 (합법적으로) 감시 카메라와 휴대전화를 활용했다. 현재 바이러스를 억제한 한국은 술집을 포함해 거의 모든 공간을 열었고, 미국의 몇몇 주와 여타 지역처럼 재유행이 일어나지는 않고 있다.(저자가 이 글을 쓴 시점에서 두 달이 지난 2020년 11월 현재, 한국을 포함해 전 세계적으로 3차 대유행이 본격화되고 있다.)

칠레는 지진 경험이 깊다. 현대 관측장비를 사용한 이래 최고 규모의 지진이 칠레에서 발생했다. 지진이 발생할 때마다 건축 법규를 개선한 결과, 오늘날 칠레에서는 어떤 규모의 지진이 발생하든 세계 최강대국을 포함해 전 세계 거의 모든 곳에서 비슷한 규모의 지진이 발생했을 때보다 사망률이 훨씬 낮다. 칠레 지도자들과 의회는 복구 과정에 직접 참여하고 재난 후에는 세금 인상을 단행했으며, 국내 지진 대비 주택 보험 시장도 폭넓게 형성되어 있다. 경험이 중요하다. 경험으로부터 배우는 것이 중요하다. 건전한 정치 구조가 중요하다. 명석한 사고방식이 중요하다.

팬데믹이 가져온 가장 뚜렷하고 불편한 결과는 미국 내 코로나19 희생자의 인종적 불균형이다. 아프리카계 미국인 감염자와 사망자 비율이 백인에 비해 훨씬 높다. 뉴욕시에서는 흑인과 히스패닉이 주를 이루는 할렘Harlem, 브롱크스Bronx, 퀸스Queens 카운티에서 감염자가 가장 많이 나온다. 소수집단이 많은 지역이지만, 그래도 흑인 인구가 가장 많다. 빈곤율뿐 아니라 초미세먼지(PM2.5), 아황산가스(SO2) 같은 대기오염물질 농도가 최고치에 달하고 인구 밀도도 가장 높은, 빈곤의 특징을 보여주는 지역들이다. 여기서는 자녀, 부모, 조부모 등 3대가 비좁은 아파트에 함께 사는 경우가 많다. 아이들은 쉴 새 없이 움직이는 데다 마스크와 손 씻기를 강제하기도 어렵지만, 병치레는 자주 하지 않는 편이다. 만약 병이 났을 경우, 지역 내 의료 시설은 자금이 부족하고 늘 북적이기 때문에 제대로 치료를 받지 못할 수 있다. 인종 집단을 불문하고 가난한 사람들은 의료 보험이 부족하거나 아예 없고, 견딜 만 하다 싶으면 의사를 찾아가기를 꺼린다. 이런 형편은 특히 흑인의 건강에 해를 끼치며, 이 사실을 통해 사회적 결정요인이 얼마나 영향력이 큰지를 알 수 있다. 흑인은 오염 지역과 음식 사막food desert(거주지 근처에서 신선한 식품을 구하기 어렵고 이동 수단이 열악해 즉석식품 위주로 생활할 수밖에 없는 지역을 가리키는 말이다)에 유난히 많이 살고 있고, 그 때문에 당뇨병, 천식, 심장 질환 같은 기존 질환 발병률이 높아 코로나19에 더 취약하고 의료 처치도 더욱 절실하다.

가난한 시민은 노트북으로 집에서 일할 만한 직업을 갖는 사치를 누리지 못하는 경우가 대부분이라 봉쇄를 견디기가 더 힘들다. 그리고 여러 세대가 함께 사는 가정에서는 평소 집안에서 안면 마스크를 잘 쓰지 않는 점을 고려하면, 세대 간 감염 확산 가능성도 매우 높다. 생리학적으로 흑인/라틴계 미국인이나 가난한 사람이 백인이나 부유한 사람보다 감염률이 높고 생존율이 낮으리라 추정할만한 이유가 알려진 적이 없기 때문에, 인종적 불균형이 나타나는 요인으로 확인할 만한 것은 이러한 사회적 요소들이다.

더구나 이 같은 인종적 불균형은 상당히 만연하다.[7] 모든 연령 집단에서, 흑인 사망률은 한 단계 더 높은 연령 집단의 백인과 같다. 45~54세 흑인, 히스패닉, 라틴계 집단의 사망률은 백인보다 여섯 배 더 높다. 35~44세 흑인 집단은 백인과 비교해 사망률이 열 배 더 높다. 그러므로, 전통적으로 자연재해로 묘사되는 사건들과 유사하게, 사회적/경제적 요인들이 누가 죽고 살지를 물리적으로 결정하는 주요인으로 작동한다.

뉴올리언스 흑인 주민들이 허리케인 카트리나의 영향을 유독 심하게 받았던 과정을 떠올려보자. 뉴올리언스에는 흑인 인구가 많으니 피해도 많이 입었으리라 생각하겠지만, 그들이 사는 주택은 도시 안에 고루 퍼져 있지 않다. 주민 내부분이 흑인과 빈민이고, 공식적인 분야의 직업을 가진 사람이 아무도 없는 빈민 밀집 지역이 있다. 브롱크스와 할렘 주민들과 마찬가지로 뉴올리언스의 비좁은 엽 총 주택Shotgun houses(전면은 좁고 옆면이 긴 직사각형 주택으로, 19세기 후반에서 20세기 초까지 미국 남부에서 유행한 양식이다. 현재는 빈곤의 상징이기도 하다)에 몰려 사는 사람들에게, 카트리나는 산업 운하 제방의 그늘, 그리고 빈곤의 그늘에 산다는 것은 사형 선고나 다름없음을 알려준다.

이렇게 드러나는 닮은꼴 중 어떤 것들은 터무니없고, 가슴 아프고, 마치 희극을 보는 듯 적나라하다. 다시 한 번, 우리 행성의 자연스러운 발작에서 비롯한 재앙의 결과는 결국 사회적 현상이라는 판단이 짙어진다.


2012년 10월 말, 허리케인 샌디가 미국 동부 해안에 상륙했다. 일기예보는 샌디가 어느 지역에 폭우를 쏟아낼지 완벽히 예측했다. 폭풍 경로는 서쪽으로 꽤 많이 치우쳐 있었다. 먼 바다에서 북쪽을 향해 진행하던 샌디는 강력한 고기압마루pressure ridge(기압마루는 기압골과 반대로, 주위보다 기압이 높은 지점을 연결한 선을 뜻한다)와 맞닥뜨려 더는 북쪽으로 이동할 수 없었다. 예보관들은 기압마루가 거기 있다는 것, 그 때문에 무슨 일이 생길지를 다 알고 있었다. 폭풍이 그 자리에 머물거나 기압마루를 둘러 동쪽이나 서쪽으로 미끄러져 나가리라 보았다. 예측대로, 샌디는 뉴욕시를 향해 곧바로 나아갔다. 전혀 놀랄 일이 아니었다.

해변 지역 대피는 아주 효과적이었다. 블룸버그 시장은 단호하게, 로어맨해튼lower Manhattan, 코니아일랜드Coney Island, 파 로커웨이Far-Rockaways 주민을 모두 대피시켰다. 폭풍을 부인하거나 경시하는 일은 없었다. 샌디가 상륙할 때 나는 뉴욕 북쪽 끄트머리인 로클랜드Rockland 카운티에 있었다. 며칠 전부터 정전이 될 수 있다는 경고를 들고 양초, 얼음 봉지, 빨리 상하지 않는 음식, 통조림, 미리 조리된 음식 따위를 챙겨두기까지 했다. 전기가 나가면 당연히 쓸 수 없긴 하지만, 전기난로도 갖고 있었다. 운 좋게 가스난로를 챙긴 사람들도 있었다. 경고에 따라 준비할 시간이 충분했다.

전기가 들어오기 전까지 나흘 정도 불편하게 지냈다. 하루쯤 지났을 무렵 주유소가 대부분 문을 열었는데, 그래도 자동차 줄이 길게 늘어섰다. 나는 한 시간 조금 넘게 기다린 끝에 신성한 주유기를 눈앞에 두고 휘발유가 떨어졌다는 소리를 들었다. 만약 주유소 가는 길에 내리막 기울기 표지를 보았다면, 기름을 아끼려고 시동을 껐다가 파워스티어링power steering(동력 조향장치라고도 함. 조향장치는 자동차 진행 방향을 제어하기 위해 바퀴 회전축을 조정하는 장치 전체를 가리키는 말인데, 이 장치를 더욱 수월하게 조작할 수 있도록 추가하는 부품을 동력 조향장치라고 한다. 기계식도 있지만, 현재는 거의 전동식을 사용한다)은 시동이 켜진 상태에서만 작동한다는 사실을 깨닫게 되었을 것이다. 전기가 복구되자 가게들이 차차 문을 열었다. 이틀 후 나는 머리카락을 자를 수 있었다. 다음 날 어느 파네라브레드Panera Bread(미국 및 캐나다 전역에 지점을 가진 프렌차이즈 빵집 겸 식당) 매장에서 한정판으로 베이글과 커피만 나오는 메뉴를 개시했는데, 그거라도 있으니 한결 마음이 놓였다.

그러나, 샌디의 치명적인 영향으로부터 모두가 다 안전한 건 아니었다. 폭풍의 크기와 맹렬함에 비해 샌디로 인한 사망자 수는 적은 편이었다. 카트리나 이후 그린 지도를 보면 사상자는 대부분 1)해안가 2)민물 홍수freshwater flood가 발생한 내륙, 이 두 조건에 맞는 지역에서 발생했다. 해안가에 있던 사람들은 집을 떠나지 못했거나, 떠날 마음이 없었거나, 너무 놀라서 그대로 얼어붙었다. 자기 집에서 익사하거나 건물이 무너져 압사한 사람들도 있었다. 더욱더 엄청난 사상자가 발생한 두 번째 지역은 내륙으로, 수많은 주민들이 민물 홍수를 겪었다. 이 홍수는 대체로 급작스럽게 발생하는데, 수위가 점차 올라 위층으로 피신하게 만드는 그런 식이 아니라, 둑이 터진 강처럼 휘몰아치는 쪽에 더 가깝다. 그밖에 내륙 사망자 중에는 바닥에 떨어진 전선을 제대로 못 보고 감전된 사례가 있다.

그리고 어리석게도, 실내에서 가동해선 안 된다는 경고가 두 가지 언어로 쓰여 있는데도 주방에서 보조 발전기를 가동했다가 일산화탄소 중독으로 사망한 사람들이 있었다. 냉장고에 든 식품이 전부 녹거나 상해가는 걸 보고 절박해진 것이다. 그들도 샌디 공식 사망자 집계에 포함되었다.

샌디는 차별적이었을까? 그렇다. 월스트리트 경제는 거의 타격을 입지 않았다. 노트북으로 일하던 사람들은 즉시 업무에 복귀했다. 엘리트들은 불편을 겪긴 했어도 고통이 크지 않았다. 메인스트리트는 고통을 겪었다. 소규모 사업체, 지역 학교 아이들, 기댈 곳 없는 사람들은 모두 타격을 받았다. 그러나 부유층 자녀들은 교육 수준이 높은 부모나 실력 있는 가정교사와 함께 집에서 공부했다. 힐튼호텔처럼 손실을 완충할 수 있는 전국적 체인이 아닌 사업체들은 타격을 받았다. 뉴욕에 처음 오는 사람에게는 놀라운 일일 텐데, 로커웨이에서 아름다운 바다 경관을 자랑하는 해변의 고층 아파트 건물들은 상류층 주택이 전혀 아니다. 마이애미에서라면 이런 건물에 있는 아파트 한 채에 수백만 달러는 줘야 할 것이다. 뉴욕시에서 이런 건물은 저소득 가정을 위한 이른바 '공공주택Project Housing'이다. 초창기 파로커웨이의 이 공공주택 거주자는 대부분 로버트 모지스Robert Moses

〔20세기 중반 미국 뉴욕에서 활동한 도시계획가로, 뉴욕시의 주요 건설 사업에 큰 영향을 끼쳤다〕가 크로스 브롱크스 고속도로Cross Bronx Expressway를 건설할 당시 쫓겨난 철거민이었다. 그리고 지금도 여전히 저소득 노동자와 복지 대상자가 주로 살고 있다. 모지스가 건설한 수많은 억압적이고 차별적인 기반 시설들이 오늘날까지도 뉴욕에서 빈곤의 대물림을 강화하고 있는데도, 해변에는 모지스를 기리는 이름이 붙어 있다.

이밖에 파 로커웨이의 다른 지역에는 주택이 제멋대로 뒤섞여 있다. 말 그대로 모래 위에 지은 집이 많다. 예전에 이곳은 뜨겁고 후텁지근한 주말이나 휴가 기간에 뉴욕 시민들이 더위를 식히러 가는 여름 휴양지였지만, 일 년 내내 거주하는 사람은 별로 없었다. 여름 별장을 지을 때는 휴가 용도 이상의 기능을 고려하지 않았다. 단열, 난방, 냉방 설비 없이 그냥 지었다. 그러니 공공주택에 사는 철거민 외에 정주하는 주민은 드물었다. 시 중심부에 직장이 있는 사람은 출퇴근하기 쉽지 않은 지역이다.

그랬던 이곳에 출퇴근할 필요가 없는 은퇴자들이 들어왔다. 뚜렷한 이유는 모르지만, 파 로커웨이는 뉴욕시의 은퇴한 경찰과 소방관에게 인기가 있었다. 이들은 근속 연한에 따라 심지어 50세가 되기 전에도 은퇴할 수 있다. 울타리를 친 동네가 넘쳐났다. 해변으로 이어지는 거리는 존 르 카레John le Carré 소설 속 동독의 도로 통제 장면처럼, 조그만 초소 속에 경비원이 상주하는 차단막으로 가로막혔다. 공공재원으로 지은 설비인데도 주민들은 도로 곳곳을 사유화했다. 전보다 훨씬 탄탄하게 지은 신축 건물이 늘었다. 해변에 사는 사람들은 자신이 집을 지은 토지만이 아니라 해변까지 소유하기 원했다. 비거주자는 몇 마일을 지나도록 해변에 접근할 수 없다. 마치 기이한 중하층 엘리트 지역 같은 동네다.

그래서, 예보대로 샌디가 상륙했을 때 해변에 있던 온갖 주택들이 폭풍을 맞이했다. 오래된 해변 주택은 거의 수리할 수 없을 정도로 망가지거나 무너졌다. 울타리 안에 지어 지역 사회의 보호를 받는 신축 건물은 허리케인을 훨씬 더 잘 이겨냈다. 분명 수해를 입긴 했지만, 그리 심각하게 망가지지는 않았다. 이런 주택은 복구가 가능하고, 아마 보험도 있었을 것이다. 그 덕에 낡고 망가진 가전제품, 카펫, 소파, 평면 텔레비전을 더 좋은 신제품으로 교체하는 강제적인 고급화가 진행되었다. 굳이 근사한 새 냉장고를 구비할 기회로 삼기에 썩 좋은 이유는 아니었지만, 어쨌든 이렇게 새로 등장하는 주택은 더욱더 호화로웠다. 폭풍 피해가 얼마나 컸는가는 보험 회사가 얼마나 빨리 반응하는지, 그리고 얼마나 많은 보상금을 지급하는지에 달려있었다.

과학자에게 물어보면 건물을 내륙으로 물리는 게 옳다고 하겠지만, 자원을 확보한 사람들은 이제 버티는 방법을 알아냈다. 튼튼한 기둥 위에 집을 올리는 것이다. 샌디로 인한 피해의 원인은 강풍이 아닌 폭풍해일이 대부분이었으니, 주택을 엄청난 고가의 튼튼한 구조물로 폭풍해일 최고 예상치보다 높게 지으면 다음 폭풍도 이겨낼 수 있으리라 생각하기 쉽다. 연방재난관리청FEMA에서 얼마나 높은 기준을 제시하든, 혹은 건축주가 얼마나 높이 짓기 원하든, 그에 맞는 주택을 건설해 줄 새로운 회사들이 나타났다. 실제로 건축 측면에서는 그리 어려운 일이 아니다. 원래 있던 곳으로 돌아가지 못하게 막는 법은 없지만, 규정상 집을 좀 더 높이 지어야 한다. 안 그러면 홍수 보험은 꿈도 꿀 수 없다.

이 상황을 누가 감당할 수 있을까? 상당한 자원을 가진 사람들 뿐이다. 그러면 필연적으로 재난 젠트리피케이션이 발생한다. 허리케인 카트리나 이후 뉴올리언스에서처럼, 어떤 집은 원래대로 돌아가지만 어떤 집은 그럴 수 없다. 밀려나서 결코 돌아오지 못하는 사람이 있는가 하면, 금세 돌아와 이전에 누리던 삶을 그대로 또는 비슷하게 누리는 사람이 있다. 충격은 모두가 받지만, 역사적으로 가난한 지역일수록 그렇지 않은 지역보다 더 많이 흔들린다.

2015년 이 책을 출간한 후 수많은 재난이 발생했다. 코로나19뿐 아니라 푸에르토리코를 강타한 허리케인 마리아Maria, 캘리포니아와 호주에서 발생한 산불, 인도네시아와 뉴질랜드를 뒤흔든 지진, 아프리카 남부를 휩쓴 태풍 이다이Idai, 일본과 파키스탄을 덮친 폭염 등. 각 재난을 유발한 지구물리학적 차이는 극명하지만, 그로 인해 드러나는 사회의 모습은 무서울 정도로 흡사하다.

"재난"이라는 말을 쓴다는 것은, 때로는 놀라울 정도로 강력하게 자연 발생하는 지구의 리듬에, 아무리 겪어도 자연의 움직임을 도저히 예상 못할 것 같은 인간 사회의 리듬을 엮어내는 일이다. 그러므로 자연이 인간 본성과 만날 때, 재난은 불가피하다.

2020년 7월
존 머터

# 파인만 경계 넘나들기

뉴올리언스가 허리케인 카트리나의 충격으로 비틀대던 2005년 말, 학자들은 재난을 통해 그 도시에 숨겨져 있던 사회적 병폐[1]가 어떻게 드러났는지 설명하는 글을 쏟아 냈다. 뉴올리언스 시민이 아니고서는 거의 누구도 알지 못하던 사실이었다. 나 역시 카트리나를 통해 뉴올리언스의 일상에 숨어 있던 문제를 알게 된 사람 중 하나다. 뉴올리언스에 몇 번 가 보긴 했지만 주로 구舊도심인 프렌치쿼터French Quarter나 관광지 주변만 돌아다녔던 터라, 그 도시가 범죄율이 미국 최고 기록을 깰 정도로 높고 공무원은 부패 혐의로 기소되기 일쑤일 정도로 전국에서 가장 취약한 지역사회의 온상이라는 사실은 전혀 알지 못했다. 허리케인 카트리나가 단지 유난히 강력한 폭풍이 아니라 '카트리나'라는 엄청난 재난이 된 것은 이처럼 뉴올리언스에 만연해 있던 사회적 병폐 때문이라는 것이 여러 학술지와 언론에 담긴 진실이었다.

재난은 진실을 드러내는 만큼 가리기도 한다. 카트리나로 폭풍을 재난으로 만든 뉴올리언스의 사회적 병폐는 드러났지만, 이후 여러 해에 걸쳐 소수의 권력 집단이 '재난의 안개fog of disaster'를 틈타 사적 이익을 갈취하고 사회 재편을 도모한 과정은 가려졌다. 이 책에서는 드러난 부분보다는 가려진 부분을 주로 살펴볼 것이다.

자연과학자인 나는 카트리나가 발생하기 이전까지는 자연재해와 별 관련이 없는 연구를 해 왔고, 경제학이나 정치학처럼 내 분야를 벗어나는 주제를 다룰 일은 아예 없었다. 그러던 내가 지난 몇 년 동안은 자연과학에 쏟았던 만큼이나 많은 시간을 들여 사회과학 분야를 탐구했다. 그리고 그 과정에서 자연재해를 제대로 이해하려면 필연적으로 사회과학의 세계에 뛰어들어야 한다는 이치를 깨달았다.

이 책에서 나는, 우리가 자연재해와 그로 인해 일어나는 사회적 현상을 어떻게 바라보아야 하는지를 다뤘다. 재난이라는 주제는 이제껏 수많은 책을 통해 언급되어 왔지만, 자연과학자가 자연과학과 사회과학의 경계에 서서 이 이야기를 한 경우는 아마 이번이 처음일 것이다. 나는 이 지점을 '파인만 경계Feynman line'라고 부르려 한다. 엄청난 영향력을 지닌 유명한 핵물리학자 리처드 파인만Richard Feynman은 저서와 인터뷰를 통해 "신은 실재하는가?"와 같은 질문을 자주 받았다고 한다. 그리고 그럴 때면 대개 그 질문은 과학의 영역을 벗어났다는 식의 대답을 했다곤 한다. 과학적 방법으로는 신의 존재 여부를 증명할 수 없기 때문에, 그 질문은 과학의 영역에 해당하지 않는다는 것이다.

자연재해는 자연과학만으로는 이해할 수 없는 대표적인 주제다. 또한 파인만 경계의 나머지 한 쪽인 사회적 측면에만 머물러 있어도 재난을 이해하기란 불가능하다. 나는 수년 동안 지진학을 연구해 왔기에 지진학자가 지진이라는 재난을 어떻게 바라보는지는 알고 있다. 지진학자는 지진 생성의 역학과 지진에너지가 퍼져 나가는 과정을 완벽히, 적절하게, 전적으로 방어 가능한 방식으로 파악하는 것이 자신의 임무라고 생각한다. 분명 이런 것을 알 필요는 있다. 그러나 지진학계는 이미 수년 전에 지진 예측 가능성을 기대하는 연구 과제는 근본적으로 포기했다. 다음 지진이 언제, 어디서, 어떤 강도로 발생할지 정확히 예측하는 게 목표라면, 그 예측은 불가능하다는 사실을 깨달은 것이다. 사회가 원하는 정보가 바로 그것이라 해도 말이다. 지진 예측에는 이제 기상 예보와 마찬가지로 확률적 서술이 더 보편화되고 있다. 가령 '앞으로 20년 안에 특정 지역에 규모6 수준의 지진이 발생할 확률은 50퍼센트'라는 식이다. 지진 역학의 속성을 고려하면 지진에 대한 확률적 예측은 할 수 있어도 지진이 언제, 어디서, 얼마나 크게 발생할지 예측하기란 불가능하다는 것을 지진학자라면 이제는 다들 알고 있다.

　나는 나와 같은 자연과학자들이 그동안 어떤 생각을 해 왔든, 오늘날 세계가 직면한 가장 크고 어려우면서도 중요한 문제를 단지 자연과학만으로는 해결할 수 없다는 사실을 아주 조금씩 이해하게 됐다. 물론 자연과학이 사회 문제를 푸는 데 기여할 수는 있지만, 그것이 유일한 해법일 수는 없다. 오늘날 세계가 직면한 핵심적인 쟁점은 지속가능한 발전이라는 주제 아래 폭넓게 펼쳐져 있다. 기후변화에 어떻게 대응할 것인가. 기후를 악화시키지 않고 지구상의 모든 사람에게 전기를 공급할 방법은 무엇인가. 2060년이면 90억 명에 달할 인구를 어떻게 먹여 살릴 것이며 유전자조작식품GMO은 (사용한다면) 어떻게 사용할 것인가. 우리 자신과 미래 세대를 위해 환경을 보존할 방법은 무엇인가. 최빈층이 처한 조건을 어떻게 개선할 것인가. 불평등이 심화되는 세계적 흐름에 어떻게 맞설 것인가. 이런 문제들은 연구 이외의 어떤 것도 거들떠보지 않은 채 고고하게 고립된 상태로 연구에 몰두한 뒤 성과를 학술지에 게재하는 것까지가 자신의 역할이라고 믿는 자연과학자는 해결할 수 없다. 실제로 대다수의 자연과학자들은 자연과학의 연구 성과를 사회적 선善을 위해 활용하는 것은 사회과학자의 몫이라고 생각한다.

자연재해(더 넓게는 기후변화) 분야에서 다루는 핵심 용어는 위험, 확률, 불확실성이다. 재난위험감축(전문 용어로 DRR: Disaster Risk Reduction)은 자연재해 연구의 한 갈래를 차지하는 주요한 의제다. 《생각에 관한 생각》[2]의 저자인 대니얼 카너먼이 동료 아모스 트버스키와 함께 제시한 "전망이론Prospect Theory"[3]은 인간이 위험부담이 따르는 결정을 내릴 때 가능성을 활용하는 방식을 설명한다. 이는 위험, 확률, 불확실성에 대한 우리의 사고방식을 이해하는 데 중요한 개념이다.

카너먼이 내놓은 개념의 핵심은 우리 모두가 상당히 다른 두 가지 시스템의 사고방식을 갖고 있다는 데 있다(그는 이 두 가지 사고방식을 각각 '시스템1 사고', '시스템2 사고'라 불렀다). 시스템1 사고는 빠르고 본능적이며 감정적이다. 경험이 풍부한 운전자는 자동차를 운전할 때 이 방식으로 사고한다. 시스템2 사고는 느리고 신중하며 논리적이다. 낱말 퀴즈나 수학 문제를 풀 때, 혹은 다른 장소로 이동하기 위해 지도를 볼 때 주로 사용한다. 매우 숙달된 수학자라면 수학 문제를 풀 때도 순수한 본능, 즉 시스템1 사고를 더 많이 사용하겠지만, 기본적으로 이런 과정에는 시스템2 사고가 반드시 필요하다. 즉 사회과학자든 자연과학자든 자연재해를 충분히 이해하기 위해서는 시스템2 사고를 해야 하는데, 안타깝게도 기존 담론은 대부분 시스템1 사고에 집중되어 있다.

재난을 논의하는 데 주로 등장할 뿐 아니라 적어도 자연재해에 대한 담론에서는 주도적인 위치를 차지할 때가 많은 또 하나의 용어는 **예측**이다. (내가 보기엔 틀림없이 자신이 시스템2 사고를 한다고 생각하고 있을) 자연과학자들은 예측을 자신의 가장 중요한 역할 중 하나로 꼽는다. 여기서 예측이란 정확히는 재난 자체를 예측하는 것이 아니라, 재난이 불러오는 자연의 혼란을 예측하는 것이다. 앞서 언급했듯 예측은 위험, 확률, 불확실성이라는 개념과 밀접한 관련이 있고, 때로는 그 자체로 자연과학자의 유일한 역할이 되기도 한다.

자연과학자는 자신의 생각을 물리적 사건, 이를테면 허리케인과 지진이라는 사건 자체에만 한정시킨다. 그러나 재난을 이해하고 그 뒤에 가려진 부분을 보기 위해서는, 사회과학과 자연과학 양 측면에서 시스템2 사고로 재난을 예측하고 확률과 불확실성을 검토해 사건 발생 전후로 무슨 일이 일어났는지를 살펴보아야 한다. 우리가 영향을 미칠 수 있는 영역은 물리적 사건 자체가 아니라 사건 앞뒤로 벌어지는 상황이기 때문이다.

물리적 사건의 확률을 제시하는 것만으로는 사건이 몰고 올 사회·경제적 결과를 결코 제대로 예측할 수 없다. 거대한 규모의 물리적 사건이라도 사소한 피해로 끝날 수 있는 반면, 아주 작은 사건이 커다란 피해를 가져오는 경우도 있다. 재난이 그 지구물리학적 규모에 비추어 예상한 것보다 더 많은 사회적 파장을 일으키는 경우에는 특별히 세간의 이목이 집중된다. 대표적인 사례가 2010년 아이티 지진이다. 당시 발생한 지진은 물리적 규모면에서는 강력한 지진으로 간주할 만한 규모가 아니었는데도 사망자, 부상자, 재산 손실이 엄청난 참사였다.

카트리나로 인해 그렇게 많은 사람이 죽은 이유는 무엇일까? 왜 대부분의 사망자가 빈민이었을까? 노인이 그렇게 많이 희생된 이유는 뭘까? 슈퍼돔Super dome〔뉴올리언스 소재의 원형 실내 경기장으로 카트리나 피해 발생 당시 이재민 수용소로 사용됐다〕에 모인 슬프고 괴로운 얼굴 대부분이 흑인이었던 이유는 뭘까? 군대는 왜 그렇게 빨리 투입된 걸까? 생존자를 돕기보다 통제하는 게 급선무였던 이유는? 카트리나에 대한 이야기를 하며 피할 수 없는 지점은 바로 이렇게 눈에 보이는 모든 것들이 지독히도 부정의했다는 사실이다. 아이티에서는 또 왜 그렇게 많은 사람이 죽어야 했을까? 이런 부정의는 자연 그 자체와는 아무런 상관이 없다. 우리 자신의 문제일 뿐이다. 자연이 아니라 인간이 인간에게 피해를 준 것이다.

자연재해는 동전의 양면처럼 파인만 경계의 양쪽에 동시에 존재한다. 한쪽 면에는 지진, 허리케인, 화산 폭발과 같은 극단적인 자연현상이 있다. 자연과학은 이러한 극단적 자연현상에 대해 많은 이야기를 할 수 있다. 다른 한쪽에는 대자연이 변덕을 부린 결과 얼마나 많은 사람이 죽었으며, 경제는 얼마나 심각한 타격을 입었고 그 여파가 얼마나 오래갈 것인가 하는, 온전히 사회적인 구성물이 있다. 자연과 사회는 밀접히 결합되어 있기 때문에, 이미 발생한 현상의 원인을 분석해 둘로 구분하려는 시도는 별 소용이 없다. 지진 재난의 원인은 '지진'일까 아니면 '사람'일까? 답은 '둘 다'다. 자연재해는 자연과 인간의 본성이 강력한 압박 속에서 결합하면서 발생한다.

재난이 발생하면 으레 자연과학자는 결코 답할 수 없는 질문이

등장한다. 재난은 왜 이리도 불공정해 보이는 걸까? 재난이 덮친 지역은 원래 불공정한 곳일까? 그게 아니라면 가난한 사람이 부자를 대신해 재난의 가장 가혹한 피해를 막아 주기라도 하는 걸까? 이에 대해 자연과학은 아무런 답을 할 수 없다. 하지만 **사회과학**은 할 수 있다.

이 책은 각종 재난의 통계 수치를 늘어놓은 채 대비할 수 있었지만 하지 못한 부분들을 지적하며 우리의 태도를 계몽하려 들지 않는다. 또한 온갖 파괴와 죽음의 이미지를 기대하고 책을 들었다면 실망할 것이 틀림없다. 재난에 대한 기록은 수없이 많다. 1912년 타이타닉 호가 가라앉는 재난이 발생하자 즉시 거센 애도의 물결이 일어났고, 결코 가라앉지 않을 것 같았던 배가 가라앉았음을 한탄하는 시가 쏟아져 나왔다. 당시 그런 투고가 너무 많았던 나머지 〈뉴욕타임스〉는 독자들에게 이런 조언을 하기도 했다. "타이타닉에 대한 시를 투고하려는 작가는 적어도 종이와 연필, 그리고 재난이 얼마나 끔찍한가에 대한 강렬한 감정 그 이상의 무언가를 준비해야 합니다."[4]

재난이 끔찍한 것은 단지 그 재난이 얼마나 무시무시했는지를 알려 주는 소식들 때문이 아니다. 그러니 재난의 해악을 이해하려면 우선 재난을 둘러싼 전반적인 면면을 파악해야 한다. 이 책에서 나는 우선 재난의 각 단계를 설명하고, 재난 이후 장기간에 걸쳐 빚어지는 '선한' 결과와 '악한' 결과를 드러내려 한다. 그리고 물리적으로는 매우 유사한 여러 가지 자연현상들로부터 어떻게 전혀 다른 결과가 나타나는지, 그 이유에 대해 논의할 것이다. 그런 다음 아이티와 칠레, 일본과 뉴올리언스의 재난 사례를 통해 자연현상과 사회현상이 빠르게 또 느리게 뒤얽히는 과정을 살펴볼 것이다. 이 과정을 거치고 나면 재난이 개인적·정치적 이익을 위해 어떻게 왜곡되어 가는지 볼 수 있을 것이다.

재난에는 언론 매체가 게걸스럽게 퍼부어 대는 거대한 참상보다 더욱 심각한 무언가가 있다. 이 책은 자연재해의 비극을 다루고, 죽음에 대한 불편한 질문을 던진다. 자연의 속성 못지않게 인간의 본성에 대해서도 파헤치며 그 과정에서 드러나는 불공정한 이면을 따져 묻는다. 그 결과 재난을 그토록 참담하게 만드는 것은 자연 그 자체보다 인간의 본성이라는 지독한 결론에 도달한다. 가려져 있던 것을 드러내는 이 과정을 통해 우리 모두가 재난이 가져오는 진정한 해악을 이해할 수 있게 되기를 바란다.

차례

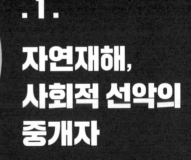

. 1 .

자연재해,
사회적 선악의
중개자

자연재해는 선한가 악한가? 누구나 답을 알고 있기에 굳이 물을 필요가 없는 질문이라고 생각할 수 있다. 분명 재난은 지독히도 가혹하며 끝 모를 정도로 파괴적인 영향을 끼친다. 거기에 나쁜 영향 말고 뭐가 더 있겠는가? 전 세계적으로 재난 발생 가능성이 높은 지역에 사는 사람들은 다른 지역에 사는 사람들보다 사회적 진보를 이루기 훨씬 더 어려울 것이 틀림없다. 경제적 자원을 교육, 보건 체계, 법 제도와 같은 사회 진보에 필요한 기관과 구조를 만드는 데 쓰지 못하고 피해 복구에만 계속 쏟아 부어야 하기 때문이다. 원조 기금이나 세계은행World Bank 기금 등의 지원을 받는다 해도, 사회 진보를 위해 투자하기보다는 그동안 하던 식의 복구를 약간 더 근사한 형태로 계속해 나갈 수 있을 뿐이다.

　이 장에서는 우리가 생각만큼 재난을 제대로 이해하지 못하고 있다는 사실과, 자연재해가 끼치는 선한 영향과 나쁜 영향이 동일하게 나타나지는 않는다는 사실을 살펴볼 것이다.

　재난의 위험을 줄이기 위해 국제연합과 각 국에서 지원하는 수많은 기관, 셀 수 없이 많은 비정부기구NGO들이 대대적이며 헌신적인 노력을 기울이고 있지만, 그럼에도 재난은 계속해서 발생할 것이 **틀림없다**. 재난 발생 가능성이 높은 지역에 사는 사람들은 그 위험을 잘 알고 있다 하더라도 다른 곳으로 이주할 가능성이 전혀 없다. 오히려 그 반대 현상이 발생한다. 작은 섬나라 같은 소규모 국가는 나라 전체가 재난 취약 지역이다. 인간은 작은 규모의 재난 피해는 막을 수 있고, 중간 규모의 재난 피해는 최소화할 수 있다. 하지만 가장 강력한 규모로 덮쳐 오는 자연의 변덕은 인류가 가진 역량을 모두 끌어낸다 해도, 당분간은 당해 낼 수 없을 것이다.

재난은 다 똑같이 나쁘기만 하다는 생각은 즉각적, 본능적으로 반응하는 시스템1 사고에 한해서 타당하다. 주변이 온통 파괴되고 수천 명이 희생당하는 현장은 확실히 비극적이다. 전쟁에서 승리한 군대가 아닌 한 죽음과 파괴를 좋게 보기는 어려우니 당장에는 재난을 나쁘게 바라보는 것이 당연하다. 하지만 장기적인 영향을 살펴보면 이는 그렇게 단언할 문제가 아니다. 어떤 정밀한 방법을 사용한다 하더라도 **장기적으로** 자연재해가 나쁜 일이라고 증명하기는 놀랄 만큼 어렵다.

재난이 우리 삶에 영향을 미치는 미묘한 사회경제적 과정은 (사회복지 수준을 드러내는 기준으로) 국내총생산(이하 GDP)과 오늘날 경제학자와 정치학자가 크게 의존하는 계량경제학상의 통계 도구를 활용해 엿볼 수 있다. 그런데 자연재해가 좀처럼 달리 볼 수 없는 뚜렷한 현상임에도 불구하고, 몇 안 되는 계량경제학계의 연구 결과들은 모순적이다. 재난은 경제에 전혀 영향을 주지 않는다는 연구 결과도 있는 한편, 죄다 부정적인 영향을 미친다는 자료도 있다. 일부 재난은 일부 조건하에서 긍정적인 영향을 준다는 연구물도 있고(예를 들어 홍수는 이로운 것으로 나타나곤 한다[1]), 전체적으로 볼 때는 **모든** 재난이 이로운 영향을 끼친다고 주장하는 이들도 있다.[2]

현재 사회과학자 대다수는 가능하면 무작위 통제 실험RCT: Randomized Control Trial을 통해 연구의 근거를 마련한다. 무작위 통제 실험은 애초에 신약新藥 실험에서 실험군(약을 복용한 집단)과 대조군(가짜 약을 복용한 집단)의 실험 결과를 비교하는 과정 가운데 개발된 방법이다. 그렇기에 이 방법을 자연재해에 활용하기는 매우 어렵다. 즉 자연재해가 일으키는 피해를 엄밀하게 측정하기가 어려운 이유는 현대 사회과학이 사용하는 도구가 이 문제를 풀기에 적절하지 않기 때문이기도 하다. 게다가 GDP로는 사회의 진보를 제대로 측정할 수가 없다(이런 까닭으로 GDP는 노벨상 수상자인 컬럼비아 대학교의 조지프 스티글리츠Joseph Stiglitz와 같은 뛰어난 경제학자로부터 지탄을 받고 있다). 특히나 재난으로 가장 큰 피해를 당하는 가난한 지역일수록 GDP는 제 역할을 제대로 해내지 못한다. 서구와 달리 가난한 나라 경제의 상당 부분은 고용주에게 급여를 받는 노동자의 생산이 주가 되는 형태가 아니라, '비공식'적인 형태를 띠기 때문이다. 정부는 이런 비공식 경제활동에 대해서는 세금을 걷을 수가 없을 뿐더러, 규모를 제대로 파악할 수도 없다. 가난한 나라에서는 GDP에 잡히지 않는 경제활동이 활발히 일어나는 경우가 많다. 그런데 이렇게 현대 사회과학의 방법이 무용지물이라면, 재난이 죽음과 파괴라는 눈에 보이는 피해 외에 또 어떤 작용을 하는지를 어떻게 알아낼 수 있을까? 재난은 과연 어떻게 사회에 긍정적인 영향을 미칠 수 있을까?

계량경제학상의 분석 결과를 지지하거나 반박할 수 있는 사례나 반증 자료 역시 수없이 찾아낼 수 있다. 가령 일본은 태풍, 지진, 쓰나미, 화산 폭발을 겪으면서도 최근까지 세계에서 두 번째로 큰 경제 규모를 유지하고 있었다. 그러니 이를 근거로는 재난이 일본에 좋은 영향을 미친다거나, 하도 자주 겪다 보니 일본인들은 재난을 재빨리 극복하는 방법을 배웠다는 분석을 할 수 있을 것이다. 최근 들어 일본 경제가 후퇴하는 것은 파멸적인 경제 정책과 인구 감소 및 노화,[3] 그 밖의 여러 요소 때문이지 자연재해와는 아무런 상관이 없다. 2011년 무시무시한 지진과 쓰나미가 발생했을 때도, 모두들 일본 경제가 전 세계에 큰 파장을 끼치며 붕괴할 것이라 예측했지만 실제 일본 경제는 후퇴하지 않았다. 지금 일본 경제가 허약하고 언제까지 그 상태에 머물러 있을지 모른다는 평가를 받고 있는 것도 이와 상관없는 문제다.

칠레는 비록 태풍은 아니지만 일본 못지않게 수많은 재난(대표적으로 지진)을 겪고 있으면서도 중남미 국가 가운데 가장 부유하다. 지진이 태풍보다 감당하기 더 수월해서일까? 아르헨티나에서는 몇 차례 매우 파괴적인 지진이 발생한 것 외에 다른 재난은 거의 일어나지 않았는데도 수십 년째 경제가 후퇴하고 있다.[4] 2010년 이전까지 아이티에서는 200년 동안 심각한 지진이 단 한 번도 발생한 적이 없었다. 그럼에도 아이티는 세계에서 가장 취약한 경제 구조를 갖고 있으며, 중남미에서 가장 가난한 나라인데다 다른 나라들과의 격차도 매우 크다.

반대로 산업혁명 발생지인 서유럽은 상당히 안전한 지역이다. 홍수가 나지도 않고 허리케인이나 심각한 가뭄도 거의 발생하지 않는다. 만약 지진이나 초강력 폭풍에 취약한 지역이었다면, 발전소와 공장을 가동하고 산업혁명을 이루어 내기까지 인류의 복지를 향상시켜 준 석탄을 채굴하기가 쉽지 않았을 것이다.

디트로이트는 자연재해를 두려워하는 미국인 사이에서 가장 안전하다고 알려진 지역이다. 디트로이트가 아니라 토네이도 앨리Tornado Alley(대기가 불안정해 토네이도가 자주 발생하는 미국의 중부 평원 지역. 텍사스 주, 오클라호마 주, 캔자스 주를 포함한다)라든지, 지진 또는 홍수가 빈번한 지역에서였다면 자동차 산업이 그렇게까지 성장하지 못했을 것이다. 디트로이트의 쇠퇴와 파산은 미국 자동차 산업의 극심한 침체와 여타 경제적 요인 때문이지 자연재해와는 아무런 관련이 없다. 미국의 경제·문화적 수도인 뉴욕의 경우, 며칠씩 도시를 마비시키는 겨울 폭풍이 몰아치곤 하지만 전반적인 기후는 상당히 온화하다.

일부 계량경제학 연구자들은 장기적인 관점으로 보면 재난을 통해 번영을 이룰 수 있다고 주장해 상당한 논쟁을 불러일으키곤 한다. 2002년 마크 스키드모어와 히데키 토야는 〈이코노믹인콰이어리〉에 '자연재해가 장기적 성장을 촉진하는가?'[5]라는 매우 도발적인 제목의 글을 게재하며 이런 발상을 처음으로 제시했다. 그들은 계량경제학의 기본 기법을 이용해 홍수와 허리케인 같은 기상학적 재난은 장기적으로 긍정적인 결과를 가져다준다는 사실을 보여 주었다. 즉 기후 재난은 경제적으로 이로우며 규모가 클수록 좋다는 것이다. 그들이 논문에서 "장기적" 효과를 다루었다는 점과 수년에 걸쳐 수많은 나라의 경제적 성장을 연구했다는 점에 주목하자. 재난 이후 재건 단계에서는 주로 건설 산업이 경기 부양 혜택을 받는다(직접 피해를 입은 재난 발생 지역 내부의 산업은 혜택을 보지 못할 수 있다). 이는 일시적인 현상이지만, 그 효과는 지속된다고 저자들은 주장한다.

재난의 긍정적 결과에 대한 설명은 1939년부터 1946년까지 하버드 대학교 교수로 재직한 오스트리아의 경제학자이자 정치학자 조지프 슘페터[6]의 연구에 바탕을 두고 있다. 그는 다소 부드러운 어감을 가진 **창조적 파괴**creative destruction라는 개념을 제시했다. 그리고 그 개념을 "산업적 돌연변이industrial mutation"라고 칭하면서, "경제 구조를 안에서부터 끊임없이 변혁하고, 낡은 것을 파괴하고, 새로운 것을 창조"하는 과정이라고 설명했다. 이 창조적 파괴의 과정은 자본주의의 핵심이다.[7] 하지만 실제 슘페터의 연구는 재난보다는 새로운 산업에 대한 것으로, 재난이 언급된 적은 한 번도 없다. 창조적 파괴의 사례로 가장 많이 인용되는 것은 개인 컴퓨터의 등장이다. 개인 컴퓨터 산업은 기존의 주요 컴퓨터 회사에 타격을 주고, 일부를 퇴출시키기까지 했다. 즉 새로운 산업은 기존보다 훨씬 뛰어나지만 기존 산업에 해를 끼친다.

　창조적 파괴의 광풍이라고도 불리는 슘페터의 이론 속 개념을 재난 분석에 적용하기는 어렵지 않다. 새로운 산업 혁신이 기존 산업을 파괴한다는 구도를, 재난이 낡고 비능률적인 자산을 파괴하고 더욱 새롭고 생산적인 자산이 발달할 환경을 조성한다는 구도로 대치하면 된다. 기존의 자산은 새롭고 더 나은 자산으로 바뀐다. 재난은 기술 개선을 이끌어 내 수많은 산업과 경제 전반에 혜택을 준다. 그런데 실제로 이런 일이 일어날까? 더 나은 삶으로 데려다 줄 광풍에 올라타는 사람은 누구일까?

　창조적 파괴가 실제로 일어난다는 증거는 현실에서 종종 나타난다. 2008년 쓰촨성 지진이 발생한 지 두 달 뒤 언론인 드레이크 베넷은 〈뉴욕타임스〉 경제면을 통해, 재건 작업으로 GDP 성장률이

0.3퍼센트 올라가는 경기 부양 효과가 있을 것이라는 중국 정부 측 자료를 인용 보도했다.[8] 그러면서 이와 관련한 최초의 연구인 더글라스 데이시와 하워드 쿤로이더의 저술도 함께 인용했다. 데이시와 쿤로이더의 《자연재해의 경제학》에 따르면, 1964년 앵커리지 지진 이후 정부가 투입한 융자금과 보조금은 실제로 알래스카 주민 모두에게 이익을 주었다고 한다.[9] 빠른 시간 내에 복구가 끝났을 뿐 아니라, 복지 수준도 지진이 발생하지 않았을 때의 예상 수준보다 확연히 더 높아졌다.

베티 헌 모로는 《허리케인 앤드류—인종, 성 그리고 재난의 사회학》이라는 책에서, 허리케인 피해 복구 후 주민들은 "앤드류가 만들어 준 새 욕실 구경하러 오세요"라며 전보다 더 좋아진 주택에 만족을 표했다고 기록했다.[10] 복구된 공공 주택은 이전보다 품질이 더 좋았으며, 복구 사업을 계기로 생애 첫 집을 갖게 된 주민들도 있었다.

이런 일은 실제로 **가능하다**. 그리고 **언제나** 이렇게 된다면 정말 좋을 것이다. 보험에 가입해 두었는데도 화재가 난 주방을 기존에 쓰던 것과 똑같은 설비로 채우려는 사람은 없을 것이다. 더 좋은 도구를 구비할 기회인 만큼 성능이 향상된 새로운 모델을 들일 것이다. 하지만 가난한 나라에서는 세계은행이나 여타 기부자들이 새로운 설비를 구비할 수 있도록 재빨리 움직여 주지 않으면, 주민들이 손수 예전 수준으로 복구해 버릴 수밖에 없다. 이후에 살펴보겠지만, 아이티가 딱 이런 사례다.

재난이 해를 끼친다는 사실은 누구나 잘 알고 있기 때문에, 그렇지 않은 상황을 가정해서 시나리오를 구상할 수 있다면 기존 경제

이론이나 방법론에 어느 정도 균열을 내고 대안을 제시할 수 있을 것이다.

재난은 현실에서 어떻게 사회 변화의 매개자 역할을 해낼 수 있을까? 그리고 미래에는 어떤 식으로 작동할까? 재난은 정말로 누구에게는 이익을 가져다주고 누구에게는 해를 끼치는 걸까?

자연재해가 끼치는 영향을 파악하려 한다면, 우선 재난이 정확히 무엇인지부터 정의할 필요가 있다. 재난이라는 단어는 수많은 종류의 사건을 설명하기 위해 사용된다. 그 가운데는 대단히 사소하거나 객관적으로 전혀 재난이라 할 수 없는 사고도 많다. 사전에는 매우 폭넓은 개념이 나열되어 있는데 대체로는 갑작스러우며, 피해를 입는다는 의미를 담고 있다. 다음은 옥스퍼드 사전의 내용이다.

재난**Disaster** ① 사고 또는 자연재해와 같이 갑작스럽게 발생하여 대규모 손실과 인명 피해를 유발하는 사건. ② 자연적 또는 우발적 재앙을 주요한 줄거리와 배경으로 삼는 영화의 한 장르를 가리킴. ③ 불행한 결과를 가져오는 사건 또는 사실. ④ 실패자로 행동하는 사람, 또는 실패한 것.

재난은 때로 '사업상의 실패'를 뜻하기도 하며, 많은 사전들이 비행기 추락을 재난의 사례로 제시한다. 단어의 어원은 '불운하다'는 뜻을 지닌 이탈리아어 '디사스트로disastro'로, 행성이 불길한 위치에 자리 잡은 탓에 일어나는 불운을 가리키는 점성학 용어다.[11] 재난은 또한 인류 사회의 책임을 벗어난 어떤 것을 가리키기도 한다.

옥스퍼드 사전의 정의는 모든 종류의 재난을 열거하면서도 우리가 **자연**재해라 부르는 요소를 두루 아우른다. 자연재해의 규모는 보통 인명 손실(사망)과 경제적 손실로 표시한다. 둘 다 집계가 간단하지 않고 연관성도 거의 없다. 사망자가 많다고 경제적 손실도 큰 것이 아니며, 반대의 경우도 마찬가지다.

사망자가 최소 몇 명이어야 재난으로 인정한다는 기준은 없다. 특정 상황에서 우리가 짐작할 만한 현실적인 피해 수준이 어느 정도냐에 따라 정의할 따름이다. 만약 한 번의 교통사고로 수십 명이 죽었다면 그 사고는 재난으로 인식된다. 평소에 교통사고로 그 정도로 많은 인명 피해가 날 것이라 생각하는 사람은 없기 때문이다. 반면 한 명이 사망한 교통사고가 동시에 수십 건 일어나 동일한 수의 사망자가 발생한 것을 두고 재난이라고 하지는 않는다. 교내 총기 사고는 사망자 수에 상관없이 재난이다. 절대 일어나선 안 될 일이기 때문이다. 이런 경우는 단 한 명이 사망해도 비극이다. 한국에서 여객선 사고로 300명 이상의 학생이 사망한 세월호 사고도 재난이다. 예기치 못한 재난으로 동시에 수많은 사망자가 발생했고, 일상적으로 볼 수 없는 대단히 심각한 사건이었기 때문이다.

사망자 수가 많다는 이유로 '사건'이 곧 '재난'이 되지는 않는다. 전 지구적으로 보면 자연재해로 죽거나 다치는 사람보다 자살하거나 자살 시도로 몸을 해치는 사람이 더 많은데, 자살은 수시로 발생하고 보이지 않는 곳에서 일어나기 때문에 연예인이나 잘 알려진 정치인, 유명인 또는 너무 어린 학생의 경우가 아닌 한 관심이 집중되지 않는다. 이외에도 지구상의 사망 요인은 너무나 다양하며, 각각의 요인으로 인한 사망자 수 역시 재난 사망자 수에 비해 훨씬 많다. 오늘날 미국에서는 해마다 3만6,000명 정도가 인플루엔자로 수시로 사망한다. 미국은 이를 재난으로 인식하기에, 행여 사망자 수가 크지 않아도 인플루엔자 감염이 발생하면 감염자에 대한 강제 격리를 실시하고 대대적인 조사를 진행해 보균자와 접촉했을 법한 사람을 가려낸다. 반면 서아프리카에서 에볼라 바이러스로 수천 명이 사망했다는 소식이 들려왔을 때는 별다른 관심을 보이지 않았다. 미국 내에서 발병할 가능성이 높지 않다고 생각했기 때문이다. 대다수의 미국인들은 서아프리카의 사망자 소식을 접하고 그 숫자에 가슴 아파하긴 했지만, 바이러스가 아프리카에만 있다고 생각하며 그 비극적이고 끔찍한 죽음을 가까이 느끼지는 못했다. 하지만 미국인 두 명이 바이러스에 감염되자 에볼라는 곧바로 신문 1면을 장식하는 '재난'이 됐다. 심지어 서아프리카에서 출발해 미국에 착륙하는 모든 항공편을 막아야 한다는 주장이 나오기도 했다.

한 사건을 재난으로 선포하기 위한 최소한의 피해 규모 역시 정해진 바 없다. 도시 지역은 사람과 자원이 집중되어 있기 때문에 재난이 발생하면 그 피해가 더 크다. 그런데 재난이 발생하면 도시 내 모든 사람들이 모두 똑같은 규모의 피해를 입게 될까? 어떤 사건을 재난으로 보는 데 필요한 최소한의 피해 수준을 정하기란 매우 어렵지만, 그 수준은 일단은 상대적이어야 한다. 가난한 사람의 집은 시장가치로 따지면 거의 아무것도 아닐 수 있지만 재난이 발생했을 때는 그 사람에게 실로 엄청난 손실이 될 수 있다. 재난을 '경제적' 손실 규모로만 나열하면, 가난한 나라의 재난은 거의 늘 목록의 가장 끝에 놓이게 될 것이다. 그들에게는 어마어마한 피해도 손실 규모로만 보면 작은 사건으로 나타날 것이기 때문이다.

자연재해는 부유한 나라에서 발생했든 가난한 나라에서 발생했든, 얼마나 많은 사람이 죽었든, 얼마나 심각한 경제적 피해를 발생시켰든 상관없이 모두 세 국면으로 이루어져 있다. 지진도 태풍도 홍수도 마찬가지다. 심지어 멕시코 만의 딥워터호라이즌Deepwater Horizon 석유시추선 폭발 사고와 같은 소위 인재 혹은 산업재해도, 교내 총기 사고와 같은 사회적 재난도 모두 동일하게 세 국면으로 분석할 수 있다. 물론 머리카락을 너무 이상하게 잘랐다는 둥의 사소한 개인적 '재난'에는 해당하지 않는다.

여기서 중요한 점은 재난을, 흔히 생각하듯 단일한 사건이 아니라 일련의 과정으로 인식해야 한다는 것이다. 지진, 태풍, 홍수라는 사건 자체는 세 국면 중 두 번째 국면에 해당한다. 시스템1 사고로 재난을 바라보면 이 두 번째 국면이 가장 중요하다고 믿기 쉽지만, 실은 이 국면이 가장 중요도가 낮다.

첫 번째 국면(혹은 국면1)은 사건이 발생하기 전에 일어난다. 사회가 확실히 예상되는 재난에도 대비를 하지 않거나 인명 피해와 경제적 손실을 막기 위한 대비를 제대로 하지 못할 때 벌어지는 것이다. 이를테면 석유시추선 관리자가 좀 더 세심하게 점검을 해야 했던 단계, 따돌림을 당하거나 힘든 상황에 놓인 청소년들이 결국 자기 목숨을 끝장내기 직전, 즉 학교나 보건 당국 또는 그 누구라도 그를 제대로 살폈어야 하는 단계다. 학계에서는 이 국면을 연구하면서, 한 사회가 재난으로 고통받을 다양한 가능성 및 수준과 재난의 영향을 결정짓는 요소를 포괄하는 개념인 사회적 취약성social vulnerability을 측정하려는 시도를 하고 있다.

두 번째 국면(혹은 국면2)은 사건 그 자체다. 홍수, 지진, 석유시추선 폭발은 서로 매우 다른 사건이지만 언론을 통해서는 비슷한 수준으로 강렬하고 광폭하며, 때로는 잔혹한 사건이라 묘사된다. 언론은 두 번째 국면을 정확히 두 단계로 나눈다. 그리고 초기 단계에서는 피해 상황, 최초 발견자의 영웅적인 노력, 무너진 빌딩에 깔리거나 돌무더기에 묻히거나 지붕에 고립된 사람들의 비극적인 모습 등 엄청난 재난의 현장을 조명한다. 하지만 같은 장면이 반복되면 금방 관심이 떨어지기 때문에, 곧 다음 단계로 넘어가 끔찍한 사고가 발생한 사례를 차례로 보여 주고, 약탈이나 강간 같은 반사회적 행동이 일어난 상황을 고발한다. 연방재난관리청FEMA이나 지방 경찰, 공무원, 독재자 등 기관의 대응 실패를 조명하는 쪽으로 관심을 돌리기도 한다. 단죄할 일이 있으면 나서서 단죄한다. 특정한 사건은 언론을 통해 비로소 재난으로 선언되는 경우가 많다. 사람들의 목숨을 빼앗고 자산을 망가뜨린 재난이 사회에 끼치는 영향이 가장 적나라하게 중계되는 시기가 바로 이 두 번째 국면이다.

재난 이후, 태풍이 지나가고 홍수가 물러간 뒤 몇 주, 몇 달, 몇 년 후를 포괄하는 세 번째 국면〔혹은 국면3〕은 사람들의 관심이 가장 떨어지는 시기다. 언론은 이미 짐을 싸서 재난 현장을 떠나 버렸다. 손실 규모도 산출됐고 사망자 집계도 끝났다. 사람들은 각자 먹고 살 길을 찾고 사회는 어느 정도 재난 발생 이전과 비슷하게 작동하려 한다. 석유시추선 폭발의 책임자가 브리티시페트롤륨BP〔영국의 석유 회사〕임이 드러나고, 피해 조사가 진행되며, 보다 엄격한 총기 규제법이 논의되는 때가 바로 이 시기다. 복구를 빠르고 효과적으로, 완벽하게 하는 공식을 아는 사람은 아무도 없다. 재난을 꽤 잘 극복해 낸 뒤 그 경험을 통해 더 번영하는 사회도 있고, 그렇지 않은 사회도 있다. 사회의 취약성을 연구하는 학자가 있는 반면 사회의 회복력resilience,

즉 사회가 재난을 견뎌 내고 재빨리 회복할 수 있는 능력을 연구하는 학자도 있다. 취약성과 회복력은 수많은 재난 연구에서 공통적으로 등장하며 대체로는 반대로 나타난다.

　언론은 재난으로 방파제 관리 소홀 같은 대비 부족 문제가 드러난 경우에 한해서 첫 번째 국면에 일시적인 관심을 갖는다. 세 번째 국면에 대해서는 거의 관심이 없거나, 관심을 두었다가도 빠르게 거둔다. 재난 발생 기일이 돌아올 즈음 복구가 얼마나 잘 됐는지(그보다는 제 시간 안에 얼마나 복구를 잘 하지 못했는지) 보여 주려는 때가 있지만, 그 관심도 그리 오래 가지 못하고 사그라든다. 국면3에서 벌어지는 일은 대부분 관심 밖인 것이다. 국면1과 국면3은 기간이 상당히 길고 지루하다. 반면 국면2는 대체로 짧고 자극적이며 공포스럽다. 가뭄은 오래 지속된다. 그러다가 순식간에 기근으로 바뀐다. 국면2는 언론이 활용하기 좋은 이야기를 만들어 낸다.

　재난의 각 국면을 뚜렷이 구분할 수 있다고 주장하려는 것이 아니다. 다만 재난을 겪은 후 국면3에서 사회를 재건하는 데 실패하면 또 다른 재난을 겪을 가능성이 커진다는 점에 주목하자는 거다. 내전 후 평화를 굳게 다지지 못하면 반드시 새로운 분쟁이 발생하는 것과 마찬가지다. 앞의 재난을 겪은 이후의 기간이 다음번 재난을 겪기 전 단계가 되어, 국면1이 국면3의 꼬리 끝부분으로 보이게 되는 수도 있다.

　두 번째 국면에서는 굉장히 나쁜 일들이 일어난다. 가족을 모두 잃고, 일터가 파괴되고, 마을 전체가 쓸려 나가고, 병원이 부서지고, 학교가 무너진다. 인류의 비극이 가장 선명하게 보이고 사회악이 모습을 드러낸다. 살인, 약탈, 강간 소식이 들려온다. 수많은 피해자가 가난과 소외를 겪고 있는 모습이 눈에 보인다. 희생자를 돕기 위해서 보다는 평화를 지키기 위해 군대가 동원되고, 희생자는 범죄자로 전락한다.

국면2에서 발생하는 물리적 손실은 최소한 이론적으로는 간단히 복구할 수 있다. 모든 것을 직접 만들었으니 되살리는 방법도 알고 있지 않겠는가. 실제로도 이런 재건 작업은 예상보다 더 빨리 진행된다. 망가진 시설은 이전보다 더 튼튼하게 복구할 수 있으며, 그래야만 한다. **더 나은 재건**build back better이 바로 이런 목표를 추동하는 구호다. 낡은 구조물은 더 튼튼한 것으로 교체하고, 미래의 피해 규모를 줄일 수 있는 (제방 같은) 보호 설비도 함께 마련해야 한다는 뜻이다. 그런데 이는 가능한 일이기는 하지만 대개 부유한 나라에만 해당하는 말이다. 가난한 나라는 더 나은 설비를 갖출 여력이 없다. 그저 당장의 기본적 필요를 채우기 위해 손에 잡히는 재료는 무엇이든 최대한 활용해서 예전 상태 그대로 되돌려 놓기 일쑤다.

국면3은 사회악이 감추어지는 시기다. 언론은 이미 관심을 잃었고, 물리적·사회적 피해는 아직 그대로 남아 있다. 물리적 피해는 손을 보면 되지만 사회적 피해는 간단히 다룰 수 없다. 사회적 복구라는 개념은 사실 현실화되기가 쉽지 않다. 벽돌이나 철근을 써서 설비를 더 튼튼하게 복구하는 건 확실히 가능하지만 죽은 사람을 되살릴 수는 없다. 그렇다면 사회 전체를 더 나은 상태로 복구하는 게 정말로 가능한 일일까?

언론에 따르면, 재난을 겪은 사회는 이전 상태로 돌아가기 위해 길고도 힘겨운 싸움을 벌이지만 대부분 돌이킬 수 없이 퇴보해 버린다고 한다. 즉 재난을 자주 겪을수록 사회는 계속 퇴보해, 점차 극복할 수 없는 불리한 상황에 놓일 것으로 예상할 수 있다. 그러나 이런 가정은 역시 시스템1 사고에 따른 반응으로, 시스템2 사고로 좀 더 천천히 고찰해 보면 정반대의 결론에 다다를 수도 있다.

사회가 피해를 입고 고통을 당해도 사고 이후 매우 빠르게 회복하고 정상적으로 작동한다는 발상은, 재난을 통해 이익을 얻는 사회도 있다는 말과 마찬가지로 논란을 일으킨다. 일찍이 1896년에 철학자 존 스튜어트 밀은 이렇게 썼다. "지진, 홍수, 허리케인, 전쟁의 참화가 남긴 그 모든 처참한 흔적을 단시일 내에 지워 버리는, 각 나라가 잿더미로부터 벗어나는 엄청난 속도에 크게 놀랄 때가 많다."[12] 밀은 당시 "엄청난 속도"의 복구가 일상적이었다는 듯 놀랄 때가 "많다"는 표현을 썼다. 밀이 쓴 문장은 재난보다는 "전쟁의 참화"에 초점이 맞춰져 있었지만, "크게 놀란다"는 표현을 쓴 것은 그만큼 빠른 복구가 당연하지 않게 느껴진다는 뜻이다. 즉 시스템1 사고에 따르면 회복은 시간이 오래 걸리고 어려운 일인데, 실제로는 그렇지 않은 경우가 많다. 그 이유를 이해하려면 시스템2 사고가 필요하다.

인간은 상황이 얼마나 끔찍하든 간에 재빨리 새로운 상황에 적응한다. 공식 용어로는 "쾌락적응hedonic adaptation"[13]이라고 하는 이 개념은 인간이 충격에 직면하면 좋은 점과 나쁜 점 모두를 살핀 후, 이전에 행복을 느끼던 상태에 맞춰 상황을 재설정한다는 의미를 지닌다. 재산이 크게 늘었다거나 무언가를 잃었다고 해서 오랜 기간에 걸쳐 엄청나게 행복해하거나 괴로워하는 사람은 별로 없다. 이는 "인간은 유연한 동물로, 어떤 것에도 적응하는 존재다"라는 도스토옙스키의 관찰과도 일치하는 현상이다.

컬럼비아 대학교 교육대학 임상심리학과 교수인 조지 보나노는 저서《슬픔 뒤에 오는 것들—상실과 트라우마 그리고 슬픔의 심리학》에서 '슬픔은 뚜렷한 단계를 통해 극복하기 어려운 길고 강력한 타격이며, 대다수의 사람들은 상실을 결코 이겨내지 못한다'는 사회적 통념에 도전했다.[14] 사실 인간은 대체로 비극에 아주 잘 대처하는 편이다. 이 능력은 우리 의식 속에 이미 내재되어 있으며, 반드시 계속 작동해야만 하는 요소다.

W. G. 제발트가 쓴《파괴의 자연사》에는 제2차 세계대전이 끝난 후, 연합군의 폭격으로 산산조각 나 버린 삶의 터전에서 사람들이 다시 일어서는 모습이 묘사되어 있다. 폭격이 끝나자 사람들은 곧바로 일상의 삶을 시작하며, 고칠 수 있는 것은 고치고, 가게를 열고, 사업을 해 나간다. 은행은 일주일 만에 다시 문을 연다. 폭격을 맞은 바로 다음 날, 절반 가까이 부서져 도저히 다시 공연할 수 없을 것처럼 보였던 극장 입구에서는 한 여성이 주변을 쓸고 정돈하며 공연을 준비한다.[15]

전통적으로 기후학자, 지진학자, 화산학자 등 자연과학자의 역할은 극단적인 자연현상이나 자연적 위해가 발생할 시점과 규모를 예측하는 것이었지, 흔히 요청받는 것처럼 재난의 규모를 측정하는 것이 아니었다. 이 둘의 차이는 사소하지 않다. 시베리아 북극권 위쪽 지역에서는 지구물리학상 최대 규모의 지진이 발생하더라도 사람이 죽거나 건물이 무너지는 일은 없다. 따라서 어떤 규모의 재난도 일어나지 않는다. 반면 아이티에서 수만 명의 목숨을 앗아간 지진은 최대 규모와는 거리가 멀었지만 엄청난 규모의 재난을 일으켰다. 이렇게 물리적인 규모가 곧 재난의 규모를 말해 주지는 못한다.

케임브리지 사전에서 **위해**hazard라는 단어를 찾아보면 '위험하고

dangerous 해를 끼칠 수 있는 어떤 것'이라는 설명을 얻을 수 있다. 이외
다른 사전에서도 이 단어를 설명하는 거의 모든 정의에는 **위험**danger,
**risk, 피할 수 없는**unavoidable과 같은 단어가 등장한다. 반면 재난은 이
와 달리 피할 수 있는 것으로 여겨진다. **자연적인** 위해는 자연이 일으
키는 위험을 가리킨다. 여기에는 거의 대부분 운명론적 어조가 담겨
있다. 위해에 해당하는 프랑스어 '아자르hasard'는 영어보다는 동의어
의 폭이 넓어 **우연의 일치**라는 뜻까지 포괄하지만, 여전히 불가피하
다는 어조가 깊이 깔려 있다. 위해는 피할 수 없고 재난은 피할 수 있
다는 어조는 학술 문헌과 국제연합 각 기구의 재난위험감축 전략, 재
해 경감 임무를 수행하는 수많은 조직 내에서 진행되는 자연재해에
대한 거의 모든 논의 속에 내포되어 있다.

　　재난 연구에 참여하는 자연과학자는 지역별 위해 정보를 바탕
으로, 자연적 위해가 발생할 위험을 측정하는 방법을 찾아 나간다.
그들은 과거의 사건 기록을 이용해 지진, 태풍, 산사태와 같은 사고
가 발생할 가능성이 가장 높은 지역을 지도에 그려 낸다. 정부는 이
정보를 활용해 재해 경감 사업이 가장 높은 성과를 거둘 수 있도록
전략적 투자 계획을 수립할 수 있다. 세계은행과 각 지역의 개발은행
도 이 연구에 매우 높은 관심을 갖고, 위해 진단 기금을 지원해 왔다.
이런 기관은 특히 가난한 나라에 재해 경감 사업 자금을 대거나 재
난 이후 재건 비용을 지원하는 경우가 많기 때문이다.

　　경제학에서는 위험을 감수하는 대가를 다른 쪽으로 떠넘길
수 있다는 이유로 더 큰 위험을 감수하려는 충동을 **도덕적 해이**解弛,
**moral hazard**라고 부른다.[16] 이 단어는 경제학자들 사이에서만이 아니
라 사회적으로 좀 더 폭넓게 활용되고 있다.

사회과학자는 거의 대부분 재난의 국면1이나 국면3, 또는 그 둘 모두를 연구한다. 그 시기가 인간의 판단과 행동 또는 무행동, 사회 체계, 정책, 각종 기관이 거의 다 영향을 미치는 단계이기 때문이다. 국면2에서는 재난에 대한 사람들의 반응과 더불어 인도주의적 구호 단체와 기부 단체의 역할을 연구한다. 그러나 사회과학자는 대체로 언제 재난이 발생할지 또는 그것이 얼마나 중대한 사건이 될지를 예측하려 들지는 않는다. 그들의 작업은 주로 인간의 행동을 이해하고, 재난이 가져오는 사회적 해악을 줄일 정책을 제안하는 것이다.

재난의 세 국면 사이에는 뚜렷한 구분선이 없지만 사회과학과 자연과학 사이의 구분은 명확하다. 일반적으로 두 영역은 매우 다른 세계에 속해 있으며 학계에서는 더 확실히 분리되어 있다. 예를 들어 사회과학 계열 학부에 자연과학자가 있는 경우는 거의 없고, 자연과학 계열 학부에 사회과학자가 있는 경우도 드물다. 이 둘은 각자의 세계에서는 지적으로 번성한다 할지라도 좀처럼 섞이지는 않는다. 두 영역이 서로 분리되어 있는 현재의 상황은 자연재해의 모든 국면을 이해하고자 하는 우리의 목적에 심각한 걸림돌로 작용한다.

이런 문제는 최근 들어 생겨난 것이 아니다. 제2차 세계대전 당시 리처드 파인만, 닐스 보어, 앨버트 아인슈타인 같은 과학자들은 대중의 영웅이었다. 그들은 자기 분야와는 별 상관도 없는 모든 주제에 대해 의견을 요청받았고, 정치와 종교, 그 밖의 다양한 주제에 대해 의견을 표명했다. 위대한 핵물리학자 파인만은 폭넓은 주제에 대해 공개적으로 거침없는 의견들을 내놓았다. 일례로 그는 과학을 한다는 것은 "선한 일을 하는 것"이라고 역설했다. 정치인 같은 이들이 과학을 통해 얻은 지식을 잘못 사용할 수는 있지만, 지식을 생성하는 작업 자체는 선한 일로 남는다는 것이다. 이 의견에는 지금도 따르는 사람이 많다.

영국의 과학자 C. P. 스노는 과학과 여타 지적 활동 사이의 단절이라는 주제에서 가장 자주 인용되는 학자다.[17] 과학 및 과학자가 상당한 존경과 대중적 지지를 받던 시기인 1959년에 스노는 '두 문화'라는 유명한 리드Rede 강연(매년 케임브리지 대학교에서 열리는 대중 강연)을 통해 과학과 인문학에 대해 논했다. 자연과학자의 시각에서 이야기하자면, 당시 그의 강의 주제는 '과학과 인문학'보다는 '과학과 과학이 아닌 거의 모든 것'에 대한 것이었다고 보는 편이 더 적절하다.

사실 파인만이 바랐던 것은 과학 **연구 자체**와 과학자가 아닌 사람이 과학을 활용하는 행위를 스노식으로 구분하는 것이었다. 그는 다른 수많은 물리학자들과 함께 뉴멕시코 로스앨러모스에서 최초의 핵폭탄을 제조했던 맨해튼 프로젝트에 참여했는데, 당시 연구를 함께 했던 과학자 가운데 상당수는 죄책감을 느끼며 깊은 후회에 빠졌다고 한다. 하지만 파인만은 폭탄을 제조하는 행위와 폭탄 투하를 결정하는 행위를 구분하기 원했다. 그 결정은 로스앨러모스의 과학자들이 내리는 것이 아니었다. 그는 **핵물리학자**의 역할과 **핵폭탄**의 역할 사이에 (서론에서 파인만 경계라고 칭한 바 있는) 매우 선명한 선을 긋길 원했다. 또한 과학자는 명예로운 고립 속에서 원하는 모든 일을 할 수 있어야 하며, 그에 대해서는 어떠한 부정적인 결과가 나오더라도 비난받을 책임이 없다는 말을 진심으로 하고 싶어 했다. 다르게 표현하자면, 결과물이 사회에 유익하면 과학자는 그에 따르는 칭송을 만끽하면 되고, 나쁜 결과를 가져온다 해도 그것은 과학자가 아닌 다른 누군가의 문제라는 것이다. 파인만은 사회 문제는 물리적 원칙을 적용할 수도 없고 공식에 대입해 풀 수도 없기 때문에 보통의 과학적 과제에 비해 풀기가 훨씬 어렵다고 생각했다.

그런데 오늘날 대부분의 심각한 문제들은 모두 물리적 세계와 사회적 세계의 접점에 놓여 있다. 파인만 경계의 어느 한 쪽이 아니라 바로 그 위, **경계선상**에 위치해 있는 것이다. 대표적인 사례가 기후변화다. 과학을 통해서는 온실가스의 역할은 이해할 수 있지만, 온실가스에 어떻게 대처해야 하는지는 알 수 없다. 전 세계에 만연한 지속적인 가난과 극심한 경제적 불평등에 대해서도 마찬가지다. 빈곤층이 자신의 끔찍한 상황을 벗어나 번영의 이익을 향유하지 못하게 하는 걸림돌은 과연 무엇일까? 그들 중 일부는 그 가난을 벗어날 수 있어도, 전부는 벗어나지 못하는 이유가 뭘까? 분명 간단하게 답할 수는 없는 문제며, 여기에는 본질적으로 수많은 사회적인 요소가 산재해 있다. 정치 구조, 기관, 부패가 주 요인이다. 그럼에도 가난은 사회적일 뿐만 아니라 물리적 현상임에 틀림없다. 그렇지 않다면 어째서 열대 지역에만 가난이 집중적으로 나타나는 걸까? 그것은 역사의 우연이 아니다. 대자연의 움직임은 어째서 부자보다 가난한 이들에게 더 가혹할까? 지구상의 모든 사람이 먹을 수 있을 만큼의 식량이 있는데도 가난한 사람들만은 기근에 시달리는 이유는 뭘까?

중국에서 지진이 나 수천 명의 학생과 교사가 학교 교실 안에서 사망하면, 과학자는 건축 법규가 허술해 벌어진 일이라며 법규를 제대로, 더 강력하게 만들어 놓지 않은 정치인을 탓할 것이다. 지진이 아니라 건물이 사람을 죽인다는 오래된 격언은 진실이다(이에 대해서는 2장에서 더 깊이 다룰 예정이다). 지진에 취약한 국가에 사는 주민들은 이 말을 꼭 들어야 한다. 지진은 피할 수 없는 위험이라지만, 학교에서 학생들이 죽어 나가는 것은 막을 수 있어야 한다. 자연과학자는 학생들이 **어떻게** 죽었는지는 답할 수 있어도 **왜** 죽었는지는 대답할 수 없다. 지진이 잦은 지역의 건축 법규와 그 적용은 왜 이리도 허술한가? 이 질문에 답하는 것은 사회과학자의 몫이다.

한편 자연과학자들이 가장 안락한 곳에서 자기들끼리만 모여지내는 까닭에, 파인만 경계의 비과학 영역에서는 전혀 과학이라 할 수 없는 것이 과학으로 통하는 사태가 벌어진다. 방송인 스티븐 콜베어Stephan Colbert가 진실인 듯 여겨지거나 진실일 수도 있지만 사실은 진실이 아니며 논리적으로도 맞지 않는 것을 **진실스러움**truthiness이라고 명명했듯, 이 현상은 **과학스러움**Scienciness이라고 부를 수 있을 것이다. 이는 과학의 산물은 아니지만 과학으로 느껴지며, 주로 (체계화된) 과학 교육을 받지 않은 사람이 대체로 순수한 의도로, 과학과 관련된 어떤 중요한 사안에 대해 이야기하려 할 때 나타난다.

그런데 과학자들은 종종 그 '과학처럼 들리는 정보'가 들어찰 수 있는 공간을 비어 있는 채로 남겨 둔다(자신이 한 말이 잘못 인용되는 것이 두려워 말을 아끼기 때문이다). 그리고 그 빈 공간에는 정치적 목적이나 그 밖의 특정한 입장을 지지하는 것처럼 보이는 정보들이 들어찬다. 미국에서 벌어지는 기후변화 논쟁이 대표적인 사례다. 온실가스 감축 활동에 반대하는 이들은 국제연합의 기후변화에 관한 정부 간 패널UN's Intergovernmental Panel on Climate Change이 제공하는 기후 연구 관련 심층 분석 내용을 완전히 검토하지 않는다. 그들은 기후변화와 관련된 조치가 내려지면, 그것이 무엇이든 간에 자신의 생활수준이 낮아질 것이라고 생각한다. 화석연료 기반 산업이 경제의 핵심을 차지하는 지역을 대표하는 의원들은 의회에서 감축 활동을 반대하는 의견을 제시할 것을 강하게 요구받으며, 이 입장을 전파하려는 산업으로부터 상당한 자금을 지원받는다. 코크Koch 형제(에너지 기업 코크 인더스트리스에서 회장, 부회장을 맡고 있는 찰스 코크와 데이비드 코크 형제. 자유시장주의를 옹호하며 민주당 정부와 대립하고 있다. 각자 재산이 175억 달러에 이르는 갑부다) 같은 이들은 특정 사안에 대해 과학자 또는 유사한 주장을 하는 사람들로부터 관련 정보를 일부만 제공받거나 애매해서 판단을 흐리게 할 수 있는 내용을 끌어 모아, 그 어떤 정책도 '실시하면 실패할 것'이라고 왜곡할 수 있다. 미국 오클라호마 주의 상원 의원 제임스 인호프James Inhofe가 쓴 《위대한 거짓말—우리의 미래를 위협하는 지구온난화 음모The Great Hoax: How the Global Warming Conspiracy Threatens Your Future》를 포함해 기후변화를 부인하는 책은 모두 다 일종의 **과학스러움**에 바탕을 두고 있다. 하지만 이미 입장을 정한 상태에서 이런 책을 읽으면 그(과학스러운) 내용을 신뢰하게 될 수도 있고, 심지어 과학적 근거가 있는 내용이라 확신하게 될 수도 있다.

재난의 빈도와 강도는 점차 커지고 있으며 이런 흐름은 지속될 것으로 보는 게 맞다는 의견에는 전문가도 비전문가도 동의할 것이다. 이 말은 국면2에 해당하는 재난의 수가 증가한다는 뜻이다. 실제로 재난 발생 건수 자체를 집계하기는 그리 어렵지 않다. 그리고 기후는 점차 나쁜 쪽으로 변하고 있어 기상학적 사건을 더 많이 일으키는데, 이런 변화 역시 재난의 발생 횟수를 증가시키는 원인 중 하나다. 미국에서는 인구의 절반 이상이 실제로 재난이 늘고 있다고 믿으며, 그중 절반은 이것이 세계가 멸망하고 예수가 재림하는 '종말의 때'가 다가오는 증거라고 믿고 있다(기후변화 때문에 재난이 늘고 있다고 믿는 사람은 소수에 불과하다).[18]

〔이런 주장을 뒷받침할 수 있는〕가장 공신력 있는 재난 통계 자료는 브뤼셀의 루뱅 가톨릭 대학교 공중보건학부 부설 재난역학연구센터 CRED: Center for Research on the Epidemiology of Disaster가 운영하는 재난데이터베이스EM-DAT: Emergency Events Database다.[19] 재난데이터베이스에 따르면 1960년에 발생한 재난은 약 50건이었는데 2010년에는 이 수치가 거의 열 배에 가까운 450건으로 치솟았다. 이 가운데 기상학적 재난만 따로 떼어 살펴보면 네 배 정도 증가한 것으로, 이는 그렇게까지 나쁜 결과라 보기는 힘들다. 그런데 1960년부터 2010년 사이 기온 변화는 섭씨 1도가 채 안 된다. 기후 체계는 온도가 약간만 변해도 굉장히 민감하게 반응하는 요소를 갖고 있기는 하지만, 이 세상에 평균 1도 이하의 기온 상승으로 기상 재난이 네 배나 증가한 것을 설명할 수 있는 기후 과학적 근거는 없다.

한편 1960년에 30억 명 정도였던 지구의 총 인구는 2010년에 70억 명 정도로 늘었다. 50년 사이에 두 배로 늘어난 것이다. 단순하게 생각해 보면, 같은 기간 내 자연적 재난의 발생 횟수가 비슷하게 유지됐다면, 인구 증가율에 비추어 재난도 두 배 정도 늘어났을 거라고 주장할 수 있다. 하지만 재난데이터베이스의 수치에 따르면 재난은 거의 **열 배** 가까이 늘어났다. 그러니 이 두 증가 수치 간의 차이를 설명하기 위해서는 재난이 별로 발생하지 않는 지역보다는 위험성이 매우 높은 지역의 인구가 집중적으로 늘어났을 거라고 가정해야 할 것이다.

하지만 현실은 그렇지 않다. 일부 위험 지역에서 인구가 늘고 있는 것은 사실이다. 도시들은 매우 **빠른** 속도로 팽창하고 있으며, 그 도시들 가운데 상당수는 열대 저기압이 발생하는 해안 지역에 위치한다. 중남미나 미국의 서부 해안, 일본 같은 일부 해안 지역에서는 지진이 자주 발생하기도 한다. 그러나 인구는 그다지 위험하지 않은 다른 수많은 지역에서도 늘고 있다. 그리고 만약 인구 증가가 [늘어난 재난의 횟수를 설명할 수 있는] 유일한 답이었다면, 유형별 재난 증가율 간 차이가 크지 않았을 것이다.

또한 만약 인구 증가로 인해 재난 발생 건수가 늘어났다면, 사망자 수 역시 재난과 마찬가지로 열 배가 되어야 할 것이다. 그러나 실제 각 재난의 사망자 수는 줄어들었다. 지금은 그 어느 때보다도 재난으로부터 안전해진 시대다. 재난 당 사망자 수는 1975년 12만 명에서 현재 2만 명까지로 6분의 1 가까이 줄어들었다. 인류는 놀라울 정도로 안전해졌다. 세상은 살기에 위험해지고 있는 것이 아니라, 더 안전해지고 있다!

잘 알려진 대로 재난당 사망자 수에 있어서 가장 중요한 요소는 가난이다. 가난한 사람들은 중남미 여러 도시의 비탈을 뒤덮은 바리오 구역barrios[사전적 의미는 '지역/구역'이지만 베네수엘라에서는 주로 '빈민촌'의 대명사로 쓰인다]처럼 소외된 지역의 부실한 건물에서 위태롭게 살아간다. 대중교통이 부족하고 자동차나 오토바이, 심지어 자전거조차 갖지 못한 경우가 대부분인 그들은 위험을 모른 채, 또는 알면서도 어쩔 수 없이 일터와 걸어서 오갈 수 있을 정도로 가까운 범람원이나 강변 등지에 정착한다. 부유한 고용주는 그 지역이 위험하다는 것을 알고 있으며 절대 그런 곳에 살지 않는다. 그들은 평탄한 지대에 나무, 잔디밭, 공원이 잘 갖춰진, 설계와 관리가 잘된 안전한 지역에 산다.

스톡홀름 국제경제연구소의 데이비드 스트롬버그는 (계량경제학의 핵심적인 방법인) 회귀분석을 통해 사망자 수와 소득 수준 간에 강한 상관관계가 있음을 밝혀냈다.[20] 그의 연구에 따르면, 형태가 동일한 지리물리학적 사건이 발생할 때, 부유한 나라의 사망자 수는 가난한 나라 사망자 수의 30퍼센트밖에 되지 않았다. 스트롬버그는 20세기 후반 40년간의 전 지구적 경제 발전이 없었다면, 재난 사망자 수가 오늘날보다 20퍼센트 가량 더 많았을 것이라고 추정했다. 그러니 발전이 지속된다면 재난의 위험과 사망률은 더 낮아져야 맞다. 그리고 이는 곧 부유할수록 더 안전해진다는 말이니, 최상의 재난위험감축 전략은 부유해지는 것이라고도 말할 수 있다. 〈이코노미스트〉에 실린 자연재해의 경제학을 논한 한 기사는 다음과 같은 결론으로 글을 마무리했다. "가난한 나라에 줄 수 있는 교훈은 성장이야말로 최고의 재난 경감 정책이라는 것이다."[21] 〈이코노미스트〉다운 내용이기도 하지만 스트롬버그의 연구 결과에도 꼭 부합하는 말이다.

왜 이런 결과가 나오는지를 이해하기는 어렵지 않다. 가난한 나라에는 재난 대비나 피해 경감을 돕는 기관이 없거나 제대로 갖춰져 있지 않고, 사람들 대다수가 (부분적으로는 건축 법규의 부재 때문에, 혹은 허술한 집행 아니면 둘 다 때문) 부실한 건물에서 산다. 연방재난관리청 같은 기관도 없고 미국에 있는 지질연구소 같은 지진 위험을 연구하는 선진 과학 연구소도 없다. 태풍을 연구하는 국립해양대기청NOAA 소속 기후 과학자들 같은 전문가들도 찾아보기 힘들다. 이런 기관들은 대체로 부의 산물이며, 재난으로부터 부자를 보호하는 역할을 한다.

자연재해에 대해 확실히 말할 수 있는 것이 있다면 재난은 목숨을(때로는 비극적일 만큼 엄청난 목숨을) 앗아가는데, 가난한 지역에서는 그 수가 더 커진다는 것이다. 재난으로 인한 사망을 막기 위해서라면 국제연합의 재난위험감축이든 그 밖의 무엇이든, 할 수 있는 노력은 다 해 볼 가치가 있다. 그런데 문제는 사망자 수를 정확히 집계해 내기가 생각보다 상당히 어렵다는 것이다. 어떤 집계치도 확신할 수가 없으며, 당연하게도 가난한 지역에서는 집계가 더욱 어렵다. 남북전쟁 당시 병참감이었던 몽고메리 메이그스Montgomery Meigs가 했던 것처럼, 단순히 시신을 세어 집계할 수는 없는 일이다. 당시 그는 전투 지역을 모두 수색해 동료들이 투박하게 급히 매장한 북군 사망자 시신을 모두 파내어 최대한 정확한 사망자 수를 파악하려 했다[22](그런데 이때 남부 연합군이나 민간인의 숫자는 세지 않았다[23]).

재난 사망자 수는 언제나 매우 정치적인 사안이다. 미얀마 정부는 재난 사망자 수를 아주 드물게 공개하며, 북한은 웬만해서는 절대 공개하지 않는다. 사망자 수를 정확히 집계하는 국제기구는 없다. 그 자체로 주권을 침해하는 일이 되기 때문이다. 결국 우리는 각국의 발표에 의존할 수밖에 없다(사망자 집계를 가장 잘 해내는 기관은 재난역학연구센터인데, 그들도 그 집계의 불확실성이 높다는 것을 인지하고 있다). 2008년 미얀마 정부는 사이클론 나르기스가 상륙한 지 며칠이 지난 뒤에야 국제적인 언론의 관심에 몰려 재난 발생 사실을 인정했다. 하지만 그렇게 발표된 사망자 수가 정확하다고 믿는 사람은 아무도 없었고, 대부분은 공식적인 정부 집계에 비해 실제 수치가 훨씬 높을 것으로 보았다. 사망자가 너무 많으면 정부의 통제가 제대로 작동하지 않는 것으로 보일 수 있다. 그런데 미얀마 군부 같은 독재 정권에서는 완벽한 통제가 정부의 핵심 과제 중 하나기 때문에, 자체적으로 피해 규모를 축소시킬 가능성이 높다. 북한 정부는 말할 것도 없다.

부끄러울 정도로 큰 사망자 수를 공개하기 불편해하는 것은 독재 국가나 폐쇄적인 정부만의 특성은 아니다. [미국의 사회학자] 에릭 클라이넨버그가 쓴 고전 연구 논문에는 1995년 시카고 폭염 당시 리처드 데일리 시장이 국가 수석 검시관이 제출한 수치에 이의를 제기했던 사건이 언급됐다. 이는 당시 언론에 대대적으로 보도됐던 일로, 데일리는 다음과 같은 말을 했다고 한다. "정말 덥긴 덥습니다 (…) 하지만 침소봉대하지는 맙시다 (…) 매일 누군가는 자연사합니다. 그러니 지난 8~9일 동안 죽은 사람들이 모두 폭염 때문에 사망했다고 주장해서는 안 됩니다. 그러면 여름철 사망 요인은 전부 폭염이 될 것입니다."²⁴ 당시 데일리는 폭염으로 인한 사망자가 검시관이 확정한 521명보다 적다는 말을 하고자 했다. 그런데 예상과 달리 최종 사망자 수는 739명으로 집계됐다.

이런 일은 전혀 낯설지 않다. 1888년 하이플레인스High Plains에 눈보라가 몰아쳤던 사건을 다룬 데이비드 래스킨의 책《아이들의 눈보라》에는 그 비극적인 사건의 사망자 수를 놓고 벌이는 설전이 묘사되어 있다. 당시 "눈보라로 인한 사망자 수를 놓고 기자들 사이에서 꼴사나운 말다툼이 벌어졌다." 연방 판사는 "다코타 지역 언론이 고의로 수치를 낮춰 인명 손실에 대한 진실을 '은폐'했다"²⁵며, 300명이라는 언론 보도와 달리 실제 사망자는 1,000명 정도라고 주장했다. 판사는 이 상황을 다코타 준주(당시 이주민이 급속히 늘고 있던 지역으로, 이듬해인 1889년 노스다코타와 사우스다코타로 나뉘어 정식 주로 승격했다)의 평판이 나빠져 사람들이 이주를 포기할까 봐 진실을 은폐하려는 시도라고 보았다. 당시만 해도 눈보라는 자연의 변덕일 뿐 절대 반복되는 현상은 아니라는 인식이 지배적이었다. 물론 지금은 그때와 다르지만 말이다.

1906년 샌프란시스코 지진과 화재로 인한 사망자 수는 여전히 논쟁거리다. 윌리엄 브론슨의 저서 《땅은 흔들리고, 하늘은 타올랐다》를 보면 처음에는 사망자 수가 375명으로 공개됐는데, 이는 시민권이 없다는 이유로 차이나타운 주민을 공식 집계에 포함시키지 않은 것이었다.[26] 당시 구호 작업을 총괄했던 육군 소장 아돌푸스 그릴리는 중국인 희생자를 포함한 총 사망자 수를 664명으로 집계했다. 이 보고서는 직접 확인할 수는 없지만, 아마 메이그스가 했던 것처럼 현장에서 수습한 시신을 그대로 세어서 나온 결과일 것이다. 1972년 국립해양대기청이 진행한 연구에서는 700에서 800명 사이라는 결과가 나왔고,[27] 이후 1989년 글래디스 핸슨과 엠멜 컨던이 《재난을 부인하다―1906년 샌프란시스코 지진과 화재에 대한 숨겨진 이야기와 사진》이라는 도발적인 제목을 달아 출간한 책에서는 3,000여 명으로 가장 높은 집계치가 나왔다.[28] 은퇴한 사서였던 핸슨은 관련 문서를 검토해 지진과 화재로 인한 사망자를 전부 집계하는 것을 일생의 과제로 삼았던 만큼, 아마도 가장 정확한 수치를 파악했을 것이다.

정부는 정치적인 이유로 재난 사망자 수를 줄일 뿐만 아니라, (입증하기는 어렵지만) 거꾸로 부풀리기도 하는 것으로 널리 알려져 있다. 기부를 원하는 나라에서는 사망자 수를 부풀릴 가능성이 있다. 피해 규모보다는 사망자 수가 기부자들의 마음을 움직인다는 사실이 역사적으로 드러났기 때문이다. 사실 기부금품은 사망자가 아닌 생존자의 생계와 피해 복구에 사용되는데도 말이다. 물론 사망자 수가 크다는 것은 어려움에 처한 생존자가 매우 많다는 뜻이기도 하다. 2010년 지진 당시 아이티 정부가 사망자 수를 엄청나게 부풀린 것으로 짐작되긴 했지만, 비정부기구 대부분은 그 숫자에 문제를 제기하지 않았다.

일례로 나는 10년쯤 전에 기상 예보를 활용해 기상 이변으로 인한 피해를 줄이는 방안을 논의하기 위해 컬럼비아 대학교 연구팀과 함께 대만에 갔다. 대만에서는 태풍이 자주 발생하며, 대체로 엄청난 폭우를 동반한다. 집중호우로 인해 산사태와 돌발적인 홍수가 일어나, 리우나 중남미 도시 주변의 바리오에서처럼 시내의 일터와 가까운 민둥산의 가파른 비탈에 사는 사람들이 목숨을 잃고, 마을 전체가 쓸려 나가곤 한다. 2009년 태풍 모라꼿이 발생했을 때는 사망자가 500명을 넘어섰다.

대만의 기상 관련 기관장들은 이렇게 사망자 수가 많다는 사실을 곤란해했으며, 수치스러워하는 모습이 역력했다. 그들은 자국의 급속한 경제 성장을 매우 자랑스러워했지만, 태풍이 닥쳐 많은 사망자가 발생할 때면 "아직도 우리나라를 후진국인 것처럼 느낀다"고 (정부 소속 어느 과학자가) 말했다. 대만 기상 관료들은 정확한 기상 정보를 바탕으로, 민둥산 급경사지에 있는 무허가 건물 같은 위험 지역에 사는 사람들을 대피시킬 수 있기를 원했다. 나는 그들이 밝힌 사망자 수가 사실이었을 거라고 믿는다. 하지만 어쨌든 그들은 발전하는 모습을 보여 주던 자신들의 나라가 재난으로 퇴보하듯 보이는 것을 싫어했다.

사망자 수 집계가 어려운 이유 가운데는 정치와는 전혀 상관없는 것들도 있다. 이를테면 '누구까지를 집계에 포함시켜야 할까'와 같은 문제가 그것이다. 1888년 하이플레인스에 불어 닥친 눈보라로 사망한 사람들은 대개 눈보라를 맞은 당일에 희생되기보다는 이후 며칠에서 몇 주에 걸쳐 복합적인 후유증 혹은 의사나 주변의 잘못된 치료로 인해 사망했다. 과거 전장戰場에서 부상을 당하면 전투에서는 살아 돌아와도 얼마 못 가 상처 부위가 감염되어 죽었던 것처럼, 재난 발생 당시에는 생존해 있던 사람이 며칠 또는 몇 주 후에야 사망하는 경우가 많은 것이다. 그렇다면 과연 어느 시점의 사망까지를 재난과 관련된 사망으로 볼 수 있을까?

사망의 수준을 판단하는 데는 **직접적, 간접적**이라는 단어가 사용되곤 한다. 직접적 사망은 홍수에 휩쓸리거나 무너진 건물에 깔리는 것처럼, 재난으로 인해 사망했다는 것을 확실히 판단할 수 있는 경우를 가리킨다. 그러나 재난 발생 이후에는 허리케인이 지나간 후 지붕에 쌓인 나뭇가지를 치우다가 추락하는 등 다른 식으로 사망하는 경우도 많다. 슈퍼스톰 샌디 발생 후 며칠 동안에는, 분명히 실내 사용을 금지하는 표시가 되어 있는데도 휘발유 보조 발전기를 실내에서 작동시키다가 유독가스에 질식해 사망한 사람들이 많았다. 원래 갖고 있던 병세가 급격히 악화되어 사망하는 사람도 많다. 특히 심장이나 호흡기 쪽이 좋지 않은 노인들이 그렇다. 이 경우도 재난 사망자 수에 포함시켜야 할까? 이것은 직접적 사망일까, 아니면 간접적 사망일까? 아마 그들은 재난이 아니었어도 며칠 또는 몇 주 내에 사망했을지 모른다. 이를 부드러운 의학적 표현으로는 **거둬들이기** harversting라고 한다. 재난이 자연히 죽을 사람을 조금 일찍 데려갔다는 뜻이다. 그 밖에 몰려오는 토네이도를 피해 달아나다가 교통사고로 죽은 사람은 어떨까? 허리케인이 닥쳐오기 전에 창틀을 단단히 고정시키려다 지붕에서 떨어져 죽은 사람은?

요약하자면 자연재해의 사망자 수를 보고하는 것과 관련해 국제적으로 통일된 기준은 없다. 자연재해가 아니었다면 죽지 않았을 사망자가 정확히 몇 명인지는 아무도 알지 못한다. 미국 질병통제예방센터는 모든 종류의 재난과 질병 발생 시 적용할 수 있는 엄격한 기준을 마련해 두었지만, 그 요소는 굉장히 보수적이며 집계치를 최소화하는 경향이 있다.

그리고 [보다 정확한 재난 규모를 측정하기 위해서는] 사망자보다는 부상자를 집계하는 편이 더 적절할지도 모른다. 결국 가장 관심이 필요한 대상도 부상자다. 교통사고가 나거나 열차가 충돌하면 다치는 사람은 많지만 사망자는 비교적 적다. 대부분의 재난 발생 시에도 사망자보다는 부상자 수가 현저히 많다. 이유는 간단하다. 가구가 넘어지고 유리가 깨질 정도의 지진이 나면 [바로 사망하기보다는] 무너지는 벽이나 천장에 깔리기 쉽다. 넘어진 가구 아래 끼어 움직일 수 없게 되는 사람도 많다. 아이티에서는 부상자 중 다수가 이런 이유로 몸을 절단해야 했다. 부상자 수 집계는 적십자사나 국경없는의사회처럼 기록 관리가 되는 구호 단체에서 처치를 받은 부상자 수를 활용한다. 1989년 샌프란시스코 로마프리타 지진 당시 사망자는 63명에 그쳤지만 부상자는 그보다 60배 많은 4,000명에 달했다. 추측컨대 여기에는 아주 경미한 부상자도 모두 포함됐을 것이다.

한편 열대 저기압으로 인한 사상자 비율도 지진과 비슷하게 나타나지만, 홍수의 경우는 다르다. 물에 빠져 죽거나 빠지지 않거나 둘 중 하나다. 물론 물살에 갇혔다가도 살아나거나 부상을 당하는 사람들이 있지만, 홍수 피해로 인한 부상자 규모나 부상의 정도는 지진의 경우와는 다르다. 또한 기근이 발생하면 수백수천 명이 고통을 받으며 기아로 사망할 수 있다. 가뭄도 홍수와 마찬가지로 사람을 직접 다치게 하지는 않지만, 많은 사람들을 영양실조로 치료받아야 하는 처지에 놓이게 한다. 기아로 허약해진 사람은 다양한 질병에 노출되기 쉽다. 기아로 인한 사망은 굶주림 자체보다는 질병 때문인 경우가 많다.

재난이 발생한 뒤에는 실종되거나 아예 소재 파악이 안 되는 사람들도 항상 나타난다. 그런데 굉장히 부유하고 인구조사가 잘 되어 있는 나라에서도 실종자 수를 정확히 집계하기는 쉽지 않다. 때문에 정부가 특정 시기 특정 지역의 인구를 제대로 파악하지 못하는 가난한 나라에서는 실종자 집계가 거의 불가능에 가까운 일이다. 인구조사에는 비용이 많이 든다. 미국에서 가장 최근의 인구조사에 든 비용은 130억 달러였다. 1인당 42달러가 소요된 셈이다.

재난 이후 실종된 사람 중 일부는 사망한 것이 틀림없지만 시신을 찾을 수가 없다. 사이클론이나 쓰나미가 발생하면 희생자는 폭풍 해일에 휩쓸려 바다로 떠내려간다. 일부 문화권에서는 혹시라도 전염병이 돌까 두려워 시신을 재빨리 매장해 버리기도 한다. 에볼라와 같은 전염성 질병으로 죽은 시신은 전염원이 될 수 있지만, 질병과 상관없이 죽은 시신은 그렇지 않다. 그럼에도 이러한 공포가 나타나는 것은 세계 곳곳에 질병을 치료받지 못해 죽는 사람이 너무나 많기 때문이다. 아이티 지진 직후에는 신원이 확인되지 않은 수천 명의 시신이 공동묘지에 매장됐다.

대체로 생존자와 희생자에 대한 수색은 며칠에 걸쳐 진행된다. 수색 기간은 실종된 사람이 사망했을 것이 틀림없다고 여겨지는 시점에 따라 결정된다. 수색이 시작되면 일단 재난 현장에 수색견을 풀어 시체를 찾는다. 그리고 지진 현장에서 돌더미에 묻힌 사람이 더 이상 생존할 수 없을 것으로 여겨지는 일주일 정도의 시간이 지나면 수색을 종료한다. 생각해 보면 오싹하지만 지진 발생 후 일주일 이후에도 돌더미에서 구출되는 사람이 있다는 사실을 보면, 한때 안전하다고 여겼던 집이나 학교, 가게 안에 갇힌 사람이 굶주림이나 탈수 증세로 결국 죽기까지는 꽤 여러 날이 걸리는 것이 틀림없다.

방글라데시의 노동 착취 의류 공장 건물인 라나플라자 붕괴 당시 실종된 사람들은 거의 대부분이 틀림없이 죽었을 것이다. 대형 쓰나미 실종자들도 거의 죽은 것이 확실하다. 9·11 세계무역센터 테러 이후에는 수주가 지날 때까지 실종자 명단이 유지됐다. 구조되기 전까지 며칠 동안 주변을 돌아다녔다는 생존자들의 사연은 가족이나 친구를 잃은 사람에게 헛된 희망을 안겨 준다. 9·11테러 사망자 수는 아마도 일정 규모 이상의 사망자가 발생한 재난 가운데 희생자 숫자가 가장 정확하게 집계된 사례일 것이다. 비행기 탑승객과 9월 11일 이후 사망한 13명을 포함한 총 사망자 수는 2,726명이다.[29]

자연재해는 인재와 비슷한 면이 있다. 뉴올리언스 지역 신문인 〈타임스피카윤Times-Picayune〉은 오랜 관례에 따라 카트리나 희생자의 명단을 게재했다. 가족이나 지인이 실종 상태에 있는 생존자들은 사랑하는 사람의 이름이 없기를 바라면서도 그들의 운명을 알기 원하는, 희망과 두려움이 뒤섞인 복잡한 감정을 안고 이런 명단을 살핀다. 그리고 얼마 후면 대다수가 사랑하는 사람이 죽은 게 틀림없으며 시신 일부라도 남아 있다면 수습해 제대로 장례를 치를 수 있기만을 바라게 된다. 누군가가 실종되고 다시는 찾을 수 없다는 것은 정말 끔찍한 일이다.

재난 이후 실종된 사람들은 태풍이나 홍수를 피해서, 또는 가뭄

이후 먹을 곡식이 하나도 없어서 그 지역을 떠난 것으로 간주된다. 지진 때문에 집과 일터가 망가져 버려 떠날 수밖에 없는 사람도 있다. 만약 이런 사람들이 모두 아이티의 포르토프랭스에 마련된 텐트촌 같은 난민 캠프로 옮겨간다면 재난 실종자 수를 꽤 정확히 집계하고 이름을 다 기록할 수 있을 것이다.

하지만 특히 가난한 지역에서 떠나간 사람은 다시 돌아오지 않는다. 친척집에 머물며 타지에서 일거리를 구하고, 아이들을 다른 학교에 보내고 있어도 자신들의 소식을 전해 오지 않는다. 아이티에서 떠나간 사람들은 누구에게 소식을 전해야 할지 몰랐을 것이다. 게다가 그럴 이유도 없었을 것이다. 부유한 나라에서는 이런 경우 자신의 상황을 알리고 정부의 지원을 요구하며, 제대로 지원받지 못한다고 느낄 때는 비판의 목소리를 높이기도 하지만 그들은 그렇지 않으니 말이다.

가뭄은 다른 어떤 재난보다도 사람들을 더 멀리, 더 오래 떠나가게 만든다. 가뭄으로 바싹 말라 버린 땅에 돌아가 봐야 아무것도 남아 있지 않은 경우가 많다. 근처에 가뭄을 피할 곳도 전혀 없다. 가뭄이 미치는 영역은 보통 홍수의 피해 면적보다 훨씬 더 넓다. 홍수 상황에서는 예보를 잘 받았다면 홍수가 덮쳐 오는 동안 피해 있다가 물이 빠지기를 기다린 후 집으로 다시 돌아갈 수 있다. 그다지 멀리까지 가거나 오래 피해 있을 필요도 없고, 농사를 짓는 사람들은 빨리 돌아가 가능한 한 망가진 작물을 다시 심거나 복구해서 수확하려 할 것이다. 하지만 가뭄은 홍수에 비해 훨씬 더 오래, 훨씬 더 넓은 면적에 영향을 끼친다.

때로 가난한 나라 출신 이주노동자가 부유한 나라로 가 [좀 더 팬

많은) 이득을 얻는 것과 마찬가지로, 이주는 이전에 살던 지역보다 형편이 좀 나은 곳으로 하는 것이 더 유리할 수도 있다. 아이라면 학교나 보건 체계가 보다 잘 갖춰진 지역으로 이주하는 편이 확실히 유익할 것이다. 고등학교를 졸업하고 대학교에 진학하는 것이 불가능한 꿈이 아니라 당연한 과정으로 여겨지는 지역에서는 원래 살던 지역의 또래들에 비해 더 나은 기술을 습득할 수 있을 것이다.

재난 때 '피해를 입은' 사람들의 숫자는 자주 언급되기는 해도 집계하기는 훨씬 더 어렵다. 2012년 어마어마한 규모로 미국 북동부 인구 밀집 지역을 강타한 샌디가 그랬듯이, 이 숫자는 엄청나게 커질 수 있다. 전기가 끊어지고 한동안 진동을 느낀 수준까지 포함해, 샌디가 어떻게든 영향을 끼친 사람은 수천만 명에 달한다. 재난에 피해를 입은 사람의 수는 순전히 추측에 따라 집계될 때가 많다. 미국에서는 폭풍으로 전기가 끊어진 가구 수를 정확하게 집계할 수 있을 테지만, 필리핀에서도 그럴까? 피해자 수에 관련된 자료는 (재난역학 연구센터가 최선을 다해 성실하게 관리하고 있기는 해도) 신뢰도가 너무 낮아, 재난 피해를 비교 연구하는 사람 대부분이 연구 자료로 사용하지 못한다.

재난이 사회에 끼치는 해악이 무엇인지 묻는다면 한 가지는 분명히 말할 수 있다. 재난은 수많은 목숨을 앗아가고 셀 수 없이 많은 이들에게 부상을 입히며 이주민을 양산하는데, 그 정도가 부유한 나라에서보다 가난한 나라에서 훨씬 더 심하다. 그리고 또 하나 분명한 사실은 그 수치가 정확히 파악되지 않는다는 점이다. 최소한 사망자 수는 확실할 것 같지만, 그렇지도 않다. 시체 운반용 가방을 집계하는 임무를 별도의 기관이 맡는다면 믿을 만한 수치를 얻을 수 있겠지만, 대개 그 일은 정확한 보고를 할 역량과 동기가 제각기 다른 각 지방정부가 수행한다. 사망자가 세 명이라면 그 3이라는 숫자는 확실히 믿을 수 있지만 3만 명이 사망했다면 그 숫자는 좋은 이유에서든 정치적인 이유에서든 더 줄거나 늘 수 있다. 재난 이후 얼마나 많은 사람이 죽었으며 얼마나 많이 다쳤는지, 얼마나 많은 사람이 더 낫거나 나쁜 환경으로 이주해 갔는지를 우리는 결코 정확히 말할 수 없다.

사람들은 정확한 집계를 맡은 기관이나 메이그스 같은 임무를 띤 사람이 실제로 있을 거라고 생각하지만, 그런 경우는 거의 없다. 내가 보기에는 대다수의 사람들은 진실을 알고 싶어 하지 않는다. 특정 사건의 사망자 수를 기억하는 사람도 거의 없다. 가령 9·11사건의 사망자가 몇 명이었는지 떠올려 보라고 하면, 대개 실제보다 훨씬 큰 숫자를 말하곤 한다. 학부와 대학원 학생들, 동료들에게 물어 봤을 때 정답에 가까운 대답을 하는 사람은 아무도 없었다. 몇몇은 아예 자릿수가 다를 정도로 큰 숫자를 말하기도 했다. 카트리나에 대한 질문에도 역시 비슷하게 부정확한 대답이 나왔다.

언론은 사망자 수를 언급한 뒤, 때로는 언급하기도 전에, 정보원도 밝히지 않은 채 재난으로 인한 '경제적' 손실을 이야기한다. 대체로는 사망자 수가 적은 편인 미국에서 이런 보도가 나며, 더불어 최악의 피해를 가져다준 10대 재난 목록 같은 것들이 작성되기도 한다. 죽음은 꽤나 빨리 잊힌다. 그리고 경제적 손실을 집계하는 것은 쉬운 일이 아니다. 심지어 사망자 수나 부상자 수를 파악하는 것보다 더 어렵다. 그런데도 미국 언론은 일단 사망 소식을 전하고, 곧이어 '경제적' 손실을 집계하기 바쁘다. 자연재해의 기본적인 경제학에 대해서는 기술 부록 1과 2에서 따로 설명할 것이다.

그보다 내가 **경제적**이라는 단어에 의문을 표시한 것은, 경제적 손실이라고 이야기하는 것이 실제로는 경제적 손실이 아니라 자산 손실에 해당할 때가 많기 때문이다. 대부분은 제조 및 건설 자산의 손실이다(숲이나 해변 같은 자연적 자산도 재난으로 파괴될 수 있지만, 복구 비용이 들어가지 않는 이상 재난의 경제적 손실로는 거론되지 않는다). 그러나 자연재해나 산업재해로 인한 자산의 손실은 그 자체로는 경제적 손실이 아니다. 그리고 위해와 재난의 차이가 사소하지 않은 것처럼, 이 역시 사소한 문제가 아니다. 경제는 단지 생산된 자산만이 아니라, 이를테면 재화와 서비스의 생산 수준 같은 **기능**을 뜻한다. 물적 자산을 얼마나 축적하고 있느냐가 아니라 정기적으로 임금을 받는 사람이 얼마나 되는지의 문제인 것이다. 내 집은 중요한 자산이지만, 그 자산은 꾸준한 소득이 있어야 유지할 수 있는 것이다. 만약 소득이 없어지면 집을 갖고 있더라도 팔지 않는 이상 별 도움이 되지 않는다.

모든 자산이 다 생산적 자산은 아니다. 가난한 나라에서처럼 가내 생산을 많이 하는 경우가 아니라면 집은 생산적인 자산이 아니다. 불편하게 들리겠지만, 우리가 소중히 여기는 것들이 경제적 측면에서는 그다지 의미가 없을 수 있다.

재난 발생 시 가장 먼저 나서서 소위 경제적 손실을 집계하는 집단은 대개 보험 및 재보험 회사일 때가 많으며, 이들은 주로 가정용 운동 기구처럼 아무런 경제적 영향을 미치지 않는 온갖 종류의 자산을 취급한다. 만약 재난으로 평면 텔레비전을 못 쓰게 된다면 실제로는 모두에게 이익이다. 보험에 들어 놓았다면 주인은 더 높은 화질의 신형 텔레비전을 받을 수 있고, 가전 회사는 매상을 올릴 수 있다. 재난으로 인한 자산 손실 중 어림잡아 절반 가까이는 경제 성장을 저해하기보다는 활성화하는 쪽에 가까운 개인적 재산 손실이다.

이 사실에서 우리를 불편하게 만드는 지점은 인명 손실과 경제적 손실 사이에 별다른 관계가 없다는 점이다. 냉정하게 들리겠지만 재난으로 죽는 사람은 대부분 나이가 많고 허약하거나 아주 어리거나 가난한 이들로, 경제적으로 그다지 생산성 있는 존재가 아니다. 따라서 총량으로 볼 때 거시경제적 성과에 별로 영향을 주지 않는다. 클라이넨버그의 기록을 보면 시카고 폭염 희생자 대부분은 엘리베이터가 없는 건물의 높은 층에 고립돼 있던 독거노인이었다. 2003년 프랑스에서만 1만4,000명의 목숨을 앗아간 서유럽 폭염 희생자 대다수도 마찬가지다. 카트리나 사망자 가운데서도 독거노인의 비율이 압도적이었다.

이런 죽음은 비경제적이며, 경제보다 더 중요한 인도주의적인 이유로 문제가 된다. 재난에 대한 조사 결과는 거의 다 사망자 수가 많으면 경제적 충격도 큰 것으로 간주하는데, 실제로는 그 반대가 더 진실에 가깝다. 만약 사망자 대부분이 복지 혜택을 받고 있었다면, 이들의 죽음은 현실적으로 정부 지출을 줄이는 결과를 가져온다.

재난으로 인한 자산 손실 규모가 커지고 있지만 이는 세계 경제가 전체적으로 성장한다는 기대에 따른 것일 뿐이다. 재난당 자산 손실 비용은 자산 가치가 증가한 만큼 늘어날 것이다. 가난이 죽음에 미치는 영향과는 반대다. 부유할수록 사망자는 적고 자산 손실은 커진다. 전 지구적 자산 손실이 전 지구적 경제 성장보다 비율상으로 더 빨리 늘고 있는지는 답할 수 없다. 집계에 사용하는 측정 기준에 다소 문제가 있기 때문이다.

아이티는 2010년 지진으로 연간 GDP의 100퍼센트 이상을 잃었다고 한다. 이처럼 재난의 경제적 손실은 국가의 GDP 비율로 표현하는 경우가 많다. 그래서 GDP란 무엇이며 무엇으로 측정하는 지를 알고, 재난에 있어서 GDP가 놓치는 요소에 어떤 경제적 의미가 담겨 있는지 이해하는 것은 매우 중요하다. 다이앤 코일의 명저 《GDP─짧지만 깊은 역사》에서는 GDP가 경제를 측정하는 보편적인 방법으로 채용된 과정을 볼 수 있다.[30] 국민소득계정 연구에 주력해 온 토마 피케티도 유명한 저서 《21세기 자본》에서 GDP에 대해 논했다.[31] 조지프 스티글리츠는 《GDP는 틀렸다》에서 GDP의 문제를 명확히 그려냈다.[32] 그렇다면 GDP의 문제는 무엇이며, 재난의 사회적 영향을 파악하는 과정에 어떤 차이를 만들어 내고 있을까?

GDP는 제2차 세계대전이 일어나기 전인 대공황 시기에 경제를 측정하는 방법으로 자리 잡았다. 이전에는 보다 다양한 측정 방식이 있었고, '경제'를 구성하는 요소 중 무엇을 측정할 것인가에 대한 수많은 논쟁이 있었다. 그 논쟁은 지금까지도 이어지고 있다. GDP는 다음 네 가지 항목의 총합으로 계산한다.

GDP = 민간 소비+총 투자+정부 지출+(수출에서 수입을 뺀 값)

굉장히 간단해 보이는 공식이지만, 국제통화기금, 미국 중앙정보국, 세계은행에서 각각 제공하는 GDP 또는 1인당 GDP 순위를 살펴보면 기관별로 차이가 크다.

한 나라가 생산을 통해 벌어들인 수입 가운데 노동자에게 임금으로 가는 돈은 극히 일부이기 때문에 GDP가 평균 소득을 나타낸다고 볼 수는 없다. GDP는 불평등을 감춘다. 재난이 가난한 주민들에게 심각한 손해를 입힌다 해도 GDP상에서는 그것이 그다지 뚜렷하게 나타나지 않을 수 있다.

그리고 공식 자체는 꽤 단순하지만 각 항목에 어떤 값을 대입해서 합계를 낼 것인가는 단순한 문제가 아니다. 총 투자란 정확히 무엇을 말하는가? 소비에는 어떤 값을 넣어야 하는가? 이런 사항들에 대한 설명은 수백 쪽에 달하는 국제연합의 〈국민계정체계System of National Accounts〉라는 안내서에 자세히 나와 있다. 하지만 지구상에는 이 안내서를 세밀하게 따르지 않거나, 따르기를 원치 않거나, 따르지 못하는 나라가 많다. 가난한 나라 가운데는 GDP에 필요한 수치를 집계하는 관련 기관이 없는 곳도 많다.

앞서 언급했듯이 가난한 나라에서는 비공식 경제활동이 많아서 임금 지급을 포함한 대부분의 거래가 현금이나 물물교환 형태로 이루어진다. 이런 거래는 세금을 매기거나 통제할 수가 없고 국가 계정에 포함시키지도 못한다. 어느 나라에서건 비공식 경제의 규모를 파악하기란 쉽지 않다. 부유한 나라 가운데는 비공식 경제가 전체 경제의 20퍼센트 가까이를 차지하는 곳도 있고, 가난한 나라 가운데는 그 비율이 60퍼센트를 웃도는 곳도 있다.[33] 또한 가난한 나라에서는 재난이 비공식 경제 영역에 끼치는 피해가 클수록, 피해 규모가 GDP 수치에 반영되는 정도는 덜한 경우가 많다.

1987년, 이탈리아가 상당히 큰 규모의 비공식 경제 추정치를 GDP에 반영하기 시작하자 하룻밤 사이에 국가 GDP가 18퍼센트 상승해 영국을 앞질렀다. 이후 이탈리아의 행보는 더욱 대담해져 2014년 후반부터는 마약 거래, 매춘, 술과 담배 밀수량까지 국가 계정에 포함시키기 시작했다.[34] 일주일 후 영국도 뒤를 따랐다. 불법적 산업의 규모가 큰 나라가 많으므로 그 수치를 GDP에 포함시키는 것은 일리가 있지만, 해당 산업이 불법적이라는 바로 그 이유 때문에 그 수치를 측정하기는 쉽지 않다. 이런 비공식 활동이 재난 이후 줄어들 것이라고 기대할 근거는 없다. 오히려 재난에 대처하느라 법률적 통제가 느슨해진 틈을 타 범죄행위가 늘어날 수는 있다.

GDP가 낮다는 것은 그 나라의 재화 생산량이 적고 세계 시장에서의 입지가 약하다는 뜻으로 볼 수 있다. 그런데 국가 간 GDP를 비교하는 것은 사실 그리 간단한 일이 아니다. 가령 부유한 나라에 사는 사람들이 비교적 가난한 나라에 방문해 물건을 구입하면 흔히 저렴하다는 느낌을 받는다. 여행자들 역시 가난한 나라 사람들은 소득이 낮아도 물가가 싸니 적은 소득으로도 그럭저럭 살아갈 수 있겠다고 생각하기 쉽다. 하지만 부유한 여행자에게는 저렴해 보이는 물건도 현지의 수많은 가난한 사람들은 엄두도 낼 수 없는 게 현실이다.

이런 어려움 때문에 〈이코노미스트〉는 빅맥 지수를 만들었다. 빅맥은 거의 어디서든 구할 수 있다. 빅맥 지수를 구하려면 우선 미국의 빅맥 가격과 다른 나라, 예를 들어 페소peso를 쓰는 멕시코 같은 나라의 빅맥 가격을 구해야 한다. 그런 다음 페소를 달러로 바꿀 때의 환율을 적용해 멕시코의 빅맥 값을 달러로 산출한다. 환율이 정확히 적용된다면, 미국의 빅맥이 2.5달러일 때 멕시코의 빅맥도 2.5달러여야 한다. 하지만 그런 일은 결코 일어나지 않는다. 달러로 바꿔 보면 멕시코 빅맥의 가격은 미국보다 낮게 나타나는데, 이는 페소가 달러에 비해 화폐 가치가 낮다는 뜻이다. 같은 버거가 스웨덴에서는 더 비싸다. 스웨덴의 화폐 가치가 달러보다 더 높기 때문이다. 빅맥 지수는 이런 식으로 각국의 통화 가치를 비교하는 방식, 공식적인 용어로는 구매력평가PPP: purchasing power parity 조정에 사용하는 방식으로 산출된다.[35]

더불어 GDP의 더 심각한 문제는, 재난으로 잃는 것은 자산인데 GDP 산출 공식 안에는 자산이 명시적으로 포함되지 않는다는 점이다. 자산은 생산에 필요한 요소기는 하기 때문에, 자산 및 자산의 감가상각액이 간접적으로 GDP에 반영되기는 한다. 그러나 자산이 생산에 미치는 영향은 일정하지 않으며, 그 영향마저도 경제의 성숙 단계에 따라 매우 다르게 나타난다. 고도로 발달된 경제에서 자산의 한계 수익은 GDP 총액에 비해 상당히 낮게 나타날 것이다. 그렇다면 부유한 나라에서는 자산의 한계 손실이 갖는 의미가 가난한 나라에 비해 덜할 것이다. 손실로 인해 새로운 투자와 소비가 발생한다면, 자산 손실이 GDP에 이로운 경우도 종종 나타난다.

또한 경제 부문 가운데 서비스 영역에서는 물리적 제품을 생산하지 않기 때문에 GDP에 그 성과가 제대로 반영되지 않는다. 간호, 치과 의료, 요가 수업 (또는 매춘)에 있어 생산이란 무엇인가? 다이앤 코일에 따르면 금융 서비스 산업의 생산은 측정하기가 특히 더 어렵다. 일반적으로 경제 발전이란 산업의 중심이 (GDP 측정이 매우 용이한 영역인) 농업과 제조업으로부터 (GDP 측정이 잘 되지 않는 영역인) 서비스 산업으로 옮겨가는 과정을 의미한다. 이 변화는 필연적이다. 그리고 이런 경제 발전 단계의 양극단에서 GDP는 매우 불명확하다. 따라서 GDP로 집계한 재난의 피해 규모는 매우 주의 깊게 살펴보아야 한다.

GDP의 결함을 이해하면, 부유한 나라와 부유한 사람들이 왜 재난 이후에도 큰 회복력을 갖는지에 대해 중요한 통찰을 얻을 수 있다. 재난은 다른 무엇보다도 물적 자본manufactured capital을 가장 많이 파괴하는데, 부유한 나라의 경제활동은 물적 자본에 크게 의존적이지가 않다. 그러므로 부유한 나라는 재난을 겪어도, 물적 자본과 물적 자본을 기반으로 한 생산의 중요성이 큰 나라들보다 경제력을 유지하기가 더 수월하다.

이 같은 측정의 한계가, 자연재해가 끼치는 사회경제적 영향에 대해 갖는 함의는 명확하다. 재난은 주로 인명(인적 자산)을 급속히 앗아가고 물적 자산의 손실(건설 자산, 가뭄이나 홍수라면 농산물)을 야기하지만 이런 요소들은 GDP 공식에 명확히 포함되지 않기 때문에, GDP 수치에는 거의 또는 아예 영향을 미치지 않는다. 자산의 한계 수익이 높아 자산의 한계 손실이 수익에 상당히 부정적 영향을 끼치는 나라인 경우에만 이런 요소가 GDP에 반영된다. 반대로 재난 이후 복구 과정에는 민간 소비, 총 투자, 정부 지출 등 GDP 공식의 세 가지 항목이 매우 긍정적인 연관성을 보인다. 재난의 영향이 GDP 값으로 얼마나 잘 숨겨지는지, 아니면 경제 구조에 따라 어떤 나라에서는 나타나고 어떤 나라에서는 가려지는지 살펴보기는 어렵지 않다. 그리고 때로는 재난 이후 GDP가 상승한다 해도 놀랍지 않을 것이다. 그러나 이런 식의 성장은 사회 진보 측면에서는 아무런 의미가 없다.

그렇다면 재난으로 인한 손실이 부유층과 빈곤층에 미치는 영향을 어떻게 바라보아야 할까? 책 말미의 기술 부록 1을 보면 재난 손실과 복구 가능성을 개념화하는 방법을 단순한 형태로 설명해 주는 그래프와 이론을 찾아볼 수 있다. 기술 부록 2에는 수십 년 동안 경제학을 설명해 온 소위 신고전주의 성장 이론의 기초가 담겨 있어 재난을 그 틀 안에서 검토해 볼 수 있다.

신고전주의 성장 이론에 의하면, 한 경제가 성장하기 시작하면 복지는 초기에는 해마다 급속히 향상되다가 결국 안정화된다. 미국과 유럽처럼 고도로 성숙한 경제는 안정되고 느린 성장 국면에 해당한다. 막대한 부를 갖고 있지만 빠르게 성장하지는 않는 상태다. 중국과 인도는 급속 성장의 전형이며, 일본과 아르헨티나는 거의 성장이 멈추어 있다.

이 이론에 따르면 아주 취약한 경제는 매우 빠르게 성장해야 하는데, 사실은 전혀 그렇지 않은 사례가 굉장히 많다. 성장의 후반부 단계에 대해서는 적절한 예측을 했을지 몰라도 성장의 초기 단계에 대해서는 뭔가 잘못 접근한 것이 틀림없다. 실제로 초기 단계에서 더 많이 나타나는 현상은 이른바 마이너스 성장으로, 빈곤의 덫poverty trap이라 불리는 현상이다.

빈곤의 덫은 일반적으로 아래와 같이 설명할 수 있다.

- 가난한 나라에 사는 사람은 공중위생, 보건 등이 취약해 병에 걸릴 가능성이 매우 높다.
- 그런데 병을 얻으면 학교를 갈 수 없고, 돈을 벌거나 배울 수도 없다.
- 그래서 더욱 가난해진다. 가난해질수록 병에 걸릴 가능성은 더 높아진다. 이런 현상이 계속해서 반복된다.

이처럼 빈곤의 덫은 나쁜 결과가 자가 증폭되는 과정이다. 이 상태에 갇힌 나라는 성장을 위해 아무것도 할 수가 없다. 특히 자산을 늘려도 경제가 그 자산을 효과적으로 활용할 능력이 없기 때문에 효과가 나질 않는다. 과거 이런 함정에 빠졌던 대표적인 나라가 바로 아이티였다.

이 문제는 재난의 경제적 영향을 고려할 때 매우 흥미롭고 예상치 못한 지점을 드러낸다. 빈곤의 덫에 걸린 경제는 자산을 늘려도 별로 성장하지 못한다면, 자연재해로 자산이 급격히 감소해도 GDP를 측정 기준으로 삼는 한 그 영향은 제한적으로 나타날 것이다. 이미 죽은 경제가 또다시 죽을 수는 없다. 따라서 이는 취약성의 역설이라 불리는 현상을 가져온다. 시스템1 사고를 잘 활용해 고찰해 보면 가난한 나라가 부유한 나라보다 재난의 영향에 더 취약하다는 판단을 내릴 수 있겠지만, 드러나는 현실은 그렇지 않다는 말이다.

한편 성장은 느리지만 축적된 자산의 수준은 대단히 높은, 매우 부유한 경제에서는 자산의 손실이 그리 큰 타격이 되지는 않을 수도 있다. 경제 전체를 기준으로 보면 그 손실이 아주 작은 부분에 불과하기 때문이다. 샌디의 영향이 아주 미미했던 이유가 바로 이 때문이다. 뉴욕 경제의 상당 부분은 서비스 부문이 주도하고 있는데, 이 부문은 재난이 와도 아주 일시적으로만 휘청일 뿐이다. 마찬가지로, 개인도 자산을 많이 비축한 사람이 있고 아닌 사람이 있다. 따라서 각자가 재난을 극복하는 양상은 상당히 다르게 나타날 것이다. 재난은 대개 본질적으로 자산의 손실을 일으키는 사건이기는 하지만, 자산을 가진 사람은 없는 사람보다 처지가 더 낫게 마련이다.

인도나 브라질처럼, 풍요와 빈곤 사이에 있는 나라의 경제를 한번 상상해 보자. 국가 발전 역사의 한 지점에서, 경제는 이제 막 가난을 벗어나기 시작해 번영을 향해 질주하고 있다. 이 단계에서는 자산에 대한 수익이 매우 높다. 그래서 보통 이런 경제는 내부 역량을 최대한 이끌어 내 움직이며, 따라서 재난이 닥쳤을 때 대응할 여력이 없는 편이다. 이 단계에서 재난이 발생한다면 자산의 손실은 국가 경제에 매우 치명적인 영향을 줄 수 있다. 재난 이후에 국가가 다시 빈곤의 덫으로 내던져질 거라는 사실을 짐작하기는 어렵지 않다. 그렇다면 시스템1 사고에 따라 내릴 수 있는 결론과는 반대로, 왕성하게 성장하고 있는 가능성 충만한 경제야말로 재난에 가장 취약하다는 판단을 내릴 수 있다.

그래서 결국 이 모든 것이 우리에게 알려주는 것은 무엇일까?

우선 재난이 미치는 여러 가지 영향, 가령 경제적 영향과 사회적 영향, 단기적 영향과 장기적 영향을 식별하는 것이 굉장히 어려울 수 있다는 사실을 알 수 있다. 또한 재난의 결과보다는 세간의 이목을 끄는 붕괴 장면이 담긴 재난 발생 직후의 모습에 더 집중하는 경향, 계획적으로 일어난 정치적 혼란, 나아가 과학스러움이 끼어들 틈을 내어 주고 마는 자연과학과 사회과학 사이의 단절을 포함한, 재난이 가져온 다양한 결과들을 평가하는 작업에는 수많은 요인들이 영향을 미치며, 그 때문에 평가 작업에 혼란이 생긴다는 사실 역시 알 수 있다. 하지만 무엇보다 분명히 알 수 있는 것은 재정적 풍요가 자연이 일으키는 최악의 상황을 극복하게 하는 방패가 된다는 사실이다.

사회는 번영으로 가는 길목에서 수많은 장벽을 마주한다. 자연재해뿐 아니라 정치, 경제, 그 밖의 여러 분야에서 수많은 도전을 받는다. 자연재해는 부유한 나라보다는 가난한 나라의 가능성에 더 큰

해를 끼치는데 이는 경제난, 정치적 위기, 무능한 지도자, 부패, 내전, 공중보건의 위기도 마찬가지다. 그리고 이런 위기는 모두 가난한 나라에서 발생할 가능성이 더 높고 통제하기는 더욱 어렵다. 이 글을 쓰는 현재는 에볼라 사태가 가장 대표적인 이런 사례다. 극도로 가난한 나라가 재난으로 더 가난해지지는 않겠지만, 어찌됐든 모든 형태의 재난은 부유한 나라보다는 가난한 나라에서 진보의 과정에 큰 걸림돌이 된다.

자유시장경제가 대체로 잘 작동하는 이유, 혹은 제대로 작동하고 있다고 여겨지는 이유는 자산 소유자의 형편이 자산을 소유하지 못한 사람보다 훨씬 낫기 때문이다. 자산 소유자는 사실상 일을 할 필요가 없다. 자산이 그를 위해 일한다. 그가 하는 일은 자산을 가진 무리에 속해 있으면서 자산을 계속 획득해 나갈 수 있는 조건을 유지하는 것이다. 그렇기에 자산 소유자에게는 법과 정책을 자기 입맛에 가장 잘 맞는 방향으로 손볼 수 있는 권력의 중심부로 다가가는 것이 중요하다.

내전이나 독재 정권 및 폐쇄형 시장에서 벗어나 급성장 중인 나라(미얀마와 쿠바)에서처럼, 재난 이후의 상황은 누구에게는 비옥한 터전이고 누구에게는 불모지다. 복구 작업의 진행 여부, 재건 사업의 알짜배기 계약을 누가 따낼지를 두고 권력자가 터무니없는 결정을 하는 경우는 별로 없다. 그러나 언론의 감시를 벗어난 곳에서 사회 재건의 기회를 개인의 권력과 부를 지키기 위해 악용하는 또 다른 권력 집단(물론 앞의 권력자와 일치할 수도 있다)이 존재한다는 것은 매우 큰 문제다. 부는 재난의 장기적 결과에 영향을 미치는 요소임이 확실하다. 따라서 이제부터는 재난과 부를 지리적인 관점에서 살펴보도록 하자.

. 2 .

지식
불평등과
재난

부유한 사람들은 어디에 살까? 가난한 사람들은 어디에 살까? 세계에서 가장 생산적인 사람들이 사는 곳은 어디일까? 어디에 사는 사람들이 자연재해의 위험을 가장 크게 받을까? 이 각각의 지형도 사이에는 어떤 연관성이 있을까?

그림1의 지형도는 GDP를 바탕으로, 부가 어디에 축적되어 있는지를 보여 준다. 대개 각 나라의 부의 수준은 표와 그래프로 표시되는데, 이런 부의 지형도를 이용하면 단순히 누가 부유하고 누가 가난한가보다는 부유한 사람들은 어디에 살고 가난한 사람들은 어디에 사는지를 가늠할 수 있다. 이 지형도의 원본인 초기 저해상도 지형도는 1999년에 제프리 삭스와 그의 동료들에 의해 최초로 공개됐다.[1]

GDP는 일부 지역에서는 확연히 높게, 일부 지역에서는 확연히 낮게 나타난다. 내륙보다는 해안 지대가 더 부유한 경우가 많다. 마치 경제의 사막 한가운데 부의 오아시스가 있는 것처럼 보인다. 경제의 사막 가운데 일부는 실제로도 인구가 적은 사막이나 산악 지대, 밀림, 또는 동토凍土인 경우가 있지만 상당수는 그렇지 않다. 이 지도

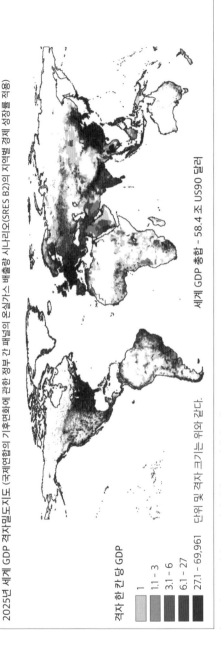

1990년 세계 GDP 격자밀도지도 (CIESIN, 콜롬비아 대학교)

격자 한 당 GDP

1
1.1 – 3
3.1 – 6
6.1 – 27
27.1 – 7,538

단위: 백만 US달러 (1990)
격자 한 칸 크기: 1/4도(1도는 약 110km)

세계 GDP 총합 - 20.9 조 US90 달러

2025년 세계 GDP 격자밀도지도 (국제연합의 기후변화에 관한 정부 간 패널의 온실가스 배출량 시나리오(SRES B2)의 지역별 경제 성장률 적용)

격자 한 당 GDP

1
1.1 – 3
3.1 – 6
6.1 – 27
27.1 – 69,961

단위 및 격자 크기는 위와 같다.

세계 GDP 총합 - 58.4 조 US90 달러

| 그림1 1990년과 2025년의 세계 GDP 격자밀도지도

를 보면 전 세계적으로나 각 나라 내부적으로나, 부가 지리적으로 매우 불균등하게 분포한다는 사실을 뚜렷이 알 수 있다. 경제학자들은 다 알고 있는 사실이지만, 이런 식으로 부의 분포를 그려내는 경우는 별로 없다.

경제학자 제프리 삭스와 윌리엄 D. 노드하우스William D. Nordhaus, 그리고 그의 동료들은 위도緯度와 같이 부를 명확하게 정의할 수 있는 요소가 나타날 수 있을지 궁금해하며 이 데이터를 추출했고, 결과적으로 유럽 이남의 가난한 나라들을 가리키는 개념인 '글로벌 사우스Global South'는 실재하지 않지만 글로벌 미들Global Middle은 존재한다는 놀라운 사실을 발견했다. 거의 예외 없이, 지구상의 가난한 지역은 적도 부근에 위치하며 생산성이 가장 높은 지역은 적도 아래위의 온대 지역에 위치한다. 물론 대런 애쓰모글루처럼 중요한 것은 사회의 제도institutions지 위도는 경제에 아무런 영향을 미치지 않으며, 눈에 보이는 지리적 효과는 단지 우연적인 현상일 뿐이라고 주장하는 경제학자도 있다.[2] 그래도 가장 발전한 나라들이 대체로 상당히 온화한 지역에 위치하고 있다는 점은 인상적이다.

부의 지리적 분포를 살펴보는 또 다른 방법은 야간 조명 자료를 모아 보는 것이다. 그림2와 같이 위성사진을 조합해 보면 인공 광원으로 지구가 얼마나 밝게 빛나는지를 확인할 수 있다.[3]

가장 빛나는 지역은 가장 부유한 지역으로, 그림1의 지형도에서 짙은 색으로 표시된 지역과 상당히 일치한다. 가난한 지역은 어둡다. 가난한 지역에서는 경제 관련 데이터를 구하기 어렵고 구하더라도 신뢰하기 힘들다. 그런 이유로 경제학자들은 이 야간 조명 자료를 활용해 경제 성장 패턴에 관한 정보들을 제공하기 시작했다. 이 자료는

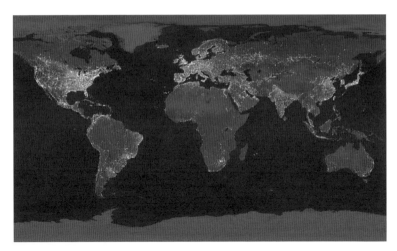

그림2　2012년 야간 조명
전 세계 부의 지리적 분포를 보여 주는 나사의 야간 조명 사진.

그림3　한반도의 밤
나사가 위성사진으로 담은 남한과 북한. 2014년 1월 30일 촬영.
사진 한가운데 보이는 작고 밝은 점이 평양이다.

연간 GDP 증가와 같은 국가 단위의 수치보다 공간적으로 훨씬 더 자세하다.

그림3은 한반도의 야간 조명 사진으로, 지리적으로 인접한 두 나라 사이의 극명한 부의 격차를 보여 주기 위해 자주 사용되는 자료다. 북한에서 유일하게 빛나는 작은 지역은 수도인 평양이다. 그림 2보다 해상도가 더 높은 이 지도에서는 도시들과 그 도시들을 잇는 가느다란 빛줄기를 볼 수 있으며, 이를 통해 중심 도로를 따라 발달한 주변 지역의 발전 정도를 알 수 있다. 아이티와 도미니카공화국, 또는 이스라엘과 팔레스타인을 비교해 보아도 이와 비슷한 (하지만 이만큼 뚜렷하지는 않은) 빛 분포의 차이가 나타난다.

야간 조명을 관찰하면, 지하에서 이루어지는 경우가 아닌 이상, 모든 경제활동이 숨김없이 드러난다. 야간 조명은 경제의 공식적 영역과 비공식적 영역을 구분하지 않으며, 빛을 사용하는 모든 활동을 다 보여 준다. 이런 자료를 활용할 때는, 경제적 활동과 무관한 산불이나 기타 광원을 제외시켜야 하고, 농업 지역에서는 조명을 별로 사용하지 않는다는 점도 유의해야 한다. 이러한 요소를 잘 제어하면, 어딘가에 편중되거나 기준이 서로 다른 각 나라의 보고 자료가 없어도 경제적 성과를 보여 주는 자료로 야간 조명 자료를 활용할 수 있다.

이 두 유형의 지도를 통해 우리는 이 장의 서두에서 던진 질문에 대한 답을 일부 찾을 수 있다. 부유한 사람과 가난한 사람은 각각 어디에 살까? 그림1의 지형도는 부가 창출되는 지역이 어디인지를 보여 준다. 그런데 이것이 곧 부유한 사람들이 사는 지역을 나타내지는 않는다. 부가 창출되는 지역이라고 해서 그곳에 사는 평균의 사람들이 부유한 것은 아니라는 말이다. 반대의 경우 역시 마찬가지다. 매우 부유한 사람이 매우 가난한 지역에 사는 경우도 있다. 대부분의 나라에는 (GDP 수치로 볼 때 아무리 가난한 나라라고 해도) 부유한 사람이 있게 마련이다.

GDP와 야간 조명 지도는 다양한 형태의 활동을 대변한다.[4] 가장 밝은 지역은 극장과 예술이 발달한 문화 중심지이기도 하다. 우리 논의와 관련해 중요한 점은, 가장 밝게 빛나는 지역은 대체로 과학 연구가 수행되는 지역이라는 사실이다. 과학과 부는 밀접한 관련이 있다. 미 국립과학재단이 2015년 미 의회에 요청한 지원금은 72억 5,500만 달러다. 재단이 지원하는 과학 연구 가운데 사회적 욕구와 직접적인 관련성이 있는 것은 거의 없다. 물론 장기적으로는 관련성이 있을 수도 있고 혹은 아예 없을 수도 있지만, 지원을 받을 사업이 미국 시민의 복지에 즉각 활용할 수 있는 연구일 필요는 없다. 힉스 입자Higgs boson(다른 입자들에 질량을 부여하고 사라지는 입자로 1964년 영국의 물리학자 피터 힉스가 도입한 개념이다) 연구와 같이 엄청나게 값비싼 설비를 활용하는 대부분의 기초 과학이 그렇다. 힉스 입자가 증명되거나 혜성에 탐사선이 착륙한다 해도 우리 삶에 있어서 달라질 것은 별로 없다.

가난한 나라는 이런 종류의 연구를 수행할 재정적 여력이 없으며, 긴급한 다른 부문을 제쳐 두고 이런 영역에 기금을 투여하는 것은 우선순위가 완전히 틀린 일이다. 가난한 나라에는 과학 연구 기관이 아예 없는 경우가 많다. 식민 지배하에서 진행된 연구의 흔적이 남아 있는 곳이 간혹 있고 이 경우 비교적 높은 교육 수준을 유지하는 경우도 있지만, 대부분은 부유한 나라 정도의 연구 체계를 전혀 갖고 있지 못하다. 가난한 나라가 과학적 연구 역량을 개발할 때는 당장의 필요에 집중하는 경향이 있다. 물이 부족한 지역에서 수확량

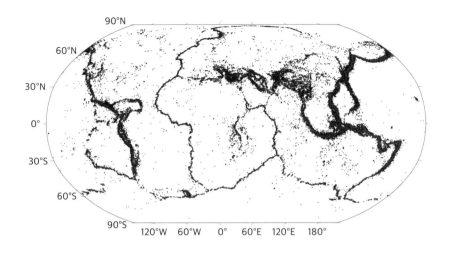

| 그림4 1973년 이후 규모4.5를 넘는 지진 발생지를 모두 표시한 지도

을 늘리기 위해 농업 연구를 하는 경우가 좋은 사례다.

이제 1973년 이후 규모4.5를 넘는 지진이 발생한 곳을 표시한 그림4를 보자. 이 지도에 있는 작은 점들은 지난 30년 사이에 발생한 릭터 척도Richter scale(1935년 미국의 지질학자 찰스 릭터가 제안한 지진 규모를 표시하는 단위)4.5 초과 규모의 지진을 표시한다.[5] 부와 마찬가지로 분포가 매우 불균형하지만 분포 양상은 조금 다르다. 지진은 고립된 지역에 집중적으로 나타나기보다는 촘촘한 띠를 형성하거나 긴 흔적을 남기며, 지표면이 넓은 지역일수록 거의 발생하지 않는다. 이 지도는 지진학자가 바라보는 세계란 지구 깊은 곳에서 비롯되는 지각 활동의 정교한 줄무늬일 뿐이라는 사실과 그들은 인간 사회에는 아무런 관심이 없다는 사실, 그리고 그들이 세상을 구분하는 기준이 무엇인지를 보여 준다. 실제로 지도상에는 대륙이나 국가를 나누는 익숙한 선이 전혀 보이지 않는다. 지구가 어떤 형태를 띠고 있는지, 인간이 아니라 지진에 의해 지구가 어떤 피해를 입는지 볼 수 있을 따름이다.

　지진대는 지각판의 경계에서 발생하며, 지진대가 배열된 모양은 지각판의 경계면을 보여 준다. 경계면은 매우 천천히 이동한다.[6] 5,000만 년 전에 그린 지도라면 상당히 다르게 보이겠지만, 500만 년 전이라면 지금과 아주 비슷할 것이다. 앞으로 수백만 년 동안도 지진은 지금과 비슷하게 나타날 것이다. 반면 1900년의 야간 조명 지도나 GDP 밀도도는 현재와 많이 다를 것이고, 앞으로도 굉장히 많이 달라질 것이다.

　그림5는 열대 저기압(지역에 따라 사이클론, 허리케인, 태풍 등으로 불린다)의 경로를 그린 지구물리학적 지도다.[7] 열대 저기압 역시 발생 지역이 집중되어 있고 그 밖의 지역에서는 거의 발생하지 않아 상당

**모든 열대 저기압의 경로와 강도**

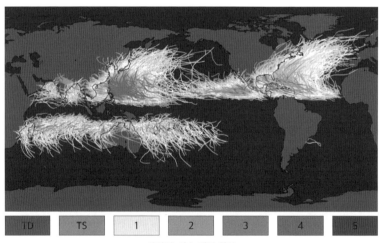

사피어-심슨 태풍 척도

| 그림5 태풍 강도를 표시하는 색을 흑백으로 변환함

히 명확한 분포를 보이지만, 지진 분포와는 양상이 전혀 다르다. 지진을 발생시키는 작용력force과 태풍을 일으키는 작용력이 서로 아무런 관련이 없기 때문이다. 지진은 고체 지구solid Earth(과학적으로 '지구'는 액체 상태인 해양과 기체 상태인 대기를 포함하는 개념이며, 고체 상태의 지구만을 지칭할 때 '고체 지구'라는 용어를 쓴다) 내부 맨틀 심층부의 초저속 운동으로 인한 작용력 때문에 발생하지만 태풍은 대기의 교란으로 인해 생성된다. 지진을 유발하는 작용력은 매우 느리기 때문에 지진의 발생 양상pattern of earthquakes은 아주 천천히 바뀔 것이다. 하지만 기후변화로 기온이 변하고 강력한 폭풍을 유발하는 대기 온도의 변화 양상이 달라짐에 따라 폭풍의 규모 분포magnitude spectrum(매년 특정 강도의 태풍 발생 횟수)에는 현저한 변화가 나타날 것으로 보인다. 열대의 범위가 확장되면서 북반구와 남반구 모두의 열대 저기압과 열대 질병의 발생 범위가 넓어질 수 있다는 점은 기후변화의 영향을 짐작할 수 있게 한다. 이러한 팽창으로 이전에는 태풍이 적거나 거의 없던 지역에서도 태풍이 자주 발생할 것이다. 뉴욕은 한 세기에 한 번이 아니라 몇십 년에 한 번씩 샌디 규모의 폭풍을 맞을 것이다. 지금은 허리케인의 격동에서 비켜나 있는 브라질에도 허리케인이 몰아치기 시작할 수 있다.

자연재해 가운데 지진(쓰나미도 포함)과 태풍은 산사태, 벼락, 화산 폭발, 홍수에 비해 훨씬 더 큰 피해를 입힌다.[8] 화산 폭발은 판 경계의 움직임에 따라 발생하기 때문에 지진과 매우 유사한 분포를 보이지만, 특별한 경우를 제외하면 지진만큼 큰 피해를 입히지는 않는다.[9] 그 밖에는 다른 어떤 재난도 지리적으로 동일한 분포를 보이지 않으며, 각각의 분포가 눈에 띄게 구분되지도 않는다. 여기서는 이 여러 가지 재난들 가운데 주로 태풍과 지진에 초점을 맞춰 논의를 진행할 것이다.

가뭄과 홍수는 경우에 따라 엄청난 피해를 유발하며 발생 지역에 경제적으로 치명타를 입힌다. 가뭄은 농산물 수출에 주로 의존하는 경제 구조를 지닌 가난한 나라에서 대표적으로 발생하는 자연재해로, 장기적인 피해 영향을 끼칠 수 있다. 반대로 홍수 피해는 상당히 빨리 복구된다. 우리가 앞서 살펴보았듯 홍수는 이후 수년에 걸쳐 경제적으로 긍정적인 영향을 주기도 한다. 예를 들어 지하수 수량을 보충해 이듬해 또는 이후 몇 년 동안 관개용수를 충분히 공급할 수 있게 해 곡물 생산량을 높여 줄 수 있다.

주로 부유한 지역에서 진행되는 과학 연구를 통하면, 지진이 특정 지역에서는 발생하고 다른 곳에서는 발생하지 않는 이유를 정확히 알 수 있다. 또한 지역별로 각각 다른 규모의 지진이 발생할 가능성이 얼마나 되는지도 알 수 있다. 다행히도 규모가 매우 큰 지진은 자주 발생하지 않지만 작은 지진은 항상 발생한다. 예를 들어 규모2의 지진은 매년 100만 건 정도 발생한다. 이런 지진은 느낌이 거의 없고 피해도 별로 또는 아예 없기 때문에, 지진이 발생했다는 사실 자체를 지진학자 외에는 아무도 알지 못한다. 규모7 이상의 지진은 한 해에 20건 정도 발생하는데 대부분이 인구 밀집 지역으로부터 충분히 먼 곳에서 발생하기 때문에 역시 대다수 사람들이 인식하지 못한다.[10] 규모9 정도 되는 정말로 큰 지진은 다행히도 매우 드물다. 지난 100여 년 동안 최고 규모의 지진은 칠레에서 두 번(1960, 2010), 인도네시아(2004)와 알래스카(1964)에서 각각 한 번, 최근 일본에서 한 번(2011), 이렇게 고작 다섯 번 발생했다. 많이 알려진 1906년 샌프란시스코 지진은 규모 7.8로, 지진 명예의 전당에는 들어가지 못한다.

신기하게도 단순한 수학 공식 하나면 소규모 및 중간 규모의 지진이 대규모 지진에 비해 얼마나 자주 발생할지를 정확히 알 수 있다. 모든 규모의 지진은 서로 대응한다. 여기에 쓰이는 공식은 구텐베르크-릭터식 Guttenberg-Richter relationship (이 '릭터'는 지진 규모를 이야기할 때 보편적으로 언급되는 미국의 지질학자 찰스 릭터 Charles Francis Richter 를 의미한다)으로, 거듭제곱 법칙 power law 관계로 불리는 공식 가운데 하나다. 이 식을 통해 우리는 이미 알고 있는 사실(매우 큰 지진은 자주 발생하지 않는다는 사실)을 수학적 형태로 확인할 수 있으며, 작은 규모 지진의 발생 빈도를 근거로 대규모 지진의 발생 횟수를 정량적으로 산출할 수 있다. 거듭제곱 법칙 관계를 사용하면 평균에서 아주 멀리 떨어진 수치도 설명할 수 있다. 예를 들어 한 나라에 작은 도시가 얼마나 있는지 알면 대도시의 수를 적절히 추정할 수 있다. 통계상으로, 우리는 작은 도시가 x개 있으면, 그곳에 큰 도시는 X개만큼 나타난다는 사실을 알고 있다. 지진도 마찬가지다. 작은 지진과 큰 지진 사이에 이처럼 정확하고 신뢰할 만한 관계가 존재한다는 것은 놀라운 일이다. 분포는 불규칙하지 않고, 키 분포와 마찬가지로 가장 많이 나타나는 값이 분포의 중앙에 위치한다.

과학은 특정 지역에서 지진이 발생하는 이유는 매우 잘 파악하고 있지만, 지진의 규모가 거듭제곱 법칙을 따라야 하는 이유는 잘 알지 못한다. 그리고 큰 지진이 정확히 언제, 기나긴 지진대의 어느 위치에서 발생할지를 정확히 예측하려는 목표는 과학의 범위를 벗어나는 것이다. 이 목표가 달성되리라 기대하는 지진학자는 거의 없다.

기상학은 태풍이 해당 지역에서 발생하는 이유와 낚시 바늘 모양으로 확연히 굽은 궤적을 그리는 이유를 알려 준다. 여기서 예측할 과제는 태풍이 이전의 경로를 따라서 이동할지, 강도는 얼마나 될지를 계산하는 것이다. 태풍이 어디에 상륙할지, 그때 풍속이 얼마일지, 해안에서의 폭풍 해일의 규모는 얼마일지 예측하는 것이 핵심이다. 그에 따라 주민들은 예보를 듣고 위험 지역에서 대피할 수 있다. 해일의 높이와 최대 풍속은 연관성이 있긴 하지만 정확히 직접적인 관계가 있는 것은 아니다. 해저 지형과 만, 해협 등 해안의 특성도 해일의 높이에 영향을 미친다. 해일의 높이는 전 세계 대부분의 지역에서 잘 갖춰진 풍속 데이터에 따라 상당히 정확하게 예측할 수 있다. 해저 지형의 지도를 갖고 있는 부유한 지역에서는 매우 정확하고 세밀한 예측이 가능하다. 태풍 관련 피해와 사망에는 대부분 강풍보다는 해일이 더 큰 영향을 끼친다. 바람은 주로 나무를 전선 위로 쓰러트려 정전을 유발하는 경우가 많다.

기상학은 태풍의 지리적 분포, 그리고 대형 태풍이 특정 시기에 집중적으로 발생하고 그 외에는 거의 발생하지 않는 이유를 설명할 수 있다. 태풍은 북반구에서나 남반구에서나 거의 항상 동쪽에서 발생해 서쪽으로 이동해 간다. 지구가 동쪽으로 자전하기 때문이다. 태풍은 자전의 영향에 따라 이동한다.

대서양 연안의 폭풍은 대체로 동쪽인 아프리카 서부 해안 인근에서 발생하는 것처럼 보인다. 하지만 언제나 그런 것은 아니다. 특히 허리케인 철의 초기 몇 달 동안은 대서양 서쪽에서 형성되는 경우가 더 많다. 허리케인은 매우 따뜻한 공기가 물을 만나는 지역에서 형성되는데, 이런 조건은 사하라에서 불어오는 매우 뜨거운 바람이 아프리카의 대서양 해안의 유난히 따뜻한 바닷물과 만날 때 나타난다. 그러면 수분이 급격히 증발해 구름을 형성하고, 작은 폭풍을 우후죽순 만들어 낸다. 이 폭풍들은 커지면서 코리올리 효과Coriolis effect라는 자연현상의 영향을 받아 회전하기 시작한다.[11] 그러다 작은 폭풍 여러 개가 뭉쳐서 하나의 큰 폭풍을 형성하고, 결국에는 허리케인이 된다.

무역풍을 타고 서쪽으로 이동하는 폭풍이 더 커지려면 그 경로를 따라 따뜻한 물이 있어야 한다. 열대의 대양에 바로 그런 물이 있다. 대서양의 허리케인이 멕시코 만을 향하면, 만의 바닷물은 갇혀 있는데다 제법 따뜻하기 때문에 상당히 빠른 속도로 강력한 폭풍이 된다. 서쪽으로 출발해 결국에는 북쪽으로 휘는 허리케인의 전체적인 경로는 역시 코리올리 효과 때문이다. 또한 허리케인은 대기압의 분포에도 영향을 받는다. 예를 들어 버뮤다 고기압은 허리케인 철이면 허리케인을 원래 향하던 방향보다 남쪽으로 밀어내거나 그 자리에 붙잡아 두는 등 불안정 요소로 작용한다. 버뮤다 고기압의 영향에서 벗어나면 허리케인은 오직 북쪽으로만 향한다. 샌디가 북쪽 해안을 향한 뒤 육지로 급격히 선회하는 다소 예외적인 경로를 보인 것은 고기압 마루가 북쪽 경로를 차단했기 때문이었다.

허리케인이 북쪽을 향하면 공기와 물이 차가워져 강도가 떨어진다. 육지에 상륙하고 나면 따뜻한 물을 얻지 못해 급속히 사그라드는 경향을 보인다. 내륙을 이동하면서는 엄청난 양의 비를 퍼부어 홍수를 일으킬 수가 있다. 오늘날 부유한 나라에서는 내륙에서의 돌발 홍수로 인한 인명 피해 규모와 폭풍 해일로 인한 피해 규모가 거의 비슷한데, 이는 폭풍 해일 경보가 대체로 정확해 위험 지역에서 미리 대피할 수 있기 때문이다. 그러나 돌발 홍수는 이름이 뜻하는 것처럼 매우 급격히 발달해 예보하기가 어렵다.

지진이 거의 없는 지역이 따로 있는 것처럼, 태풍이 거의 발생하지 않는 지역도 있고 다른 곳보다 훨씬 큰 태풍이 자주 몰아치는 지역도 있다. 남미에는 태풍이 거의 없고, 아프리카에서는 모잠비크와 마다가스카르를 제외한 대부분의 지역에 태풍이 없다. 남대서양 전역과 적도 중앙 권역도 태풍이 없는 지역이다.[12]

지진의 릭터 척도처럼 태풍의 세기를 나타내는 기준은 사피어-심슨Saffir-Simpson 척도로, 풍속에 따라 태풍을 다섯 단계의 등급으로 나눈다.[13] 5등급 태풍은 풍속이 시속 157마일을 넘는다. 2013년 필리핀에 닥친 태풍 하이옌의 풍속은 거의 190mph에 달해 가장 강력한 태풍으로 기록됐다. 이처럼 기록상 가장 강력한 태풍은 모두 태평양에서 발생했다. 태평양에서는 넓게 펼쳐진 따뜻한 대양을 가로지르며 태풍이 강도를 키울 시간을 충분히 가질 수 있기 때문이다. 대체로 필리핀을 통과하며 힘을 조금 잃었다가, 중국을 향하며 다시 강해진다. 대서양과 인도양은 태평양에 비해 작기 때문에 이들 지역에서 발생하는 태풍은 그만큼 강하지는 않다.

열대 저기압을 이해하면 전 세계 모든 지역에서 거의 언제나 태풍의 접근을 제때 경고하여 대피를 하는 등, 인명 피해를 최소화하는 방향으로 대비할 수 있다. 대피가 쉽지 않고 통신이 불안정한 방글라데시에서는 상설 태풍 대피소를 건설했다. 역사적으로 가장 높았던 폭풍 해일보다 더 높은 위치에 단단한 말뚝을 박아 지은 아주 간단한 피난 공간이었다. 그 효과는 2007년 사이클론 시드르Sidr 당시 입증됐다. 사망자가 3,000명가량 되긴 했지만, 그 보다 훨씬 많은 사람들이 대피소 덕분에 목숨을 지킬 수 있었다. 이에 반해 1970년 사이클론 볼라Bohla는 방글라데시에서 50만 명의 목숨을 앗아가 역대 최악의 자연재해 중 하나로 꼽히고 있다.

반면 과학으로 쓰나미를 유발하는 지진의 형태와 쓰나미가 대양을 가로질러 전파되는 방식을 아주 잘 파악한다 해도, 지진을 예측하기는 불가능하다. 일본, 인도네시아, 그 외 지역의 해저에서 아주 강한 지진이 발생하면, 지진이 해저를 급격히 움직여 바닷물을 흔들어 놓기 때문에 쓰나미가 발생할 수 있다. 쓰나미의 높이는 매우 정확하게 예보할 수 있는 편이다. 하지만 폭풍 해일과 마찬가지로 해저 지형과 해안의 특성이 중요한 요소로 작용하는데 그 특성을 아주 세밀하게는 파악하지 못하고 있다. 쓰나미에 대비해서는 그것이 가로지르는 대양의 거리에 따라 도착하기 몇 시간 앞서 경보를 내릴 수 있으며, 그 경보로 생명을 구할 수 있다. 생존 전략은 이론적으로 아주 간단하다. 최대한 높은 지대로 이동하는 것이다. 그러나 당연하게도, 옮기거나 보호하기 쉽지 않은 자산까지 지킬 수는 없다.

지진 예보는 이토록 어려운데 태풍 경로 예측은 비교적 쉬운 이유는 무엇일까? 이를 이해하는 한 가지 방법은 과학자들이 '실현realization'이라고 부르는, 사건의 반복 횟수라는 개념에 있다. 거의 해마다 지구상의 어딘가에서는 태풍이 발생하고, 일부는 사피어-심슨 척도의 최고 등급까지 성장한다. 이처럼 태풍은 자주 발생하기 때문에, 가능한 모든 강도의 태풍과 태풍이 발생하는 대양의 모든 지역에 관한 정보를 불과 몇 십 년 사이에 수집할 수 있다. 실제로 태풍 기록은 100여 년 전부터 이어져 왔고 분석 과정에서 수천 가지의 경로(실현) 정보가 쌓였다. 이 가운데 5등급 태풍은 수백 개에 달한다.

최대 규모의 지진은 매우 드물게 발생하기 때문에 지진 실현 정보는 얼마 되지 않는다.[14] 이는 인류 사회에는 다행스러운 일이지만,

과학적 분석에는 별로 좋지 않다. 기이하게도 이 몇 안 되는 지진은 모두 미국, 일본, 칠레, 칠레(한 번 더), 인도네시아 등 부유한 나라와 중간 수준의 나라에서 발생했다. 다행히 가장 가난한 나라에서 역사에 남을 만큼 거대한 지진이 발생한 적은 거의 없다. 2010년 아이티에서 발생한 지진이 규모7이 아닌 9였다면 어떻게 됐을지는 상상조차 하기 힘들다. 통계학적 관점으로 볼 때 지진 관련 데이터세트의 최상부는 아직 빈약하다. 거대한 지진에 대한 적절한 양의 데이터를 확보하려면 지진 기록을 앞으로 수천 년은 더 쌓아야 할 것이다. 현대 지진 관측망의 역사는 겨우 60여 년밖에 되지 않았다.

지진 예측이 극도로 어려운 근본적인 이유는 파열이 언제 발생할지, 수천 개의 단층fault 중 어디에서 얼만큼의 파열이 발생할지, 그로 인해 지각crust이 얼마나 이동할지 등의 여러 가지 요소를 동시에 예측해야 하기 때문이다. 같은 규모의 지진이라도 파열 위치가 얕을수록 땅이 더 많이 흔들리고 잠재적 피해도 더 커지기 때문에, 단층 파열이 어느 정도 깊이에서 발생할지도 알 수 있으면 좋다. 또한 현재 지구가 받고 있는 압력이 어느 정도인지 알고 있느냐가 예측을 크게 좌우하는데, 이 또한 유용한 수준까지 자세히 파악되지는 않은 상태다.

지금은 역사적 정보를 활용해 먼 과거에 발생한 대형 지진을 조사하려는 시도가 이루어지고 있다. 중국과 일본은 모두 대형 지진에 대한 자세한 피해 기록을 갖고 있는데 여기에 땅이 흔들린 정도에 대한 기록을 더하면 대형 지진의 '재현시간recurrence time'이라는 값을 구할 수 있다. 규모9.1을 기록한 2010년 동일본 대지진 및 쓰나미가 발생했을 때, 학자들은 초기에는 그 지진을 그 지역에서 전례 없는 규모의 것으로 판단했지만, 역사적 기록을 검토한 결과 1,000년 전 즈음에 비슷한 사건이 일어났다는 증거를 찾아냈다. 다소 논쟁적으로 보이는 이 사실로부터 얻을 수 있는 것은 무엇일까? 한 사회는 1,000년에 한 번 발생하는 사건에 어떻게 대비해야 할까?

지진 예측이 그토록 어려운 또 다른 이유는 지진의 속성 그 자체에 있다. 지진은 지구의 지각 상부, 또는 지층이 갈라질 때 발생한다. (대체로 지구 내부의 높은 열기 때문에 생기는) 지각 사이의 작용력은 지구의 딱딱한 바깥층에 지속적으로 힘을 가한다. 그리고 이 작용력이 지각의 저항력을 넘어설 때, 압력을 해소하기 위해서 단열fracture이 발생한다. 이런 단열은 지각의 약한 부위에서 주로 발생하며, 연약한 부위 가운데 이전에 이미 파열된 적이 있는 지역이 단층이다. 금이 간 접시와 마찬가지로, 지각이 파열될 때는 단층을 따라 갈라진다.

거대한 활성 단층은 지상에서 쉽게 알아볼 수 있다. 그림6은 2010년 아이티의 엔리키요 플랜틴 가든Enriquillo-Plantain Garden 단층이 이동한 모습을 찍은 위성사진이다(정확히 단층 전체는 아니고 단층이 이동한 모습을 비스듬히, 또는 주변의 일부분만 찍은 것이다). 지도의 오른쪽에 보이는 자연항이 아이티의 수도 포르토프랭스며 단층 방향으로 굵은 흰색 화살표가 그려져 있다. 어디를 봐야 하는지 알고 나면 단층은 매우 선명하게 눈에 띈다. 도시의 남쪽 가까운 곳을 가로지르고 있는 형태다. 단층의 표면인 능선의 상단에는 동서로 뻗어 나가는 도로가 보인다. 캘리포니아의 샌 안드레아스 단층도 이 정도 축척에서 쉽게 알아볼 수 있다. 그러나 지리학을 공부하지 않은 사람이 지상에서 이런 지형을 알아보기는 힘들고, 따라서 그 위험성도 뚜렷이 드러나지 않는다. 수백 년 동안 움직이지 않은 단층이라면 더욱더 지

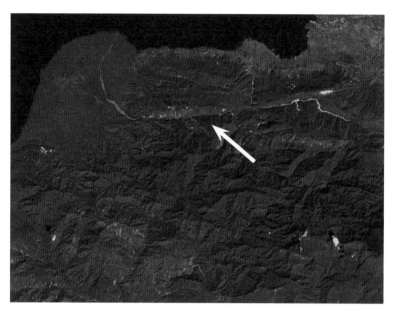

**그림6 나사 위성에서 본 여진 피해 상황**
2010년 1월 21일 촬영한 나사 오늘의 사진. 지진 이후 반복된 여진으로 인한
피해 상황을 보여 준다. 화살표가 가리키는 지점에서 엔리키요 플랜틴 가든 단층선을
한 눈에 알아볼 수 있다.

면에서 그 존재를 인식하기 어렵다.

　　하지만 지질학자는 거의 모든 단층의 위치를 알고 있다. 아이티처럼 국내 단층 분포를 파악할 과학자가 거의 없는 가장 가난한 지역에서도 단층 지형은 대체로 잘 알려져 있다. 특정 시기에 식민 지배 당국이 광물과 여타 원재료의 매장량을 측정하기 위해 지질학자를 파견했기 때문이다. 영국이 아프리카와 인도를 지배하던 초기에 작성된 지도에서(도) 단층을 찾아볼 수 있다.

　　그럼에도 지구 내부에 어느 정도의 압력이 미치고 있는지, 또는 단층이 파열되기 전까지 압력을 어느 정도 견딜 수 있는지는 어느 쪽도 제대로 밝혀지지 않았기 때문에, 언제 단층이 밀려나 지진을 유발할지 알아내기는 매우 어렵다.[15] 한편 기상 예보는 대기의 역동을 설명해 주는 수리 물리학의 평균값을 찾아내는 컴퓨터 모델로부터 발달했다. 앞으로의 상황을 제때 예측하기 위해 이런 평균값을 사용하려면 현재의 대기 상태를 보여 주는 대기압, 풍속과 풍향, 온도, 습도, 그 밖의 여러 가지 데이터가 필요하다. 이런 데이터는 장기간에 걸쳐 위성, 기상 관측 기구, 지상 관측을 통해 축적되어 왔다. 기상 체계가 어떻게 발달하는지 이해하고, 그 내용을 예측에 활용하기 위해 이 기록을 살펴보는 것은 어렵지 않다.

이처럼 지구의 지각에서 앞으로 어떤 일이 일어날지 예측하는 것도 똑같을 거라 생각할 수 있지만, 우리 발밑의 지각에서 어떤 일이 일어나고 있는지를 세밀하게 측정할 방법은 없다. 그러니까 지진학자는 관측 위성이나 심지어 기상 관측 기구조차도 없이 기상 예보를 하는 것이나 마찬가지다. 만약 **압력 기상**stress weather, 즉 단층을 둘러싼 넓은 지역에서의 압력 축적량과 이동 형태를 어느 정도 측정할 수 있다면, 단층이 점차 파열에 가까워짐에 따라 지표면에 나타나는 변화 양상을 조합해 볼 수 있을 것이다. 그러나 이런 데이터를 얻으려면 수천 개의 압력 관측 장비를 갖춘 시추공을 수천 개 뚫어야 하고 이후 수년 동안 발생하는 지진의 전후 상황을 지속적으로 관측해야 한다. 그러고 나면 지진 발생 전에 어떤 일이 일어나는지 더 잘 알게 되어 예보가 가능해질 것이다. 그 상태에서 파괴적인 지진에 대한 정확한 예측을 여러 차례 더 하고 나서야 예측 기법의 신뢰성을 인정하고 실제로 활용할 수 있게 될 것이다.

현재까지는 지진이 일어나기 전에 일련의 징후를 느꼈다는 사람은 많지만, 파열을 예고하는 확실한 징조는 없다. 지진이 오기 전에 전진前震을 느끼거나, 지진 발생 이후에 여진餘震을 느낄 수는 있다. 여진은 지진이 모든 압력을 다 해소하지 못해 축적된 압력이 계속 방출되고 있는 것이다. 지진 직후에 발생하는 여진은 지진과 비슷한 규모로 발생해 피해를 입힐 수 있지만 시간이 흐름에 따라 규모가 작아지고 빈도는 확실히 예측 가능한 정도로 줄어든다.[16]

전진에 대해서는 밝혀진 것이 훨씬 적다. 단층에 압력이 점점 커지고 파열의 순간이 가까워지면 그에 대한 경고로 판단할 만한 어떤 신호가 나올 것으로 기대할 법도 하다. 그러나 지금까지는 그 어떤 신호도 발견된 적이 없다. 사실 지진이 발생한 **이후**가 아니고서는 보통 그 이전에 발생한 것을 전진으로 간주하지 않는다. 지진은 며칠 또는 몇 주에 걸쳐, 지진 규모에 해당하거나 그렇지 않은 수많은 작은 지진으로 이루어진 일군의 미진微震을 동반하는 경우가 많다. 이런 일군의 미진이 지진의 전조인지 아닌지를 판단하는 것은 근본적으로 불가능하다. 미진 100번 중 한 번 정도가 지진의 '예행연습'일 수 있다. 바꿔 말하면, 미진이 계속해서 나타난다고 해도 대형 지진이 일어날 가능성은 1퍼센트에 불과하다.

2009년 이탈리아의 라퀼라L'Aquila는 미진을 잘못 해석해 치명타를 입었다. 이른 아침, 그리 크지 않은 규모5.8의 지진이 발생해 309명이 사망했다. 그리고 그보다 앞서 일련의 미진이 발생해 불안을 느낀 많은 시민들이 밖으로 나와 밤을 보냈다. 지진은 모두가 잠든 밤중에 발생할 때 가장 위험하다. 당시 이탈리아의 주요재난위원회Major Risks Committee는 상황 진단을 요청받았다. 위원들이 내놓은 답은 일부는 사실이었지만 별로 도움이 되지 않았다. 그들은 "연속된 작은 지진이 대형 사건의 전조라고 판단할 근거는 없다"면서, "이 지역에서 대형 지진이 발생할 가능성은 낮다. 하지만 배제할 수는 없다"라고 말했다.[17] 정확히 맞는 말이었지만, 라퀼라 시민들은 그래서 어떻게 대응해야 할지 전혀 알 수 없었다. 위원회는 시민들이 계속 밖에서 잘 것인지 말 것인지를 스스로 결정하도록 내버려 두었다.

그런데 지진 발생 일주일 전, 망설이던 시민들이 집으로 돌아가기 시작했다. 언론에 보도된 발언 하나로 상황이 더 분명해졌다고 판단했기 때문이다. 시민보호부 차관이자, 주요재난위원회의 지진학자 여섯 명을 포함한 정부 소속 과학자의 대변인을 맡고 있던 베르나르도 드 베르나르디니스 박사가 기자 중 한 명에게 "과학계로부터 듣기로는, 현재 지속적으로 에너지가 소진되고 있기 때문에 (대형 지진의) 위험은 없다고 합니다"라고 말한 것이 발단이었다.[18]

라퀼라의 비극은 끝나지 않았다. 1년 후, 드 베르나르디니스와 과학계 위원 여섯 명은 그들의 말을 진심으로 믿었다고 주장하는 시민 29명으로부터 살인 혐의로 고발당했다. 그리고 그 일곱 명은 (지진학자 대부분이 처벌 사유가 될 거라 생각했던 것처럼) 정확한 예측을 하지 못해서가 아니라, 상황을 판단하고 시민들에게 위험을 알려야 할 임무를 허술히 했다는 이유로 모두 유죄를 선고받고 상당히 높은 징역형과 고액의 벌금형에 처해졌다. 사실상 업무상 배임으로 처벌받은 것이다.

항소심에서 여섯 명의 위원에 대한 처벌은 더 높아졌다. 드 베르나르디니스만이 형을 일부 면제받았지만, 그것도 형기가 줄어들었을 뿐 판결이 뒤집힌 것은 아니었다.

여기서 얻을 교훈은 크게 두 가지다. 우선 과학을 제대로 다루는 것이 중요하다. 드 베르나르디니스의 경우다. 그는 아마도 하나의 큰 사건을 생각하기보다는 단층의 단면이 작은 단위로 쪼개져 압력을 해소하면서 조금씩 움직여 나가는 경우가 있다는 사실만을 떠올렸을 것이다. 마치 우리가 모든 단층이 그렇게 움직이기를 바라듯이 말이다.[19] 다음은 정확하고 분명한 정보 전달이 필수다. 대다수의 시민들은 닥쳐올 위험이 어느 정도인지 스스로 평가하기 힘들며 따라서 전문가가 나서 그 위험에 대해 분명하게 알려 주기를 기대한다. 그러나 드 베르나르디니스의 발언은 분명하긴 했지만 사실이 아니었다.

물론 조금 그럴듯하게 들리기는 한다. 압력이 조금씩 해소된다면 더 안전해질 것이라고 상상하기는 어렵지 않다. 하지만 앞에서 설명한 과학스러움이라는 개념을 떠올려 보자. 드 베르나르디니스의 발언은 과학자가 행한 과학스러움의 사례로, 치명적인 결과를 빚을 만한 것이었다.

이 장의 앞부분에 소개한 지도 두 장과 지진 분포 지도를 단순하게 비교해 보면, 지진이 발생한 지역과 오늘날 부와 가난이 나타나는 지역 사이에는 뚜렷한 관련이 없어 보인다. 아프가니스탄과 파키스탄은 방글라데시와 마찬가지로 지진 위험이 매우 높다. 인도 북부와 히말라야 주변국도 매우 위험하지만, 지진 때문에 이 나라들의 발전 수준이 낮다거나 현재 발전에 걸림돌이 되고 있다고 보기는 무리가 있다.

그리고 핵심은 다른 데 있다. 볼더 카운티에 있는 콜로라도 대학교의 지진학자 로저 빌햄Roger Bilham은 앞으로 일어날 일을 염려하면서 상당히 암울한 그림을 그렸다. 〈지진과 도시의 미래The Seismic Future of Cities〉라는 영향력 있는 논문에서 그는 지구상의 가난한 지역을 중심으로 인구가 급속히 늘어남에 따라 많은 건물을 추가로 지어야 하는데, 역사적으로 해당 지역에서 나타난 건축 관행을 감안해 보면 지진 위험은 더 높아질 것이라고 주장한다. 그는 머지않아 수백만 명의 사상자를 낼 지진이 일어날 것이라고 생각한다.[20]

　빌햄이 강조하는 점은, 재난이 도시를 덮칠 경우 그 살상력은 더 높아지는데, 가난한 지역의 수많은 도시가 건설 법규를 마련하고 집행하려는 노력은 거의 하지 않은 채 급속도로 무질서하게 성장하고 있다는 사실, 바로 여기에 있다. 그런 곳에는 뇌물과 부패가 만연하다. 2010년 아이티 지진이 그런 주장을 뒷받침한다. 2008년 중국 쓰촨성 지진도 마찬가지다. 급속히 성장한 이 두 지역은 건축물, 특히 공공건물이 부실하기로 유명하다. 중국에서는 상당수의 학교 건물이 무너지면서 끔찍할 정도로 많은 학생과 교사가 목숨을 잃어 더 비극적인 상황이 연출됐다. 중국에는 심지어 이런 부실한 건축 실태를 표현하는 용어도 있다. 두부를 만들고 남은 것을 뜻하는 '두부 찌꺼기'라는 말이 그것이다.[21] 이 말은 모래를 지나치게 많이 섞은 시멘트 블록 같은 건축 자재와 기둥에 강철 보강재(철근)를 너무 적게 쓰는 건축 과정 두 가지를 뜻한다.

　여기서 얻을 교훈은 간단하다. 지진학자라면 누구나 익숙하며, 라퀼라 시민들 사이에 잘 알려진 격언대로, 사람은 지진이 아니라 건물 때문에 죽는다. 때로는 지진이 산사태를 유발해 사람들이 파묻히기도 하지만, 슈퍼맨 영화에 나오는 것처럼 땅이 입을 벌리고 사람들을 삼키는 일은 실제로는 일어나지 않는다. 집, 직장, 또는 쇼핑센터가 무너지면서 사람을 덮칠 때 사망자가 생긴다. 건물은 때로 다른 무엇보다도 치명적이다. 예를 들어 학교 건물은 학생들이 들어가 있는 낮 시간에 더욱 치명적이다. 집안에서는 모두가 잠든 밤에 지진이 발생하면 제일 치명적이다. 집이 흔들리면 사람들이 깨긴 하지만, 어둠 속에서 잠이 덜 깬 상태로 몸을 피할 안전한 곳을 찾거나 위험을 알릴 수 있을 만큼 재빠른 판단을 내리기란 쉽지 않다. 라퀼라의 지진은 새벽 3시 32분에 발생한 까닭에, 희생자 대부분이 무너지는 집에 깔려 침대 위에서 죽은 채로 발견됐다.

건물을 무너뜨리는 진동의 양은 건물 자체의 무결성과 건물을 지은 지표면의 상태에 따라 달라진다. 불경기에 망가진 디트로이트의 광범위한 지역이나 그 밖의 다른 도시에서는 건물이 일부만 무너진 경우가 많다. 건물에 물이 침투하면 중심 기둥이 손상되면서 지붕과 벽의 무게를 견디지 못하게 된다. 2013년 방글라데시의 라나플라자 빌딩은 지진 없이도 저절로 붕괴해 1,129명의 목숨을 앗아갔다. 희생자는 대부분 은행, 상점, 아파트 등이 들어선 하부의 네 개 층 위에 무허가로 증축된 상부 네 개 층에서 일하던 의류 노동자였다. 붕괴 전날 건물에 균열이 발생하자 의류 공장 노동자들만 빼고 모두가 대피했다. 의류 노동자들은 불을 지르거나 임금 지급을 미루겠다는 협박 속에서 강제로 남아 일해야 했다.[22] 아침에 정전이 되자 상부층의 디젤 발전기가 작동하기 시작했고, 그 후 얼마 지나지 않아 건물이 무너졌다. 매우 부실하게 증축된 상부층에 지나치게 무거운 기계가 잔뜩 들어차 있어, 발전기의 진동만으로도 건물이 산산조각 나기 충분한 상태였다.

건물이 지어진 지반도 붕괴에 영향을 미쳤다. 라나플라자는 애초에 연못을 대충 메운 땅 위에 세워진 건물이었다. 건물 일부가 연못 매립지에 위치해, 건물 뼈대 중 일부는 매우 무른 지반 위에, 일부는 매우 단단한 지반에 세워졌다. 심각한 문제가 발생할 조건을 갖추고 있었던 것이다. 단단한 부분은 버티고 있는 반면, 하중이 지나치게 높은 부분은 무른 지반 밑으로 천천히 내려앉고 있었다. 붕괴 전날 나타난 균열은 바로 이런 불균형한 지반 상태의 결과일 가능성이 제일 높다. 라나플라자는 언제라도 무너질 상태였다.

지진이 일으키는 피해의 다양한 속성을 결정짓는 데에 지반의 조건이 얼마나 중요하게 작용하는지를 이해하려면 그림7을 살펴보면 된다.[23] 사진을 보면 자동차 한 대가 이상한 각도로 잘려 땅에 파묻힌 듯 보이지만, 실제로 이는 차가 땅 속으로 가라앉은 것이다. 유리창에 나 있는 물결의 흔적을 보면 어느 시점에는 차가 더 깊게 잠겨 있었다는 것을 알 수 있다. 아마도 누군가 운 나쁘게도 차를 깊은 진흙탕에 빠뜨린 모양이라고 생각하겠지만, 사실 진흙은 2011년 뉴질랜드 크라이스트 처치Christ church 지진 당시 진동으로 인해 생성된 것이다. 액화liquefaction라고 하는 현상이 일어난 것인데, 이는 대단히 연하고 젖어 있는 토양이 지진으로 인해 흔들릴 때 공통적으로 발생한

| 그림7 2011년 뉴질랜드 크라이스트 처치 지진으로 액화 현상이 발생한 흔적

다. 액화는 항구 주변의 매립 지역에서 주로 발견된다. 샌프란시스코의 마리나 지구와 맨해튼 남단의 상당 부분은 도시 내에 초고층 건물을 세우기 위해 바닥을 파내어 나온 물질들을 활용해 만든 지역이다. 마리나 지구의 건물은 1906년 지진 당시 거의 다 가라앉았고, 1989년 로마프리타 지진 때 다시 한 번 가라앉았다.

그림8은 액화를 설명하는 거의 모든 교과서에 등장하는 사진이다. 일본 니가타 지역이 배경이며 사진 속 건물들은 모두 동일한 건축 방식으로 지어진 것처럼 보인다. 1964년 6월 16일, 모든 건물은 동시에 지진을 겪었지만 하나는 지면에 가로로 누웠고, 하나는 반 이상 기울고, 또 하나는 약간만 기울고, 나머지는 모두 제대로 서 있었다. 토양의 액화는 지진의 영향이 국지적으로 확연히 다르게 나타나는 요인이다. 건물 하나가 넘어진 것은 운이 나빠서가 아니라, 유난히 약한 토양 위에 지어졌기 때문이다.[24] 지진 발생 시 피해가 매우 불균등하게 나타나는 요인은 다양하지만 그림8에서처럼 온전한 건물 하나가 통째로 넘어지는 경우는 지반 상태가 원인인 것이 확실하다.

그림7의 가라앉은 차를 다시 살펴보자. 뒷배경에 겉으로 별 피해를 입지 않은 듯 보이는 집 한 채 옆으로, 단단해 보이는 지반 위 도로에 온전한 모습으로 서 있는 차 한 대가 보인다. 앞쪽의 자동차와 아마도 30야드(약 27.5미터) 정도 떨어져 있는 것으로 보이는데, 이를 통해 액화와 토양 조건이 미치는 영향이 상당히 국지적일 수 있다는 사실이 드러난다.

과학자들은 단층 지도가 작성되자 마자 곧 지반의 상태를 진단할 방법을 알아냈다. 진단에 쓰이는 도구는 비싸지도 작동이 어렵지도 않았다. 숙련된 기술이 필요하지도 않았다. 단층과 마찬가지로

| **그림8** 1964년 니가타 지진 여파를 담은 사진. 지진 당시 발생한 액화 현상을 볼 수 있다.

지반의 상태도 전 세계 어느 지역이든 거의 다 지도에 표시할 수 있었다.

지진파가 지구를 가로질러 퍼져 나갈 때 땅이 흔들리는 정도와 그 결과는 지반의 형태에 따라 달라진다. 완전히 액화되지는 않더라도, 암석층의 형태, 나이, 풍화의 진행 정도, 그 밖의 수많은 요인에 따라 다른 결과가 나타난다. 연약한 토양은 단단한 지반에 비해 더 많이 흔들린다.[25] 지역에 따라 피해 정도가 매우 다르게 나타나는 것은 이처럼 다양한 요소가 끼치는 영향 때문인 경우가 많다. 액화는 그런 영향이 극단적으로 드러나는 현상이다.

지형 또한 이런 차이를 유발한다. 망원렌즈나 확대경의 모양이 빛에너지를 끌어당기듯, 지표면과 그 아래 암석층의 형태는 지진에너지를 끌어들일 수 있다. 예를 들어 뾰족하게 솟아오른 능선에서는

(토목 기술자들이 진저리를 치는) 극심한 균열이 일어날 수 있다. 무른 암석이 약간 침하한 상태라면 지진에너지를 반향시키고 증폭시켜 주변 지역에 훨씬 더 심각한 국지적 진동을 유발할 수 있다.

결론적으로 지진으로 인한 피해는 불규칙적으로 나타난다. 주변 건물은 별 탈 없이 멀쩡한데 바로 인접해 있는 한 건물만 완전히 무너져 내릴 수도 있고, 오래된 건물은 상태가 괜찮은데 신축 건물이 심하게 망가질 수도 있다. 물론 정치 구조가 취약하고 부패지수가 높은 가난한 나라일수록 더 큰 피해를 입을 것이다. 그러나 정치가 잘 작동하고 부패가 별로 없다고 해서 피해가 적을 거라고 보장할 수는 없다. 뉴질랜드에서는 2011년 지진 당시 비교적 신축 건물이던 캔터베리텔레비전 건물이 무너지면서 당시 지진 사망자 중 절반 이상의 목숨을 앗아가 큰 충격을 주었다. 이 건물은 이전에 여러 차례, 지진이 발생할 때마다 진단을 받았고 매번 상태가 괜찮은 것으로 나타났다. 건축 규정을 준수해 견고하게 지은 건물이었으며, 지반도 건물 규모를 고려할 때 충분히 단단했다. 뇌물이 오가지도 않았다. 빼돌린 것도 없고 눈속임도 없었다. 그런데도 건물이 무너졌다. 왕립 위원회 조사 결과 기소를 당한 사람은 아무도 없었다.

뉴질랜드 당국은 지진 위험 진단 역량이 뛰어나다. 지진이 많이 발생하는 이 섬나라 시민들은 내진 건물을 짓기 위해 많은 연구를 해 왔다. 실제로 거의 전 세계 모든 지진학자가 뉴질랜드의 지진을 연구했다. 뉴질랜드는 매우 까다로운 건축 규정을 갖고 있으며, 적용도 엄격하다. 아무리 작은 규모든 지진이 발생하면 기존 건물을 조사해 안정성을 진단한다. 위험한 건물은 제대로 수리해서 조사를 통과할 때까지 폐쇄하거나 철거한다. 2013년 뉴질랜드는 덴마크와 공동으로 국제투명성기구가 선정한 가장 청렴한 국가로 꼽혔다.[26] 아이티는 177개국 중 163위였다. 미국은 우루과이와 함께 19위를 차지했다.

부패가 거의 없이 정부가 제대로 운영되는 나라에서 일어나는 재난 피해와, 정치 체계가 거의 작동하지 않는 매우 부패한 나라에서 일어나는 건물 붕괴와 인명 피해는 구분해서 보아야 한다. 가난한 지역에 비해 선진국에서는 지진으로 건물이 무너지는 경우가 적은 편이라는 데는 의심의 여지가 별로 없다. 라나플라자에서 일어난 일이 극히 예외적인 일이라면 좋겠지만, 가난한 지역에는 그처럼 아주 사소한 진동으로 붕괴해 그 안에서 일을 하거나, 학교 수업을 받거나, 쇼핑을 하거나, 그 밖의 아주 일상적인 활동을 하고 있던 수만 명(지질학자 로저 빌햄의 예상대로라면 아마도 수백 만 명)의 목숨을 앗아갈 건물이 많다는 것이 틀림없는 사실이다. 건설 산업에 만연한 부패가 가장 큰 문제지만, 지진으로 건물이 무너지고 사람들이 죽어 나갈 때마다 부패한 관료만 비난하는 것은 옳지 않다.

요컨대 지진은 예측이 불가능하기 때문에 각 나라가 지진 피해에 대비해 할 수 있는 최선책은 자국이 지진에 얼마나 취약한지, 대형 지진이 발생할 가능성은 얼마나 되는지, 그로 인한 위험성은 지역별로 어떻게 다른지, 지반은 얼마나 단단한지를 파악한 뒤, 위험 지역에는 건물을 짓지 않는 것이다. 개발을 제한할 수 없다면 위험 지역에 건설된 구조물의 강도를 진단해야 한다. 학교나 교량처럼 더 단단하게 지을 수 있는 건축물은 반드시 보강해야 한다. 하지만 보강 비용이 너무 많이 들기 때문에 위험성이 가장 높은 구조물은 철거해야 할 수도 있다.

이제 그림1과 그림2의 지도 두 장과 그림5에 담긴 태풍의 궤적

지도를 비교해 보자. 태풍이 마치 가난의 수준을 나타내는 강력한 증거인 듯 보이지만, 이 정도의 단순한 분석으로 확증할 수는 없다. 대서양의 허리케인은 1차적으로 카리브 해와 미국 남부에 영향을 준다. 이 부근의 여러 주(그리고 워싱턴 D. C.)는 미국에서 가장 가난한 지역으로 상위 지역과 격차가 매우 크다. 중남미는 전반적으로 경제가 매우 성장하고 있지만, 카리브 해 지역은 그리 상황이 좋지 않다. 아이티는 이 경제적 투쟁의 대표적인 사례다. 중미 지역의 다른 국가들도 아이티처럼 가난하고, 허리케인, 지진, 화산활동과 같은 수많은 자연재해의 영향을 받는다. 태평양에서 태풍이 가장 강하게 발달하는 죽음의 중심 지점에 위치한 필리핀 또한 태풍의 영향을 덜 받는 주변국에 비해 가난하다.

열대 저기압은 그러니까, 지리적으로는 열대성이다. 삭스와 노드하우스가 지적했듯, 열대 지역은 전 세계에서 가장 생산성이 낮다.[27] 생산성이 가장 높은 온대 지역에 열대 저기압이 도달하는 경우는 많지 않다. 그림1, 2를 보면 경제활동은 주로 해안 지역에서 많이 이루어짐을 알 수 있다. 내륙보다는 해안이 무역 거래에 훨씬 수월하기 때문이다. 세계 최대 도시 중 다수가 내륙에서 생산한 재화를 항구로 옮겨 배에 싣기 좋은, 강 하류 부근에 위치하고 있다. 허드슨 강가의 뉴욕과 템스 강가의 런던이 대표적인 사례다.

물론 학자들은 이들 국가의 발전 정도가 제각기 다른 이유로는 식민 지배의 유산 같은 중요한 요소를 포함해 매우 다양한 요인이 있다고 주장할 것이다. 태풍의 타격에 취약하다는 것은 부의 불균등을 초래하는 요인의 일부일 수는 있을지라도, 정확히 그 취약성 때문에 불균등이 일어난다고 보기는 어렵다.

그러나 지진과 마찬가지로 핵심은 그게 아니다. 태풍 역시 지진처럼 계속 발생할 것이다. 기후변화가 태풍의 세기에 영향을 주어 최고 규모의 태풍이 늘어나고 발생 범위도 남북 양쪽으로 더 넓어질 것이다. 태풍의 타격에 노출되기 쉬운 지역에 사는 사람들은 그 지역이 갖는 지리적 이점 때문에 계속 그곳에 살면서 자신의 삶을 더욱 풍요롭게 만들기 위해 최선을 다할 것이다. 태풍 취약 지역에서 할 수 있는 최선책은 그 지역의 위험성을 최대한 파악하여 위험성이 가장 높은 곳에서는 건축을 피하고, 이미 인구가 밀집된 지역에서는 보호 대책을 마련하는 것이다. 여기서 보호 대책이란 건물의 구조적 요소보다는 폭풍 해일에 견딜 수 있는 제방이나 기타 방벽 같은 것을 말한다. 전략은 지진과 동일하다. 물리적 위험을 진단한 뒤, 보호하거나 이동하는 것이다.

그런데 여기에는 사소하지 않은 문제가 하나 있다. 다시 그림1, 2의 지도에 담긴 내용으로 되돌아가 보자. 이 두 지도는 부와 과학이 어디에서 생산되는지를 보여 준다. 아프리카에서는 지진학이나 기후학 박사 학위 취득이 가능한 남아공을 제외하면, 부와 과학이 생산되는 지역을 찾아보기 어렵다. 아프리카의 시민들은 어떤 분야에서든 (과학적 역량을 판단하는 기준이 되곤 하는) 특허를 등록한 적이 없고, 특허를 부여할 제도적 구조도 갖추지 못한 나라가 많다. 지진학자가 딱 한 명 있는 아이티도 마찬가지다. 가난한 나라가 자국 과학자의 연구를 바탕으로 지역 내의 위험을 인지하고 있는 경우는 별로 없다. 역설적이게도 이런 가난한 지역의 위험성은 그 지역 시민들보다, 유럽처럼 지진과 태풍의 위험이 낮아 비교적 안전한 지역의 과학자가 더 잘 알고 있다. 가난한 나라가 자국이 처한 위험에 대한 정보를 얻고, 국내 과학자를 키워 내고, 감시망을 구축할 수 있도록 부유한 나라의 후원이 필요한 실정이다. 그러나 그런 후원을 받기는 좀처럼 쉽지 않다.

미얀마에는 작동하는 지진계가 딱 하나 있는데, 50년도 넘은 것이다. 2001년 인도 구자라트에서 2만 명의 사망자를 낸 부지 지진 당시, 그곳에도 지진계가 하나 밖에 없었다. 지진 발생 직후에야 아시아 개발은행 지원 기금으로 간디나가르에 지진연구소가 설립되어 60개의 지진계 연결망과 54개의 강진 가속도 기록도accelerograms가 설치됐다.[28] 앞으로 십 년 정도 기록을 축적하면 구자라트는 역내의 지진 위험성에 대해 훨씬 더 잘 파악할 수 있을 것이다.

가난한 나라에 대체로 지진계가 부족한 것은 그 나라의 정치 구조가 취약해서가 아니다. 미얀마는 1960년대에 (비록 불충분하긴 해도) 아주 큰 감시망을 구축해 두고 있었다. 지진계는 미국, 일본, 중국에서 기증했는데, 군사 독재 기간에 모두 고장 나고 하나만 남았다.

가난한 나라에는 지진 위험을 진단하는 것보다 더 시급한 일이 무척 많다. 예를 들어 열대의 가난한 나라에서는 대체로 해마다 지진보다는 말라리아로 죽는 사람이 훨씬 더 많다. 땅의 진동보다 수질이 나빠 죽는 사람이 더 많기 때문에 국가적으로는 급수 시설 정비가 더 시급할 수밖에 없다. 지진 공학보다는 수질 개선에 쓰는 돈이 더 많은 생명을 구할 것이다.

태풍에 대해서도 비슷한 예상을 할 수 있으며 사실상 대부분의 자연재해에 대해서도 마찬가지다. 샌디는 기상학적으로 여러 측면에서 완벽한 폭풍이기도 했지만, 완벽하게 예견된 폭풍이기도 했다. 모든 언론이 폭풍의 발달 과정에 대한 경고를 지속적으로 전했고, 대피 절차가 마련됐으며, 저지대 주민들은 외부로 피신했다. 폭풍 해일은 특히 해변 마을에 상당한 피해를 입혔고, 내륙 지역에서는 나흘 또는 더 오랫동안 정전 상태가 지속됐다. 적십자사 자료를 바탕으로, 질병통제예방센터는 미국 내 총 사망자 수를 117명으로 집계했다. 다른 주보다 뉴욕에서 사망자가 많았으며 대피 명령이 내려진 지역의 자택에서 익사한 경우가 많았다. 2005년 카트리나가 덮쳤을 때 미시시피 해안 지구 주민들도 그랬다. 모든 주민이 대피 명령에 따를 의지가 있거나 주의를 기울일 수 있었다면, 총 사망자 수는 절반 가까이 줄어들었을 것이다. 수백만 명이 폭풍을 맞았는데 117명이 죽었다면, 이는 꽤 적은 숫자다. 통계상으로는, 부유한 나라에서 발생하는 재난의 특성에 완벽히 맞아떨어지는, 사망자가 전무한 사건이 될 수도 있었다. 역사상 최대 숫자의 태풍 희생자 기록을 갖고 있는 방글라데시 같은 곳에 샌디 정도의 폭풍이 상륙했다면 훨씬 더 많은 사람이 죽었을 것이다.

일반적으로 가난한 나라에서는 재난 관련 정보를 쉽게 접할 수 없고, 확보한다고 해도 정보의 정확성이나 확산성이 부족한 편이다.[29]

그 결과는? 가난한 나라에서는 고등교육을 받고 전 세계 과학자 사회의 일원이 될 역량을 갖추었거나, 과학 정보를 이해할 만큼 충분히 교육을 받은 소수 지배층만이 자신과 주변에서 일어날 위험을 안다. 그들은 자신을 지킬 방법을 알고, 수단도 갖고 있다. 대피 명령이 적절한 때가 언제이며, 어떤 결정을 내리는 것이 좋을지도 알고 있다. 그리고 단단한 지반 위에 튼튼한 집을 지을 수 있다. 절대 자신의 집을 기준 이하로 짓도록 내버려 두지 않는다.

이런 지배층은 정부에 포진해 있든 그렇지 않든, 어떤 식으로든 부와 정치적 권력을 통제한다. 위험 취약 지역 시민이 가질 수 있는 자연과학적 기본 지식의 엄청난 불평등은, 1장에서 보았듯이 재난의 영향을 결정짓는 전 지구적 및 국내적 부의 엄청난 불평등과 맞먹거나 더 심각하다. 그리고 앞서 논했듯이 자연과학과 사회과학의 단절로 인해, 과학스러움으로 가득 차거나 악용될 수 있는 빈 공간이 형성된다. 지식을 가진 사람은 그 안에서 지식 불균형을 자신의 이익을 위해 악용한다. 가난한 나라의 가난한 시민은 대개 아는 것이 별로 없어서 재난을 겪는 동안과 그 이후의 모든 시기에 매우 큰 위험에 처한다. 다음 장에서 주로 다룰 아이티는 바로 이런 조건을 갖고 있다.

# . 3 .

## 학살당한 아이티와 혼란에 빠진 칠레

아이티에서 부당이득은 그냥 일상이다. 사회 구조의 어느 위치에서 벌어지느냐에 따라 부당이득의 형태는 다양하다. 2010년 아이티에는 크게 다른 두 가지 삶의 방식이 있었다. 그리고 새해가 밝은 지 12일째 되던 날 지진이 무심하게도 수도 포르토프랭스를 흔들어 놓자, 그 두 가지 방식의 삶은 완전히 달라지거나 끝장나 버렸다.

조너선 카츠Jonathan Katz는 저서 《지나쳐 가 버린 구호품 트럭The Big Truck that Went By》에서 한 장章을 할애해 블랑blan과 니그neg라는 두 계급에 대해 설명한다. 블랑은 '백인'이라는 말에서 파생됐지만 피부색에 상관없이 '외국인'을 뜻하고, 니그는 '니그로' 즉 '흑인'에서 파생됐지만 역시 피부색보다는 계급을 뜻하는 데 쓰인다. 니그는 가장 낮은 계급이다. 카츠는 이 배타적 구분을 "아이티 사회의 가장 기본적인 구분 기준"이라 표현했다. 모든 사람은 이쪽이든 저쪽이든 어느 한쪽에만 속하며, 다른 쪽으로 이동하거나 섞이지 않는다.

블랑은 아이티에서 대부분의 사업을 운영하고 있는 극소수의 부유한 집단이다. 지진 발생 당시 이 지배층에 속한 사람은 지구상의 어떤 기준으로 보아도 엄청나게 잘 살고 있었을 것이다. 그들은 아이티 태생이 아니고 아이티 국적을 갖고 있지도 않은 프랑스인이나 레바논인, 시리아인, 독일인이었을 가능성이 높다.

그들은 페티옹빌Pétionville의 호화스러운 구역에 높고 튼튼한 출입문과 날카로운 철선이 달린 높은 벽으로 둘러싸인 대형 저택에 살았을 것이다. 개인 신변 보호도 철저해 무장 경호원의 보호를 받았을 것이다. 높은 벽 위에 설치된 날카로운 철선이나 유리 파편은, 매우 가난한 나라에서는, 한 개인은 아주 잘 살지 몰라도 대부분의 사람들은 그렇지 못하다는 것을 보여 주는 증거다. 대부분의 사람들은 그 벽 안으로 들어가서는 안 되는 사람들이다.

튼튼한 방호벽이 바리케이드처럼 둘러싸고 있는 닫힌 공동체는 아이티에서만 볼 수 있는 드문 풍경이 아니다. 아프리카와 중남미, 여타 지역의 주요 도시에도 거의 다 존재하며, 미국도 예외가 아니다. 때로는 이런 벽이 사람들을 가두는 교도소 담장으로 보이는 때도 있지만, 사실은 밖에 있는 사람이 들어오지 못하게 막으려는 것이다.

벽 안에서 살면서 그들은 아주 간접적인 방식으로라도 (어떤 식으로든) 정부와 접촉을 했을 것이 틀림없다. 상당수의 정부 고위 공무원이 이웃이었을 것이다. 합법이든 불법이든 그들이 하는 사업은 정부의 허술한 규제와 감독에 크게 의존하고 있었을 것이다. 세금은 아예 내지 않거나, 내더라도 아주 소액이었을 것이다. 노동법을 따르지 않고, 노동자에게 급여와 수당을 제대로 지급하지 않았을 것이다. 정부 쪽에 지인이 있었을 수도 있다. 전혀 제 기능을 하지 못하는 정부는 부조리의 결정판으로 보였을 것이다. 정부는 실제로 통치를 하지 않으므로 선거 결과도 별로 중요하지 않았을 것이다. 그렇다고 해서 제대로 된 정부가 세워지기를 원했을 리는 결코 없다. 정부가 제 기능을 한다면 사업 수익에 세금을 매길 것이고 노동자에 대한 처우와 급여 지급에 대해 규제를 할 것이다. 이는 **그들**에게 아무런 득이 되지 않는다. 민주주의와 가난한 자의 영웅이던 장베르트랑 아리스티드Jean-Bertrand Aristide 정부는 그런 규제를 적용할 것이므로 위협적인 존재였을 것이다. 그런 이유로 그 정부는 결코 존재해서는 안 됐다. 그러니까 아이티에서 바로 그 정부가 제 기능을 하지 못한다는 사실은 그들에게는 이로운 것이었다.

장베르트랑 아리스티드가 첫 번째 쿠데타로 쫓겨나 망명 중이던 1994년, 주아이티 미 대사는 블랑 계급을 "도덕적으로 혐오스러운 지배층morally repugnant elite"이라 불렀다.[2] 블랑은 도리어 이 말을 비웃으며 농담 삼아 문구의 머릿글자를 따서 MRE라는 말로 같은 계급 사람들을 부르곤 했을 것이다.

2010년 초 아이티에 살고 있던 또 다른 계급은, 지배층이 사는 지역보다 낮은 지대에서 지독히도 가난하게 살고 있던 99퍼센트 이상의 사람들이다. 거기 속하는 사람들은 가난이 극에 달한 포르토프랭스의 슬럼가나 내륙 지방의 빈농 지역에서 살고 있었을 것이다. 그들이 사는 집은 부유한 사람이 사는 집과는 완전히 달랐고, 방범을 위한 높은 벽 같은 것도 없었다. 대개 조악한 석탄재 블록이나 재생 콘크리트로 지은 집이었다. 시테 솔레이유Cité Soleil 같은 슬럼가에 살던 주민들에게는 물결 모양의 골함석을 이어 붙인 일종의 컨테이너에 문이라고 하기도 어려운 허술한 가림막 외에는 아무것도 없었다. 전기, 수도, 변기, 냉방시설, 주방 따위는 없고, 그저 벽과 지붕 정도가 다였다. 페티옹빌의 부촌은 어디를 보아도 부촌으로 보이는 것과 마찬가지로, 그들이 사는 집은 어디로 보나 중남미나 아프리카 어디서든 볼 수 있는 빈민 거주지처럼 보였다.[3]

시테 솔레이유에는 전 세계에서 가장 가난하며 아이티에서도 가장 가난한 주민이 대략 40만 명 가까이 살고 있다(인구조사가 불가능해 정확하지 않다[4]). 아이티 국민 중 80퍼센트 정도가 빈곤선 이하로 살고 있으며, 54퍼센트가 극도의 빈곤에 처한 것으로 알려져 있다.[5]

집계가 가능한 선에서 아이티의 실업률은 40퍼센트 정도 되는데,[6] 아이티에서 '직업'을 가진 사람 중 3분의 2는 정해진 급여를 받거나 수당을 받지 못하는 비공식 직업을 갖고 있다. 그들은 비좁은 틈새나 도로변의 보도에서 무엇이든 팔아 보려고 애쓴다. 굉장히 힘든 노동이며, 고용률 집계에는 포함되지 않는다. 그리고 GDP는 이런 식으로 일하는 사람의 생산성을 반영하지 않는다.

카츠는 이런 종류의 노동을 중요하게 다루었다. 아이티와 수많은 가난한 나라에서는 거의 모든 사람이 실제로 **일을 한다**. 생존을 위해 고된 노동을 하고, 고용률 집계에 포함되는 사람보다 훨씬 더 힘들게 일하는 경우가 많다. 그러나 이런 노동으로 생산한 재화는 결코 GDP에 반영되는 법이 없다.

시테 솔레이유에 사는 사람이 고등 교육을 받을 기회는 사실상 없다. 그들은 글을 읽지 못할 것이다. 아이티의 문해文解율은 53퍼센트밖에 안 된다. 이는 제대로 된 직업을 얻을 기회가 사실상 없다는 뜻이다. 또한 어린 시절 영양실조로 고통받았을 것이다. 아이티에서는 아동 열 명 중 한 명이 다섯 살 이전에 목숨을 잃는데, 주 사망 요인이 바로 영양실조다. 생존한 아동 중에서 3분의 1은 심각한 발육 부진 징후를 보이며, 5세 아동 중 40퍼센트가 영양 부족으로 성장이 부진하고 뇌 발달 수준이 낮다.

그들은 농촌 지역에서 태어나 가난을 벗어나 보겠다는, 결코 실현되지 않는 기회를 찾기 위해 도시로 이주했을 것이다. 그래도 농장에 남아 있는 것보다는 낫다. 자동차는 없다. 자전거나 오토바이를 갖고 있을 수는 있지만, 대체로는 걸어서 이동하거나 '땁땁'이라는 교통수단을 이용한다. 땁땁은 배달용 트럭을 개조해 덮개를 밝게 칠한 짐칸에 승객을 태우는 일종의 버스다.

시테 솔레이유는 원래 노동자들이 일터에 가기 쉽도록 '아이티 아메리카 제당' 공장 근처에 조성된 노동자 마을이다. 이후 독재자 파파독 뒤발리에Papa Doc Duvalier는 이곳을 수출 가공 지역 노동자 거주지로 활용했다. 그러나 미국이 강요한 정책 때문에 어느 한 부분도 남김 없이 다 파괴됐다. 일터로 가는 길은 멀고 힘겹고 위험해졌다.

시테 솔레이유는 지구상에서 가장 폭력적인 장소 중 하나다.[7] 갱단이 슬럼을 장악하고 있으며, 그 조직원은 시메어chimere(유령)라 불린다. 시메어는 상당히 경멸적인 용어다. 정치적 입장이나 〔사회적〕 계급이 다른 사람을 무자비하게 학살하는 갱단의 행위를 저주하는 의도가 담겨 있다. 아이티에서는 가장 가난한 사람을 이르는 말로 널리 쓰이며, 범죄행위와 결부된 어감을 담고 있다.[8] 실제 갱단의 구조는 매우 복잡하다. 갱단에 참여하는 동기는 무척 다양하고, 정말로 정치적인 이유가 담기기도 한다.[9] 그러나 모든 갱단은 법 적용이 부실한 상황을 통해 이익을 취할 목적을 가지고 있으며, 조직원은 강탈, 협박, 강간을 해도 처벌받지 않는다.

아이티에서 가장 활발한 활동 중 하나는 셀 수 없이 많은 비정부기구의 불규칙한 활동이다. **셀 수 없다**는 말은 단순한 수사가 아니라, 그 수를 파악하는 사람이 아무도 없다는 뜻이다. 이런 비정부기구에서 일하는 것은 니그 출신이 제대로 된 임금과 처우를 받으며 일할 수 있는 몇 안 되는 방법 중 하나다. 국제연합 평화유지군은 아이티에서 아주 광범위한 역할을 수행한다. 그들은 국제연합 아이티안정화임무단MINUSTAH: United Nations Stabilization Mission in Haiti 소속 병력으로 2015년 1월 31일 기준, 병사 4,658명과 경찰 2,234명을 포함해 모두 6,892명으로 구성되어 있었다.[10] 그들의 출신은 놀랄만큼 다양하다. 지진이 발생한 지 열 달 후 아이티 북부에 발생했던 콜레라를 처음 옮긴 사람은 네팔 출신 아이티안정화임무단 병사였다(지진 때문에 국력이 약해진 탓에 상황이 더 심각해지긴 했어도, 지진 자체는 콜레라와는 아무런 상관이 없었다).[11] 국제연합은 아이티안정화임무단에 병력을 지원하는 국가에 보상금을 주는데, 방글라데시처럼 가난한 나라 출신 병력이 많은 이유가 바로 이 때문이다.

아이티는 세계에서 가장 불평등한 지역인 중남미의 모든 국가 중에서도 가장 불평등한 나라다.[12] 중남미에서 불평등이 가장 덜한 칠레조차도 국제 기준으로는 평등한 나라에 속하지 못한다. 아이티에서 페티옹빌은 아주 작은 부富의 오아시스며, 시테 솔레이유는 드넓은 가난의 사막이다. 사회적 불평등을 표현하는 방법은 많지만, 그 정도를 잘 보여 줄 수 있는 표현 가운데 하나는 바로 이것이다. '오늘날 전 세계에서 가장 부유한 85명이 소유한 재산 규모는 세계 인구 중 하위 50퍼센트가 가진 재산을 모두 합한 것과 같다.'[13] 가난한 사람이 너무 많고 너무 심하게 가난한 데 비해, 지배층의 극소수는 지나치게 부유하다. 아이티에 국한해 보면 상황은 더욱 심각하다. 아이티 지배층이 소유한 재산은 가장 가난한 아이티인 200만 명이 가진 재산 총합과 맞먹는다. 세계은행은 이 나라의 가장 부유한 20퍼센트가 국가 총 수입의 65퍼센트를 소유한 반면, 가장 가난한 20퍼센트가 차지하는 수입은 겨우 1퍼센트에 불과한 것으로 추산했다.[14]

지진이 포르토프랭스를 융단 폭격한 것은 2010년 1월 12일 오후 4시 53분이었다. 대부분의 집중 포화는 10초에서 11초 정도로 짧은 시간에 쏟아졌다. 맹공격은 서쪽의 레오간Léogâne 부근에서 시작되어 진행 도중 잦아들었다. 파괴는 무차별적으로, 부자와 가난한 사람 모두를 향했다. 심지어 대통령궁마저도 직접적인 타격을 받았다.

첫 번째 지진 이후 며칠에서 몇 주에 걸쳐 60번 이상의 여진이 계속됐다. 수도는 속수무책이었다. 이 여진은 첫 번째 지진 때문에 상당히 약해진 상태로 버티고 있던 구조물을 거의 전부 다 쓰러뜨렸다. 여진이 잦아들 무렵에는 20만 채 이상의 주택이 무너지거나 심각하게 파괴됐는데, 대부분 가난한 사람들의 집이었다.[15] 높은 고도에서 찍은 피해 지도와 사진을 보면 마치 제2차 세계대전 종전 당시 폭격을 맞은 독일의 도시처럼 보인다. 두 지역 모두에서 드넓은 빌딩 지역은 돌더미가 되어 버렸다. 피해는 거의 예측 불가능한 수준이었다. 주변 건물이 모두 무너진 가운데 전혀 손상 없이 서 있는 건물이 보이곤 한다. 어떤 곳은 완전히 평평해져 버린 반면, 아무런 피해도 없는 듯한 지역도 있다.

포르토프랭스의 피해가 얼마나 심했는지는 결코 파악하지 못할 것이다. 아이티 지진과 같은 거대한 사건이 발생하면 영안실은 대부분 제 기능을 하지 못한다. 카트리나가 휩쓸고 간 뉴올리언스에서는, 미 연방재난관리청이 뉴올리언스에서 적당히 떨어진 마을인 세인트 가브리엘에 자원봉사 장의사들과 함께 임시 영안실인 재난사망자처

리팀DMORT:Disaster Mortuary Operational Response Team 을 설치해 도시 내부에서 침수됐거나 제 기능을 거의 못하는 영안실을 대체했다. 그런 일은 아이티에서는 일어나지 않았다. 대부분 신원이 파악되지 않은 시체들이 트럭에 쌓여 거대한 공동묘지로 실려 갔다.

적십자사는 아이티 지진의 초기 피해 상황 집계 시 사망자 수를 5만 명 정도로 추산했는데,[16] 이는 아이티 정부의 초기 집계와도 일치했다(아마 정부는 그저 적십자사의 수치를 인용했을 것이다). 몇 차례 재검토를 거치면서 30만에 가까운 수치가 언급되기도 했지만 공식적인 사망자 수는 22만570명으로 기록됐다.[17] 공식 집계가 맞다면, 이는 2004년 인도양 주변의 광범위한 지역을 휩쓸었던 수마트라 대지진 및 쓰나미의 사망자 수와 비슷하거나 더 큰 규모다. 사망자 수가 이처럼 많은 것은 그리 이상한 일이 아니었다. 포르토프랭스는 인구 밀도가 매우 높은 도시였지만 내진 설계가 된 건물은 거의 하나도 없었다.

아이티 정부는 결국 사망자 수를 30만 명으로 조정했다. 옥스팜, 가톨릭구제위원회, 국경없는의사회 등 주요 구호 기관은 대부분 정부의 초기 집계치인 23만에 가까운 수치를 채택했고, 그 밖에 '수백만 명' 사망으로 얼버무리는 경우도 있었다. 지진 1주기에 정부는 사망자 수를 31만6,000명으로 다시 상향조정했다. 사망자가 상당히 많았던 것은 틀림없지만, 이 수치는 과한 것으로 보인다.

아이티의 사망자 수가 과장됐을 수 있다는 의견은 두 군데서 나왔다. 리디오네덜린드월드와이드RNW: Radio Natherland Worldwide는 유일하게 사망자 수 집계가 이루어진 공식 묘지에 매장된 사람은 '불과' 5만2,000명뿐이라고 주장했다.[18] 기사는 또한 정부가 레오간 해안 마을 사망자 수를 지방정부가 발표한 3,364명이 아니라 2만에서 3만 명으로 보고했다고 지적했다. 자크멜Jacmel 지역의 사망자 또한 현지에서 사망자 매장 작업에 참여한 프랑스 구호 단체가 보고한 145명이 아니라 4,000명으로 보고했다고 밝혔다. 기사에 따르면, 자크멜 지방정부가 발표한 사망자 수는 300명에서 400명 사이였다고 한다.

지진 발생 수주 후에 작성된 아이티 정부의 '재난 이후 수요 평가'에서는 불확실성과 부정확성이 가중됐다.[19] 이 보고서에서는 부상자가 30만 명, 사망자가 22만 명으로 기록됐다. 부상자 대 사망자 비율이 3:2라는 건 굉장히 낮은 수치로, 대체로는 3:1 또는 그보다 훨씬 높게 나타난다.[20] 만약 부상자 수가 정확하다면(구호 기관의 실제 치료 기록을 활용할 수 있기 때문에 사망자 수보다는 부상자 수를 정확히 집계하는 것이 조금 더 쉽다), 통상적인 부상자 대비 사망자 비율에 비추어볼 때 사망자는 10만 명 선이 될 것이다.

또 다른 주장은 국제사업개발 분야 컨설팅 회사인 엘티엘LTL: LTL Strategies에서 나왔다. 미국경제협조처USAID: United States Agency for International Development에 제출한 '건물진단및잔해제거BARR'에 관한 보고서에서 엘티엘은 상당히 다른 방식으로 사망자를 집계했다. 가장 피해가 컸던 지역에서 살아남은 주민으로부터 죽거나 부상당한 사람에 대한 정보를 수집한 것이다.[21] 건물진단및잔해제거 조사단은 주민들에게 건물에 살던 사람 중 사망자가 얼마나 되는지, 지진 이후 생존자는 어디로 갔는지, 혹시 알고 있다면 생존자가 현재 어디에 있는지를 물었다. 조사는 심하게 손상된 건물이 밀집되어 있는 포르토프랭스 저지대의 극심 피해 지역을 중심으로 이루어졌다. 이를 통해 총 사망자 수, 피난 캠프로 간 주민 수, 지진으로 파괴된 집에 돌아오지 않는 부재

중 생존자 수, 부재자의 소재 등을 추정할 수 있었다. 지역당 사망자 수는 주택 손상 특성에 따라 주택당 평균 점유율, 평균 사망률을 통해 산출했다. 지진 타격을 입은 지역의 추정 인구는 300만 명이었다. 이런 수치를 바탕으로 계산한 지진 사망자 수는 4만6,190명에서 8만 4,961명사이로 나타났다.[22]

엘티엘의 집계 방법은 인터뷰를 바탕으로 표본 수치로부터 전체 사망자 수를 추정하는 집락추출조사법cluster survey에서 유래한 것이다. (이 조사를 포함해) 집락추출조사를 바탕으로 하는 추정치는 부정확할 수밖에 없지만, 엘티엘 보고서 작성자들은 이 기법에 내재된 모든 잠재적 오류를 고려한다고 해도 자신들의 추정치와 아이티 정부가 발표한 수치 사이의 차이는 설명이 안 된다고 말했다. 엘티엘 추정치의 범위가 넓긴 하지만 틀림없이 이 수치가 정부 공식 집계보다는 더 정확할 것이다.

사망자 수를 과장하는 이유는 뭘까? 언뜻 보기에는 재난 사망자 수가 커진다고 얻을 것이 별로 없어 보인다. 장의사는 오히려 일이 너무 몰려서 어려움을 겪을지 모른다. 관 짜는 사람이나 비석 만드는 사람은 사업이 초토화될 수도 있다. 하지만 이런 사정이 뚜렷하게 부각된 적은 없고, 관련 업계에서 재난 사망자 수를 늘려서 이득을 보려고 뇌물을 주거나 부패를 조장했다는 증거는 한 번도 본 적이 없다. 혹시 어딘가에는 있을지도 모르지만 말이다.

장의사가 큰 이득을 본 사례는 남북전쟁 때 **있긴 있었다**. 그들은 군대를 따라다니며 전장에서 시신을 수습하고 가족을 파악해 요청이 들어오면 관 속에 시신을 안치해 보내 주었다. 대개의 경우 전사자는 전우들과 함께 얕은 무덤에 매장됐고, 신원 파악을 위해 소지하고 있던 신분증만 집으로 배달됐다. 비양심적으로 비용을 청구하는 장의사도 없진 않았지만, 대부분의 작업은 현재와 마찬가지로 군인력이 수행했다. 메이시스Macy's(1858년 미국 뉴욕에 개점한 대형 백화점) 같은 상점에는 장례 의상과 상복 코너가 마련되기도 했다.

아이티에서 재난 사망자로부터 직접적인 수익을 거둔 사람은 아무도 없다. 사망자 수천 명 중 한 명 정도로 극소수만이 장의사에게 보내졌을 뿐, 관에 안치되어 비석을 세운 무덤에 매장된 사람은 거의 없었다. 그러나 30만이라는 숫자가 동정심을 유발하고 기부금을 모으기 위한 국제적 과장이었다면, 그건 말이 된다. 2013년 말, 릴리프웹ReliefWeb 집계에 따르면 기부금 총액은 35억 달러, 추가 약정액도 10억 달러에 달했다.[23] 이것을 국가적 수익이라고 말하기는 어렵지만, 어찌됐든 지진으로 아이티에는 다른 재난에 비해 엄청난 자금이 유입됐다.

워싱턴 D. C. 브루킹스 연구소Brookings Institution의 엘리자베스 페리스는 같은 해 7월 발생한 파키스탄 홍수와 아이티 지진의 기부금 차이를 분석한 결과,[24] 파키스탄에 비해 아이티의 기부금이 훨씬 더 높았다는 사실을 발견했다. 파키스탄은 인명 피해가 비교적 적었던 반면(1,539명), 학교 건물이 여섯 배, 병원이 네 배, 주택이 열 배 가까이 더 파괴되는 등 훨씬 심각한 물리적 피해를 입었다. 홍수는 파키스탄 전 국토의 3분의 1을 침수시켰다. 아무리 파괴적이라 하더라도, 지진이 영향을 미치는 영역은 대형 홍수에 비교하면 상당히 제한적이다.

파키스탄에 기부금이 적었던 이유는 아마도 파키스탄이 이슬람 국가여서, 즉 미국과 비非이슬람 국가의 언론에 비친 무슬림의 모습이나 극단주의자의 활동을 불편해하는 사람이 많았기 때문일 수도 있다. 그러나 내가 보기에는 파키스탄의 사망자 수가 아이티에 비해 적었던 것이 가장 큰 요인이었다. 물리적 손실보다는 죽음이 동정적 반응을 더 많이 불러일으키기 마련이다.

자연재해의 현장은 전쟁터에 비교되는 경우가 많고, 역으로도 마찬가지다. 피해 현장만 보아서는 구분하기가 매우 어렵다. 앞에서 포르토프랭스의 붕괴를 두고 폭탄이 투하됐다는 비유를 쓴 이유가 바로 그 때문이다. 지진 생존자의 피난처는 내전을 피해 탈출한 이들을 위한 캠프와 근본적으로 동일하다. 물론 전쟁 지역에서는 좀 더 치밀한 보안이 필요할 수 있겠지만 말이다.[25]

포르토프랭스의 주민들이 사전에 경고를 들었을 가능성은 전혀 없다. 지진은 예보할 수 없기 때문에 지진파가 다가온다는 것을 알리는 날카로운 공습경보 같은 사이렌은 울리지 않는다. 그리고 아이티에서 지진 대비 훈련을 받은 사람은 아무도 없었다. 초기 발견자들은 구조 및 복구 작업을 배운 적이 없었다.

만약 지진에 대해 인지하고 있는 사람이 땅이 흔들리는 것을 처음 느끼고 건물의 출입문에 충분히 가까이 있거나 밖으로 나올 수 있었다면, 트인 공간으로 달려 나가 약간의 부상만을 입거나 아무런 피해를 입지 않았을 수도 있다. 그러나 내 생각엔, 포르토프랭스에 지진이 아니라 건물이 사람을 죽인다는 사실을 아는 사람은 거의 없었을 것이다.

이전에 아이티에 이 정도 규모의 지진이 덮친 것은 1770년이 마지막이었고, 그 지진은 2010년 지진과 동일한 단층 구조에서 발생했다. 당시에도 포르토프랭스의 상당 부분이 파괴됐고, 200명이 목숨을 잃었다. 1770년의 포르토프랭스 인구를 가늠하기는 어렵지만 이 수치는 당시 인구의 상당수를 차지했을 것으로 보인다. 그 지진이 포르토프랭스를 뒤흔들어 놓은 후, 아이티 평균 수명으로 거의 다섯 세대가 지나갔다. 아이티에 이탈리아의 주요재난위원회 같은 기구는 존재하지 않았다. 그런데 만약 있었다 하더라도 무슨 말을 할 수 있었을까? 만약 천리안을 가진 자가 있어서 정확하게 예측을 했다고 해도, 아이티 정부가 할 수 있는 일이 있었을까? 그 짧은 시간에 건물의 내진 설비를 할 수는 없는데 말이다.

아이티의 건물 대다수가 허술하게 **지어졌다**는 것은 틀림없다. 건물 몸체는 약간의 진동에도 무너질 만큼 부실했고, 부서져 내리는 건물 모서리는 팔 다리가 잘릴 정도로 각진 시멘트 더미였다. 방글라데시의 라나플라자가 저절로 무너졌다는 사실을 떠올려 보라. 아이티 사람들이 살던 허술한 건물 대부분은, 주민들이 할 수 있는 한 최선을 다해 대비한 결과 연이어 발생하는 수많은 허리케인과 재난에 버텨 왔다. 그래도 허리케인이 오면 수백 명이 죽어 나가곤 했다.

이탈리아처럼 정부 운영이 비교적 잘 되는 부유한 나라에서는 공무원에게 비난의 화살을 돌릴 수 있지만, 아이티는 그렇지 않다. 아이티 정부의 그 누구도 자신의 책임을 제대로 수행하지 못했고, 시민들에게 위험을 알리는 사람도 아무도 없었다. 그럼에도 모두들 미처 대비하지 못하고 그렇게 많이 죽어야 했던 이유는 거기에 있지 않다. 생존자 가운데 지진의 위험을 연구하는 아이티 정부 소속 과학자를 고소할 사람은 아무도 없을 것이다. 애초에 그런 책임자는 존재하지 않았기 때문이다. 아이티 정부의 그 누구도 사망자에 대한 책임이 없었다. 책임은 **가난**에 있었다.

그리고 여러 차례 들은 적이 있긴 하지만 아이티에 건축 규정이 없다는 말은 전혀 사실이 아니다. 많은 사람들이 아이티 지진을 두고, 적절한 건축 규정이 없었던 것이 문제의 핵심이라고 주장했다. 카츠는 저서 앞부분에 2010년 지진이 발생하기 몇 달 전, 한 학교 건물이 어떤 지진 현상도 없이 저절로 무너졌을 때 현장에서 프레발Préval 대통령을 만났던 일을 기록해 두었다.[26] 그 학교가 무너진 사건은 라나플라자 붕괴 사고와 형태나 피해 면에서 (사망자 수는 더 적긴 했지만) 비슷했다. 하중을 견디기에는 너무 연약한 지반에 건물을 짓고 상층을 증축했다. 학교 건물은 라나플라자와 마찬가지로 가차 없이 무너져 내렸다.

카츠는 프레발에게 건축 규정이 없는 이유를 물었다. 그러자 대통령은 건축 규정은 **있다고** 화난 어조로 대답했다. 다만 정부가 안정화되지 못한 것이 문제라고 주장했다. 그러니까 정부에는 이미 있는 규정을 적용할 제도적 역량이 부족하다는 뜻이었다. 그래서 가난한 사람들이 최대한 저렴한 비용으로 건물을 지었고, 그 바람에 200년마다 그 대가를 치른다는 것이다.

허술한 건물은 유독 아이티에만 있는 문제도 아니고, 그 자체로 중앙정부가 허약하다는 증거가 되지도 않는다. 때로 비극은 감독이 불충분하고 부패한 가운데, 주요한 건축 규정을 대놓고 위반할 때 발생한다. 두부 찌꺼기로 건물을 짓지 않았다면 2008년 쓰촨성 지진 당시 아동, 교사, 보조 교사, 간호 교사 사망자 수는 상당히 낮았을 것이다. 중국은 지진 이후 구조와 복구 활동에 대해 비판과 찬사를 모두 받았다. 복구 비용을 지원한 세계은행은 웹 사이트에 '쓰촨성 복구에 있어서 중국이 잘 해낸 일'[27]이라는 제목의 글을 한 편 게재했다. 중국과 세계은행은 복구 비용을 아낌없이 지출하고 지체 없이 작업을 시작했다. 그들은 구소련 시기 크렘린에서 도입한 방식을 참조해, 피해를 입지 않은 주변 지역과 협력 체계를 구축했다. 4만 건 이상의 재건축 작업이 지진 이후 2년이 채 안 돼서 완료됐다. 그리고 이후부터 학교와 병원 같은 공공건물은 높은 내진 기준에 맞춰 건설 됐다.

그러나 '지진 이후 5년, 중국의 허울뿐인 재건 사업'이라는 제목 으로 발표된 내셔널퍼블릭라디오NPR: National Public Radio의 조사 자료는 매우 비판적이었다.[28] 빠른 재건을 위해 더 잘 짓기보다는 빠르게 짓 는 데만 열중한 결과 예전의 모든 실수와 부정행위를 그대로 반복했 다는 것이 글의 요지였다. 부패도 심각해 건축은 허술하고 건축 기 준을 충족하지 못한다. 내진 규정에 따라 지은 것으로 알려진 새 학 교 건물 중 몇 채는 2013년 지진으로 심하게 파괴됐다. 감사 결과 건 축 비용 중 2억2,800만 달러가 횡령된 것으로 나타났다. 일부 공무원 은 부패 혐의로 처벌받기도 했다. 피해가 별로 없는 지역임에도 불구 하고 필요 없는 복구 기금을 받아 간 경우도 있었다. 1만1,000여 명 의 농부가 농지에 새 주택을 지을 수 있도록 허가를 받았지만 건물 은 하나도 지어지지 않았고, 그 땅에 대해 정부가 지급한 금액은 실 제 농부들이 받은 것보다 100배로 부풀려졌다. 동시에 복구에 참여 한 노동자들은 임금을 받지 못했다는 내용들이 함께 언급됐다.

내셔널퍼블릭라디오가 전하는 복구 과정은 세계은행이 공개한 것보다 진실에 가까워 보인다. 최소한 외국 언론과 해외로 소식을 전 할 수 있었던 중국 언론인들이 그동안 보도해 온 내용과 맞아떨어진 다. 지진 발생 당시 중국은 경제 활성화를 위해 소비 부양책을 추진 하고 있었다. 그 예산의 4분의 1이 지진 복구에 사용됐고, 나머지는 대부분 국가 기반 시설에 투여됐다. 고통받는 이들에게 지속적인 혜택을 가져다줄 슘페터식 부양을 실현할 기회가 눈앞에 있었다. 그러나 만약 비판 기사가 사실이라면, 기존 건물은 새로운 두부 찌꺼기 건물로 대체된 것이며, 결국 창조적 파괴가 아닌 비극적 파괴의 광풍이 되풀이될 것이다.

부도덕한 자의 눈에는 급속히 투여된 복구 비용이 돈벌이의 기회를 가져다줄, 말 그대로 하늘에서 내려온 만나manna로 보였을 것이다. 엄청난 파괴의 격변으로 인한 후유증을 겪는 정부는, 중국이 그랬듯이 대체로(이후에 살펴보겠지만 전부는 아니다) 최대한 빠른 시간 내에 복구 작업이 완료되기를 원한다. 이는 파괴 이후의 사고思考가 재난 대응 방식을 교란하는 현상이다. 복구에 대한 열망이, 심사숙고하고 충분히 검토할 필요를 압도하는 것이다. 재난이 발생하면 지방 정부는 극도의 압박 속에서 인력 감소와 행정 역량 약화로 일상적인 행정 활동에 지장을 받게 된다. 재난 이후의 혼란은 거부하기 힘든 부패의 기회를 제공한다.

부패한 부당이득자는 주로 분쟁 지역에서 활개를 친다. 사라 셰이즈는 저서《국가를 훔치는 자들—부패가 전 지구적 안보를 위협하는 이유》[29]에서 분쟁은 부패의 기회를 제공하고 부패는 그 자체로 분쟁을 유발할 수 있어, 분쟁과 부패는 상관관계가 매우 높다고 주장한다. 평범하고 정직한 사람은 경찰에게 갈취를 당하고 혼란에 빠지며, 공무원은 정부에 대항해 싸울 힘이 없다는 것이다.

2장에서 언급했던 빌햄은 특히 남아시아의 여러 나라에서 지진으로 사망하는 가장 주된 요인이 건설 산업 분야의 부패에 있다고 확신한다. 니컬러스 앰브러세이즈Nicholas Ambraseys와 공동으로 〈네이처〉에 기고한 '부패 살해Corruption Kills'[30]라는 도발적인 제목의 논문에서 그는 눈을 감아 주는 대가로 돈을 받는 감독관들의 의도적인 건축 규정 위반이야말로 지진 사망률을 예측할 수 있는 가장 확실한 근거라고 주장한다.

따라서 우리는 언제나 **왜**, 건물이 무너져 사람을 죽게 만들었는지 질문해야 한다. 건물이 항상 사람을 죽이는 것은 아니다. 아이티에서는 그 무엇보다도 가난, 가난한 사람에 대한 무관심, 강력한 정부의 부재 때문에 지진으로 무너진 건물에 사람들이 깔려서 죽어나갔다. 그러나 또 한편으로 아이티는 중국보다 훨씬 더 부패한 나라로, 국제투명성기구가 작성한 부패 순위에서 최하위를 다투고 있다.[31] 건물은 허술하게 지어졌기에 무너진다. 정말 그렇다. 그리고 건물이 사람을 죽인다는 말은 총이 사람을 죽인다는 말과 같다. 총을 손에 쥔 사람이 사람을 죽이는 것이다.

포르토프랭스에 첫 번째 지진파가 도달한 후, 몇 초 만에 더욱 파괴적인 표면파가 뒤따라왔다. 반갑지 않은 지진에너지가 문 앞에 도착했을 때 어떤 느낌을 전해 주는지는 지진이 발생한 지점의 단층의 속성에 따라 좌우된다. 단층은 둥근돌이 물 위로 떨어지는 것과는 다르게 반응한다. 보통 금이 가거나 찢어진 듯 기다란 모양을 하고 있기 때문에 지진에너지를 사방으로 균일하게 퍼트리지는 않는다. 동서 방향으로 뻗은 단층을 떠올려 보면, 북쪽이 남쪽보다 훨씬 더 많이 흔들리거나 그 반대의 경우가 일어날 가능성이 높고, 한쪽 끝이 반대쪽보다 더 많이 흔들리는 수도 있다. 이탈리아 라퀼라 지진 당시 파가니카 단층이 바로 이런 경우였다. 단층의 남서쪽 지역이 북동쪽보다 더 많이 흔들렸다. 불행하게도, 남서쪽에는 인구 7만3,000

명의 라퀼라 시가 있었다.

게다가 지구를 관통하는 것은 완벽히 고요한 물웅덩이를 통과하는 것과는 다르다. 지구는 연대와 형태가 (단단하거나 무르거나) 제각기 다른 매우 불규칙한 암석 혼합물로 이루어져 있어, 지진 발생지로부터 전달되는 지진에너지를 갈라놓거나 집중 또는 분산시킨다. 포르토프랭스는 지진 진원지에서 그리 멀지 않은 곳이었지만, 지진에너지가 도중에 다소 갈라져 도시의 일부 지역에 더 빨리 더 강하게 도달했다.

이것이 지진 피해가 각기 다르게 나타나는 이유 중 하나다. 그러나 지질공학자라면 누구나 알고 있듯이,[32] 지진으로 땅이 흔들릴 때 건물이 얼마나 잘 버틸지 결정짓는 요소에는 여러 가지가 있다. 실제 지진의 규모를 아는 것은 크게 도움이 되지 않는다. 중요한 것은 사람들이 살고 있는 지역의 땅이 얼마나 흔들리느냐다. 마을에서 수마일 떨어진 곳에서 발생한 대규모 지진과 마을 바로 근처에 발생한 소규모 지진은 동일한 효과를 낼 수 있다. 규모2와 같이 아주 작은 지진도 바로 아래에서 지나가면 사람이 느낄 수 있다.[33] 지진학자가 지진 피해를 예측할 때 더 유용하게 쓰는 수단은 땅의 움직임을 보여주는 최대지반가속도PGA: Peak Ground Acceleration다. 〔지진의 규모보다는〕 이것이 피해 예측에 더 효과적이다.

만약 슬럼가의 판잣집에 사는 사람이라면 이 기이하고 제멋대로인 '행운'을 일부 누릴 수 있다. 그가 사는 집은 너무 보잘것없어서 땅이 흔들리더라도 깔려 죽지는 않을 것이다. 사람은 골함석 몇 장이 머리 위에 떨어지더라도 살 수 있지만, 강화 콘크리트 빌딩이 무너져 내리면 오직 운이 좋아야만 살아남을 수 있다. 그리고 묘하게도, 빈약한 구조물이 겉보기에 단단한 구조물보다 더 잘 버티기도 한다. 땅의 흔들림에 따라 건물도 같이 흔들릴 수 있기 때문이다. 바람이 심하게 불 때 고층 건물의 상층에 있어 본 사람은 건물이 바람을 따라서 약간씩 흔들리도록 지어진다는 것을 알 것이다. 아주 높은 고층 건물은 몇 피트 정도까지도 흔들리도록 설계된다. 약간의 유연함은 장점이다. 압력이 가중되다 부서져 버리지 않도록 막아 주기 때문이다. 지진이 잦은 쿠알라룸푸르에 건설된 1,483피트 높이의 페트로나스 타워처럼 최근에 새로 지은 고층 건물은 자동차 현가장치의 충격 흡수 구조와 다름없는 정교한 지지 및 흡수 체계를 갖추고 있어서, 지진이 발생하면 구조물이 조금씩 따라 흔들리면서 충격을 완화시킨다.

이 방법은 새로운 것이 아니다. 1755년 리스본 대지진 및 쓰나미 발생 후 재건 당시 이미, 땅이 흔들릴 때 건물이 따라 움직일 수 있도록 튼튼한 목조 골재를 사용해 만든 정교한 보강 장치가 등장했다. 이 장치는 복구 작업을 지휘하던 마르케스 드 폼발Marquês de Pombal이 고안한 것으로, 그의 이름을 따 폼발식 우리Pombaline cage라 불렸다. 신축 건물은 모두 다 이런 우리 구조를 갖추어야 했다. 오늘날 리스본의 몇몇 식당에서는 인테리어의 일부로 이 우리 구조를 드러내 보여 주기도 한다.

포르토프랭스에서는 과연 무슨 일이 일어났던 걸까? 허술하게 지은 건물, 약한 지반 상태, 정치 체계 부족, 부패, 가난, 이 모든 것이 동시에 피해와 사망을 유발하는 역할을 했다. 국립과학재단의 기금 지원으로 제작된 지질공학적대형사건탐사보고서GEER: Geotechnical Extreme Event Reconnaissance에는 주로 물리적 요인에 대한 설명이 담겨 있다.[34] 보고서는 수도에 있는 9만여 개 구조물을 조사해 지질, 토양 상태, 지형과 피해의 관련성을 진단한 뒤, 국제연합의 위성 관측을 통해 얻은 피해 진단 결과와 비교했다.[35]

조사 결과 심각한 피해가 만연한 것으로 드러났다. 그리고 이는 도시 전체의 피해 상황을 담은 국제연합 위성 관측 자료가 주는 인상과 일치했다. 부유하든 가난하든, 누구든 탈출이 불가능해 보였다. 그러나 실제 위성 데이터를 보면 구조물 중 9~12퍼센트 정도만이 완전히 파괴됐고, 7~11퍼센트는 심각한 손상을 입었으며, 5~8퍼센트는 어느 정도만 피해를 입은 것으로 나타난다. 이 중 가장 높은 수치를 기준으로 해도 총 피해 규모는 31퍼센트이며 69퍼센트의 구조물은 전혀 손상되지 않았다. 가장 낮은 수치를 기준으로 하면 79퍼센트의 구조물이 손상되지 않았다는 결론이 나온다.[36] 이 위성 관측 결과는 구호와 개발을 지원하는 국제연합 기술 부문 기관인 국제연합위성사진분석단체UNOSAT 자료를 바탕으로 하는데,[37] 놀라울 정도로 상세한 정보를 제공하지만 확실히 위에서 내려다보이는 피해 상황만을 보여 줄 뿐이다. 지질공학적대형사건탐사보고서 조사단은 위에서 내려다볼 때는 도시 구조물의 30퍼센트 정도가 확실히 손상된 것으로 보이지만, 지상에서의 관측 결과를 바탕으로 하면 손상 범위는 훨씬 더 높아질 수 있다고 말한다. 이러한 피해 규모가 사소하다고 할 수는 없지만, 제2차 세계대전 당시 폭격을 당한 독일의 도시에서 무너진 건물의 비율에 비하면 상당히 낮은 것이다.

지질공학적대형사건탐사보고서에 담긴 또 다른 놀라운 발견은 손상 비율이 판자촌 지역, 인구 밀집 지역, 적정 지역에서 각각 28, 30, 27퍼센트로 거의 비슷했다는 사실이다. 따라서 지진이 발생한 지역에서 단지 사망률만 집계해서는 물리적 손상이 얼마나 있었는지를 제대로 파악하기 어려울 수 있다. 그리고 언론을 믿어서는 안 된다. 언론은 항상 망가진 모습을 집중적으로 조명할 뿐 살아남은 것은 보여 주지 않는다.

피해 지역을 다니면서, 지질공학적대형사건탐사보고서 조사단은 심각한 피해를 입은 구역과 거의 피해를 입지 않은 구역 사이에 뚜렷한 경계가 있음을 발견했다. 보고서가 묘사하는 한 사례는 이렇다. "(가상의 동-서 연결선을 기준으로) 북쪽에 있는 구조물들은 (때로 풀장도 갖춘) 근사한 저택으로 보이는 대형 건물이었다. 게다가 더 완만한 지대 위에 건설되어 있었다. 이런 주택은 거의 망가지지 않았다. 남쪽은 판잣집 형태의 구조물들로, 능선의 꼭대기에서 가장 심각하게 파괴됐다. 이는 능선 위로 지진에너지가 집중됐다는 증거로 볼 수 있다."[38]

"(때로 풀장도 갖춘) 근사한 저택으로 보이는 대형 건물" 중에서도 크게 손상된 곳은 있었다. 모두가 다 안전했던 것은 아니다. 그러나 맥 맥클레런드가 〈마더 존스〉에 쓴 글을 보면,[39] 그들은 대체로 피해를 크게 겪지 않았다고 한다. 충분히 그럴 만하다. 2010년 1월의 지진은 규모가 크지 않았다. 지진에 있어서 규모가 '크다'는 것이 어느 정도를 말하는지 정해진 것은 없지만, 지진 규모가 9.0을 넘어선 사례도 있는데 아이티 지진은 7.0이었다. 이 정도 규모의 지진은 해마다 평균 열 건 정도 발생한다. 아이티 지진은 캘리포니아에서 발생한 최근 두 차례의 지진과 규모가 같다. 1989년 63명이 죽고 3,757명이 다친 로마프리타 지진과는 최대지반가속도가 동일했고, 1994년 57명이 죽고 8,700명 이상이 다친 노스리지Northridge 지진은 아이티보다

최대지반가속도가 세 배 더 높았다.[40]

캘리포니아의 이 두 지진은 핵심 공공시설, 민간 주택, 사업체 등에 큰 피해를 주었지만, (인구수 대비로 볼 때) 사망자 수는 아이티의 가장 낮은 추정치와 비교해 보아도 매우 적었다. 반면 사망자 대비 부상자 비율은 아이티의 그것에 비해 엄청나게 높은데, 이는 어느 정도는 부상자 치료가 캘리포니아에서 훨씬 더 원활했다는 사실을 보여 준다.

부상자 수는 물론 치료소에 닿을 수 있었고 즉시 처치를 해야 할 정도로 심각한 부상을 입은 경우만 집계한 것이다. 아이티에서는 부상을 당한 수많은 가난한 사람들이 치료를 전혀 받지 못했다. 현지 의료 역량이 매우 낮았기 때문에 부상자 치료는 거의 전적으로 외국의 지원에 의존했다. 부상을 당했지만 치료받지 못한 아이티인이 얼마나 많았는지는 파악이 불가능하다. 따라서 아이티의 총 부상자 수는 **심각한** 부상자만을 집계한 수치인데 반해, 긴급 대응 역량이 잘 갖춰진 캘리포니아에서는 치료를 받아 집계에 포함된 부상자의 비율이 아이티보다 훨씬 높았을 수 있다.

아이티의 각 집단은 지진에 각각 어떻게 대응했을까? 블랑은 니그와 동일한 입장에서 고통을 함께 나누었을까? 답은 결코 그렇지 않다.

지배층에 속하는 사람들의 운명은 부유한 캘리포니아 사람과 다를 바가 없었다. 실제로 대부분의 삶이 거의 차이가 없다. 부상을 당했을 수는 있지만, 아마도 심각한 수준은 아니었을 것이다. 대체로 집에 쓸 수 있는 돈이 많다면 (심지어 그 집에 항상 살지 않는다 할지라도) 고급 재료를 써서 건물을 튼튼하게 잘 지었을 것이다. 허리케인이 잦은 곳이니 허리케인에 잘 견딜 수 있도록 지었을 것이고 뜻하지 않은 지진에도 어느 정도 잘 견디는 집이 됐을 것이다.

그리고 만약 페티옹빌의 저택에서 부상을 당했다면 재빨리 처치를 받았을 것이다. 지배층은 모든 부분에서 그랬지만 특히 의료 부문에서는 아이티 정부의 서비스에 결코 의지하지 않았다. 아마도 같은 지역에 살고 있는 개인 의사에게 치료를 받았을 것이다. 지진 이후 저택을 수리해야 했다면 아낌없이 지불할 돈이 있으므로 상당히 빨리 복구를 할 수 있었을 것이다. 정부나 국제기구의 어떤 지원도 필요치 않았을 것이다. 저택 주변에 경비를 두고 가족과 함께 다른 곳으로 떠나서 모든 것이 제대로 복구될 때까지 돌아오지 않았을 것이다. 심지어 여러 곳의 다른 집들 중에서 갈 곳을 골라야 했을 수도 있다.

한 나라의 부가 자연재해로 인한 최악의 피해를 막아주는 잠재적인 방패가 될 수 있듯이, 개인의 부 또한 방패가 된다. 같은 사건이 어떤 사람에게는 재난이라도 다른 이에게는 그저 약간의 불편 이상이 아닐 수도 있다.

반면 부유하지 않은 아이티인이 피난해 간 '다른 집들'은 국제연합이나 수많은 비정부기구가 제공하는 파란 천막이었다. 그 외에는 자기 집 마당에 머물며 노숙했는데, 라퀼라 주민 중 상당수가 이런 처지였다. 원조 단체는 자연재해로 인해 집에서 쫓겨난 사람을 **난민**이라 칭하기를 꺼렸다. 국제연합의 정의에 따르면, 난민은 실재하거나 인지된 위협으로 인해 **본국을 떠나야** 했던 사람을 가리킨다.[41] 정의 방식이 문제인 것이다. 자국 내에서 이주한 사람은 '국내 피난민internally displaced persons'으로 간주된다. 그렇긴 해도 수만 명의 가난한 아이티인으로 가득찬 천막 도시는 난민 캠프로 묘사되는 경우가 많았다. 어느 면으로 보나 실제로 그곳은 난민 캠프나 매한가지였기 때문이다. 내전이나 압제를 피해 나온 난민을 위해 설치된 캠프와 다를 바가 없었다.

재난 생존자가 받는 도움은 거의 언제나 부족하다. 피난처는 텐트라고 부르기도 어려운 경우가 많다. 지지대 위에 비닐만 몇 겹 덮은 수준에 가깝다. 2010년 아이티 지진 이후 설치한 캠프 1,500여 곳에는 150만여 명이 수용됐는데, 2013년 말까지도 집을 복구하지 못해 15만 명 정도가 그대로 살고 있었다.[42] 그 바깥에는 무너진 자기 집의 잔해 속에서 그냥 사는 사람들도 있었다. 둘 중 어느 쪽이 더 나은지는 확실치 않다. 지진 이전에도 포르토프랭스 슬럼 지역의 삶은 이미 충분히 힘들었고, 지진 이후에는 헤아릴 수 없이 더 나빠졌을 뿐이다.

절망적인 사람은 절망적인 행동을 한다. 가장 가난한 지역의 범죄율은 언제나 가장 높으며, 가난이 부정의와 결부되어 있다는 공공연한 인식이 있을 때는 더욱 심해진다. 미국에서는 원주민 보호구역 내 범죄율이 전국 평균에 비해 2.5배 더 높고, 알코올 중독도 심각하다.[43] 카트리나가 덮치기 전, 뉴올리언스 빈민 지역의 살인율은 전국 평균보다 열 배 더 높았다.[44]

강간 및 기타 범죄가 만연하고 처벌이 잘 이루어지지 않는 지역과 주민을 위한 기본적인 사회보장, 고용, 안전, 정치의 기초 등이 부실한 지역에서는 재난 후유증이 더욱 심각할 수 있다. 평상시에 가장 배려 받지 못하는 사람들이 재난 시에도 가장 큰 고통을 당할 가능성이 많다.

아이티는 언제나 여성과 어린 여아가 강간 및 기타 성폭력의 위험에 노출된 곳이었다. 매우 만연한 문제였고 처벌이나 통제가 쉽지 않았다. 지진 이후에 성폭력은 끔찍한 수준으로 치솟았다. 이는 지진 이후 아이티에서의 삶에 대한 가장 슬픈 이야기 중 하나다. 지구상에서 어린 여성이 강간당할 위험이 이보다 더 높은 곳은 없었다.[45] 대체 왜일까?

독재자 '파파독'과 그의 아들 '베이비독' 뒤발리에는 강간을 압제의 무기로 사용했다. 그런데 그런 짓은 그들만 저질렀던 것은 아니다. 1915년부터 1934년까지 아이티 점령기에 미군은 여성과 아이를 무차별 강간하고 성노예로 삼았던 것으로 알려져 있다.[46] 뒤발리에의 독재가 끝난 뒤, 포퓰리스트였던 아리스티드 대통령을 축출하는 데 참여했던 라울 세드라Raoul Cédras는 자신의 집권을 반대하는 아리스티드 지지자를 억압하는 데 강간을 활용했다. 강간 및 강간의 위협은 아이티 여성이 살면서 가장 많이 겪는 고난이다.

그러나 재난 이후에 강간 발생률이 증가한 이유는 무엇일까? 강간이 가난하고 독재적인 지역에서만 일어나는 일이라고 생각해선 안 된다. (성폭력만이 아니라) 폭력 발생률은 캘리포니아 로마프리타 지진 이후에도 크게 증가했다. 이 책의 후반부에서는 뉴올리언스에서 카트리나 이후 제일 가난한 사람들이 겪어야 했던 강간 및 가정폭력 위험의 증가를 포함해 수많은 비극적인 일에 대해 살펴볼 것이다. 재난이 발생하면 강간은 반드시 일어나는 일로 간주된다. 실제로 너무나 흔한 일이어서 미 국립형사사법정보서비스에서는 〈재난 발생 시 성범죄 방지 및 대응 안내서〉를 출판했다.[47]

아이티의 강간 발생률은 다른 충격적 사건이 발생했을 때도 마찬가지로 증가했다. 2006년 아테나 콜비Athena Kolbe와 로이스 헛슨Royce Hutson은 권위 있는 의학 잡지 〈랜싯Lancet〉에 논쟁적인 논문 한 편을 게재했다. 그들은 포르토프랭스 주민을 조사한 자료(1,260가구, 5,720명)를 통해, 2004년 쿠데타로 장베르트랑 아리스티드 대통령이 축출당한 후 22개월에 걸쳐 약 8,000명이 살해당하고 3만5,000명이 강간당했는데, 희생자 중 반 이상이 18세 미만 여아였다고 밝혔다.[48] 가해자는 대부분 잘 알려진 범죄자였지만, 희생자들은 그 밖에도 상당수의 정치인과 국제연합 및 여타 지역의 평화유지군을 가해자로 지목했다.

이 두 연구자와 동료 여덟 명은 2010년 지진 이후 범죄와 인권 침해 급증에 대해서도 비슷한 연구 결과를 발표했다.[49] 그들은 지진의 여파 속에서 1만500명에 가까운 여성과 여아가 강간당한 것으로 집계했다.

재난 이후 성범죄에 대한 기사는 대부분 그 원인이 사회질서의 혼란 때문이라고 단정하며, 위 두 논문도 비슷한 언급을 했다. 강간 급증 원인에 대한 이런 분석은 남성이 강간에 대한 변치 않는 욕구를 법적인 강제에 의해 억누르고 있다는 가정에서 나온다. 재난 시기에는 이런 강제력이 사라지거나, 약화되거나, 수색이나 복구와 같은 다른 임무로 인해 밀려나, 사건이 급증한다는 것이다. 이와 매우 유사한 주장이 약탈을 설명할 때도 사용되는데,[50] 그 주장에 따르면 우리는 모두 경찰의 주의가 혼란해지기만을 기다렸다가 고급 상점의 사치품을 멋대로 들고 나와 집으로 가져가서나 팔아 버리려는 욕구를 억누르고 있는 도둑이다. 게다가 우리는 상점뿐 아니라 다른 사람의 집 또한 약탈할 것으로 간주된다.

정말로 모든 남성이 기회가 주어지고 사실상 잡힐 가능성이 없다는 이유로 강간을 하려고 들까? 이전에 결코 그런 짓을 한 적이 없는 남성도 모두 그렇게 될까? 이것이 정말 재난 이후 성적 학대의 증가를 설명해 줄 수 있을까?

나는 이런 가정을 검증하기는 어렵고, 만약 사실이라면 용납하기도 어렵다고 생각한다. 시테 솔레이유 같은 일부 심각한 슬럼 지역에서는 강간이 일상적인 것이 사실이다. 정치적 이유나 개인적 이익을 위해, 또는 자신과 인종적으로 다른 집단을 억압하기 위해 강간을 정복의 도구로 활용하도록 장려하거나 심지어 대가를 지불하기까지 한다면, 이런 행동이 아무렇지 않은 일이 될 수도 있다. 그리고 앞서 언급했듯이, 법을 집행할 제도가 부실한 까닭에 가장 가난한 지역에서는 폭력이 가장 많이 발생하곤 한다.

그러나 나는 가난한 사람에 대해서는, 이 같은 '시한폭탄' 유의 시각을 넘어서는 무언가가 있다고 믿는다. **니그**라는 단어는 지배층이 가난한 사람을 (전적으로 그런 것은 아니지만) 비난할 의도로, 범죄행위와 결부시켜 조롱하는 방식으로 사용된다는 사실을 떠올려 보라. 니그는 호황기에도 도둑으로 묘사되고, 재난 시기에는 약탈하는 폭도로 변하는 존재로 간주된다. 그렇기 때문에 그들을 억압하려는 잔인한 행동이 정당화된다. 아이티에 사는 니그는 약탈하는 것처럼 보이거나 심지어 약탈할 것으로 짐작되기만 해도 총에 맞아 죽을 수 있다. 그리고 그 총을 쏘는 사람은 국제연합 평화유지군일 수도 있다.

열다섯 살 파비엔 셰리스마의 운명이 그랬다. 파비엔이 훔친 물건은 그림 액자 세 개였다.[51] 현장을 찍은 사진을 보면, 앞쪽을 향해 놓인 액자 속에 화병에 꽂힌 밝은색 꽃 그림이 보인다.[52] 이 그림을 훔쳤다는 이유로, 파비엔은 짐작컨대 경찰이 쏜 총을 머리에 맞아 즉사했다. 온라인에서는 당시 상황이 담긴 수많은 사진을 찾아볼 수 있다. 그중에는 괴로워하는 어머니를 친구들이 곁에서 붙잡고 있는 모습도 있다. 널리 퍼진 또 다른 사진 속에는 희생자의 얼굴을 근접 촬영하려고 시체 바로 곁에 몰려들어 전형적인 촬영 자세를 취하고 있는 일곱 명 이상의 사진 기자들이 보인다.[53] 파비엔이 쓰러진 비탈 아래쪽(아마 가장 좋은 각도였을 것이다)의 그림 액자 밑으로 머리에서 나온 피가 비스듬한 바닥을 타고 아직 흘러내리고 있었는데, 사진 기자들은 바로 그곳으로 미친 듯이 몰려들었을 것이 틀림없다. 파비엔을 쏜 사람이 누구인지는 밝혀지지 않았고, 아마 앞으로도 알 수 없을 것이다.[54]

과연 파비엔이 저지른 범죄가 기소도 재판도 없이 사형으로 처리할 만한 일이라고 생각할 사람이 있을까? 사형을 집행한 사람은 어떤 식으로든 파비엔이 위협적이라는 판단을 하지는 않았을 것이다. 파비엔에게 내려진 형과 그 집행 방식은 이 세상에서 일어난 일이라고 믿기에는 너무나 끔찍하다. 그러나 이런 처형 방식은 분명히 존재한다. 심지어 재난 이후 혼란에 빠진 가난한 나라에서는 평범한 일이며 권장되기도 하는 일이다. 아이티에 사는 빈민으로, 슬럼가에 있는 집안을 환하게 밝혀 줄 화려한 그림을 갖고 싶어 하는 사람이라면 누구든 이런 처벌을 받을 수 있다.

파비엔은 왜 그림을 훔쳤을까? 왜 사람들은 사치품도 아닌 대수롭지 않은 물건을 약탈했을까? 대다수의 순수문학과 기사에서는 식량과 필수품을 훔치는 행위를 옳지는 않아도 용서할 수 있는 일로

그림9 2010년 아이티 지진 이후, 열다섯 살 파비엔 셰리스마는 그림 액자 세 점을 훔쳤다는 이유로 경찰의 총에 맞아 숨졌다.

다룬다. 냉장고에 전기가 끊기면 어차피 머지않아 상해 버릴 식품을 가져가는 게 뭐가 문제일까? 게다가 상점 주인은 보상을 받을 것이니 특별히 손해 볼 것도 없다.

　내가 생각하는, 아니 오히려 고민하는 문제가 바로 이것이다. 아마도 파비엔은 이전에 동네에서 그 그림을 본 적이 있을 것이다. 상점 앞을 지날 때마다 동경의 눈으로 바라보며 그림 한 장만이라도 살 돈이 있었으면 하고 바랐을 것이다. 그러나 그만한 돈을 갖고 있지 않았고 앞으로 그럴 가능성은 없어 보였을 것이다. 그러다 어느 순간, 상점 문이 부서져 열려 있는 것을 본 파비엔은 참을 수 없었을 것이다. 그림을 한 장도 아니고 두 장, 세 장이나 가질 수 있다니, 믿을 수 없는 일이었을 것이다. 아마도 그 그림을 어머니에게 가져다주려 했을지도 모른다. 너무나도 갖고 싶었던 예쁜 그림을 안고 달리는 사이

총탄이 날아들었다.

페티옹빌에 사는 지배층의 딸이라면 결코 이런 일을 당하지 않는다. 재난 발생 후 경찰의 권총에 맞거나 강간을 당하거나 그 밖에 어떤 형태의 폭력 때문에든 목숨을 잃을 위험은 거의 없다. 실제로 이 사건이 벌어진 시각은 이미 제트기를 타고 다른 나라의 다른 집으로 멀리 떠난 뒤였을 것이다. 더욱이 그들은 포르토프랭스에서 약탈당하는 상점에는 아무 관심이 없다. 거기서 장사를 하지도 않는데다, 자신의 저택 주변에는 약탈을 막아 줄 경호원이 있어 안전하리라는 것을 알고 있다.

약탈을 한 사람은 대부분 파비엔과 같은 마음이었을 것이다. 처음에는 필수품을 챙기다가, 나중에는 평소에는 결코 가질 수 없던, 하지만 블랑은 언제라도 가질 수 있던 물건을 집어들었을 것이다. 장난삼아 그런 물건을 망가뜨리는 사람도 있었을 것이다. 범죄자들은 사치품을 훔쳐 암시장에 되팔았을 것이 틀림없다. 그러나 파비엔이 했던, 개인적으로 동경하던 물건을 약탈하는 행위는 잘못이긴 하지만 범죄의 수준에 비해 대응이 너무 지나쳤다.

학술문헌 등에서는 앞서 서술한 아이티 지진과 2010년 2월 27일 칠레에서 발생한 훨씬 더 큰 규모(8.8)의 지진을 비교하는 경우가 많다.[55] 칠레 지진은 아이티 지진보다 500배 높은 에너지를 방출했다. 진동은 10초가 아니라 3분이나 지속됐다. 지진이 얼마나 컸던지 지구의 자전축이 약간 이동했고 (현재 지구는 이 자전축에 따라 조금 더 빨리 회전하고 있다) 하루의 길이가 100만분의 1.26초만큼 줄어들었다. 그러나 사망자 수는 아이티보다 훨씬 적었다. 사망자는 525명, 실종 및 사망 추정자는 25명이었다. 그러니까 엄청나게 더 강력한 지진이 발생했는데 사망자 수는 그보다 더 작은 규모의 지진에서 나타나는 수준이었다. 왜일까?

그 이유 중 일부는 이미 서술한 지구물리학적 측면에서 찾아볼 수 있다. 지진 진원지의 지하 깊은 곳에서 얼마나 많은 에너지가 방출됐느냐가 아니라 사람들이 살고 있는 지역의 땅이 얼마나 흔들렸느냐가 중요하다는 점을 상기해 보자. 칠레 지진은 아이티 지진보다 훨씬 거대했지만, 진원지가 훨씬 더 깊었고, 제일 가까운 인구 밀집 지역과의 거리도 훨씬 더 멀었다. 칠레 콘셉시온Concepcion의 지반은 아이티보다 더 많이 더 오래 흔들리긴 했지만, 실제로 그 차이는 500배가 아니라 고작 두 배 정도 밖에 되지 않았다.

이를 두고 거의 모든 과학자는 파괴 정도가 다르게 나타난 이유를 건축 규정에서 찾을 것이다. 칠레는 규정을 갖추어 시행하고 있지만, 아이티는 규정이 있어도 시행을 하지 못한다. 아이티에서는 심지어 대통령궁마저도 부실시공으로 인해 엄청난 손상을 입었다.

지진학적으로도 정반대다. 아주 어린 경우를 제외하고 칠레의 거의 모든 사람은 2월 27일 이전에도 여러 차례 지진을 겪었다. 그 위험에 대해 모두가 잘 알고 있었다.

그러나 무엇보다도 아이티에는 많고 칠레에는 적은 것은 가난과 부패다. 국제투명성기구에 따르면 전 세계에서 아이티보다 더 부패한 나라는 14개 밖에 없다. 칠레보다 덜 부패한 나라는 21개뿐이다. 아이티와 칠레는 극과 극이다.[56]

두 나라를 더욱 갈라놓는 것은 그들이 가진 부다. 아이티는 서반구에서 가장 가난한 나라인데 반해, 칠레는 부유한 나라에 속한다. 경제 침체 상태에 있던 아이티는 지진으로 GDP 120퍼센트 이상의 손실을 입었지만, 경제 성장률이 연 5퍼센트가 넘던 칠레는 0.06 퍼센트 정도의 손해를 입은 것으로 그쳤다. 칠레는 1973년 쿠데타로 정권을 잡은 아우구스토 피노체트의 엄혹한 통치 시절을 지나 1990년에 민주주의로 전환했다. 군부 독재하에서도 칠레 정부는 안정적이며 잘 작동하는 제도를 많이 만들어 왔다. 현재 칠레는 대의제 민주주의 공화국이며, 군부가 또 등장할 가능성은 낮다. 아이티는 명목상 민주주의 체제를 갖추고 있지만 정부 부처가 거의 제 기능을 하지 못하며, 또 다른 군부가 등장할 염려가 상존한다. 칠레는 전 세계 어느 나라보다 1인당 지진학자 비율이 높다. 교육 수준도 높다. 이렇게 두 나라를 구분하는 요소는 건축 규정보다 훨씬 더 많다.

그리고 다소 의외지만 지진을 많이 경험하는 것은 도움이 될 수 있다. 이는 부분적으로 슘페터의 창조적 파괴 시나리오에 해당할 수 있다. 지진으로 파괴된 건물은 미래의 지진을 버틸 수 있도록 재건되며, 건축 자재는 새롭게 교체되고 개선된다. 이는 2010년 칠레 지진 당시 사망자 수가 비교적 적었던 중요한 이유임에 틀림없다.

칠레와 아이티는 의외로 비슷한 점이 많다. 반대파에 대한 인권 유린과 잔혹한 압제로 상징되는 피노체트의 독재 정권은 뒤발리에 부자와 마찬가지로 잔인하고 억압적이었다. 그러나 피노체트 정부는 자유 시장 경제로의 개혁을 추진해 경제 붕괴를 막고 활발한 성장을 이끌어 냈다. 경제 성장과 더불어 부유층과 빈곤층 사이의 소득 격차가 커졌으며, 아이티만큼은 아니라도 차이가 벌어지긴 했다. 불평등 정도를 측정하는 지니 계수로 본 칠레의 순위는 124위에서 147위로 떨어졌다.[57] 칠레의 인간개발지수HDI: Human Development Index는 187위에서 41위로 나아졌지만, 인간개발지수에 불평등 수준을 반영하면

점수가 20퍼센트 하락해 종합 순위가 52위로 떨어진다.[58]

칠레의 지배층은 아이티만큼 그 수가 적지 않지만, 소득 분배는 상당히 편중되어 있으며 문제가 많다. 이 같은 불평등에 항의하는 학생 시위가 2011년부터 2013년까지 계속됐다. 아이티와 비슷하게 칠레도 성장의 열매를 차지하는 쪽과 그렇지 않은 쪽으로 양분된다. 2011년 칠레의 성장분 가운데 75퍼센트가 상위 10퍼센트에게 돌아갔다.[59] 소수의 부유한 지배층이 은행, 언론, 광산 등 주요 산업을 족벌 체제로 경영한다. 칠레 가톨릭 대학교의 경제학자이자 비영리단체 푼다시온 솔Fundación SOL의 이사인 곤잘로 듀란Gonzalo Duran은 이 문제를 더욱 강하게 제기한다. "그들은 칠레의 소유주이며, 국가 경제와 관련된 모든 사항을 조정하고 결정하는 지배층이다." 언론인 페르난도 파울슨은 칠레가 "3,000에서 4,000명 정도에게 강탈당했다"고 말했다.[60] 칠레 인구는 1,700만 명이 넘는다.[61] 주로 주석을 수출해 얻는 수출 이익이 국고에 제법 쌓여 있어서 정부가 그 돈을 지진 이후 복구에 사용할 수 있었다. 실제로 미첼 바첼레트 대통령은 칠레는 외부 원조 없이도 복구 비용을 감당할 수 있을 것이라고 말했다.[62] 그러나 결국 칠레는 재건 비용을 감당하기 위해 세계은행 등에 원조금을 요청해야만 했다.

칠레에서 일어난 또 다른 일도 아이티에서 일어난 일과 여러모로 유사하다. 지진 이후 특히 가장 큰 타격을 입은 콘셉시온 남쪽 주변부에서 약탈 및 여타 범죄와 반사회적 행위가 발생했다. 지진이 불러온 쓰나미가 그 지역에서 일어난 대부분의 피해와 사망의 요인이었다. 콘셉시온은 17세기 중반 도시가 형성될 때부터 다섯 차례에 걸쳐 지진으로 파괴된 경험이 있어 지진과 쓰나미가 낯설지 않다. 이 문제 때문에 애초에 자리 잡았던 해안 지역을 떠나 내륙의 비오비오 강변Bío-Bío River으로 도시를 이전하기까지 했다. 그런데 2010년 쓰나미는 홍수 수위를 넘을 만큼 강물을 밀고 올라가 신도시 콘셉시온을 침수시켰다.

바첼레트는 지진 대응에 있어서 두 가지 이유로 비판받았다. 하나는 해안과 섬 지역 주민이 제때 쓰나미 경보를 받지 못한 점이다. 쓰나미의 첫 번째 파도는 지진 발생 후 34분 만에 해안에 도달했다. 그 지진이 쓰나미 유발성이라는 사실은 지진이 발생한 지 수 분 만에 이미 파악됐다. 만약 칠레 해군이 쓰나미 경보를 더 적절한 때에 더 확실하게 전했다면, 많은 사람의 생명을 구할 수 있었던 것으로 밝혀졌다. 긴급경보대를 책임지던 장교는 해임됐다. 지진 발생 후 2주 만에 취임한 신임 대통령 세바스티안 피네라Sebastian Pinera는 경보 체계를 점검하고 개선하겠다고 약속했다.

더 중요한 두 번째 비판 지점은 바첼레트가 남부 지역에서 발발한 범죄를 진압하는 데 병력을 신속히 파견하지 못했다는 점이다.[63] 대통령은 범죄행위에 대한 확실한 보고를 받았고, 나라 안팎의 방송을 통해서도 상황이 얼마나 심각한지 대대적으로 보도되고 있었는데도, 48시간이 지나도록 병력을 배치하지 않았다. 대통령이 군을 신뢰하지 않는다는 추측도 나돌았다. 바첼레트는 피노체트 군부 집권기에 정치범으로 교도소에 있는 동안 고문을 당하기도 했으니, 칠레에서 현재까지도 상당한 권력을 가진 독립적 기관으로 남아 있는 군대의 힘을 키워 주기 꺼렸을 수 있다. 어쩌면 사내가 좀 가라앉고서 지방 경찰이 적절히 대응하기를 바랐을지도 모른다. 결국 대통령은 구호 활동 및 법 집행과는 무관한 질서 유지 임무를 수행하도록 병력 1만4,000명을 파견했다. 상당히 많은 인원인 듯 보이겠지만, 카트리나 이후 뉴올리언스에 치안을 위해서만 파견된 병력이 7만 명이었던 데에 비교하면 미미한 수준이다.[64]

피해 지역에 군대가 도착하기 전, 피해가 적거나 전혀 없었던 이웃 마을에서 사람들이 몰려들어 약탈에 동참하고 있다는 소식이 들려왔다.[65] 약탈이 벌어진 것으로 보도된 지역의 주민들은 두려움에 떨며 문자 메시지와 트위터로 도움을 요청했다. 약탈자는 건물에 불을 질러 상점 주인에 대한 적개심을 거칠게 드러냈다. 피해 지역에 살지 않는 칠레 시민은 방송, 라디오, 신문 기사를 통해 같은 나라에 사는 시민들이 무정부 상태로 한없이 추락해 가는 모습을 공포와 환멸 속에서 지켜보았다. 그렇지만 강간이나 살인이 발생했다는 소식은 없었다.

음식이 동나고 식수 공급이 중단되자 콘셉시온 시민들은 서서히 그러나 가차 없이 굶주림과 목마름에 시달리는 처지가 됐다. 또 전기가 끊어진 탓에 추위와 어둠 속에 떨어야 했다. 도시는 외부와 완전히 단절됐고, 구호 지원을 받기가 쉽지 않았다. 주요 도로는 멕시코에서 시작해 중미를 가로질러 에콰도르, 페루, 칠레 해안을 따라 뻗어 나가는 팬아메리칸하이웨이Pan-American Highway였다. 칠레에서는 이 길이 자동차로 이동할 수 있는 유일한 도로인 지역이 많다. 지진은 이 도로를 차단했다. 통조림 식품과 생수를 비축해 두지 못한 사람은 곤경에 처했다.

확실히 이 문제가 약탈이 발생한 원인 중 하나다. 지치고 걱정에 휩싸여 있던 콘셉시온 시민들은 마침내 군대가 도착하자 이제 살았다며 안도했다. 그러나 군 병력 파견을 모두가 다 환영하지는 않았고, 전혀 다르게 해석하는 사람도 많았다. 칠레 인권 단체의 공동 대표인 호세 아일린Jose Aylwin은 이렇게 말했다. "모두가 그런 것은 아니었지만, 이 약탈은 이번과 같은 비상 상황에서는 그저 가난한 상태에 머물기보다는 국가가 눈감아줄 동안에 대형 상점과 슈퍼마켓의 물건을 싹쓸이해서 재산을 늘려도 괜찮다는 정의롭지 못한 인식을, 국민 중 일부가 갖고 있다는 점을 보여 준다."[66] 블로거 안드레아 슈슈니 Andrés Schuschny는 아래와 같은 글을 게시했다.

> 관료들이 진실을 인정하려 들지 않는 나라에서, 자연적 재앙이 드러낸 불평등의 민낯은 끔찍하다. 예를 들어 일찍이 구리 수출 이익금의 10퍼센트만이라도 군 예산을 늘려 고성능 무기를 사들이고 고위급 민병 대원의 화려한 삶을 충당하는 데가 아닌, (항상 부채가 쌓여 있는) 공교육과 사회복지 분야에 투여했다면 미래는 달라졌을 것이다. 그리고 사회 체제의 문제를 그대로 드러내는 가장 낮은 사회적 집단이 겉모습만 가지고 하릴없이 떠돌아다니는 이방인 집단, 룸펜 LUMPEN이라고 불리는 일은 없었을 것이다.[67]

또 다른 이는 이렇게 썼다. "차별과 사회적 배제를 유발하지 않는 다른 사회 체제를 기대할 수 있을까? 이것이 경쟁과 자립을 강요하는 사회의 산물인 걸까?" 이런 글도 있었다. "거품이 터졌고, 진실은 쓰라리다. 이제는 상황을 이해하고 현실을 받아들여 건물과 사회 모두를 재건해야 한다."[68]

인용한 글귀는 약탈자 전부는 아니더라도 상당수가 칠레 붐 Chilean boom〔구리 수출로 인한 경제 호황기〕 뒤에 남겨진 소외 계층임을 암시한다. 페르난도 파울슨이 "국가를 강탈"한 자들로 지목했던 3,000명에서 4,000명가량 되는 족벌과의 격차를 조금이나마 줄일 기회가 오자, 그들은 그 기회를 붙잡았을 뿐이다. 사치품, 정확히는 경제력에 비춰볼 때 **그들 수준에는** 사치스러운 물건을 거머쥔 것이다.[69]

그러나 약탈이 단지 생필품이나 사치품 등 물건을 가져가는 데서 그치지 않고 특정 집단이나 그 집단이 소유한 재산에 대한 개인적인 공격으로 넘어가면, 대중은 그 행동을 약탈이 아닌 폭동으로 간주하는데, 둘의 차이는 매우 크다. 폭동은 한 집단이 다른 집단에 정면으로 대항하며 기존의 권력 구조를 위협하는 행동이다.

급박한 상황에서 공직자가 취하는 행동들, 그 가운데 특히 그들의 '발언'은 대중에게 엄청난 영향을 줄 수 있다. 콘셉시온 시장 재클린 반 리셀베르게Jacqueline van Rysselberghe는 여러 차례에 걸쳐, 상황이 통제되지 않아 더 많은 병력이 필요하다고 강하게 호소했다. 내무부 장관에게 임무를 수행하라고 간청했다. 반면 칠레 시민 가운데는 시장의 행동이 구호 활동과 치안에 해가 된다고 느낀 사람이 많았다. "재클린 반 리셀베르게는 시민을 돕기보다 겁먹게 만드는 듯하다"는 평이 나오기도 했다. 칠레 공산당과 좌파 조직 일부는 군 파견 논란에 일침을 가했다. "우리는 긴급 사태의 우선순위를 왜곡하는 언론의 행태를 거부한다. 언론은 고통받는 동포의 고립을 해소하고 공공 서비스와 식량을 공급하기 위해 효율적이며 효과적인 대응을 주문하는 대신, 슈퍼마켓의 개인 재산을 지킬 권리와 치안 유지를 핑계로 한 군사력 동원만을 강조하고 있다."[70]

이처럼 칠레와 아이티는 지진 직후의 상황이 여러 모로 달랐지만, 인상적이고도 비극적인 사건은 양쪽 모두에서 벌어졌다. 아이티와 칠레 모두 재난 피해자의 대다수가 소외 계층이었다. 그들은 자신이 가난한 것은 정치·경제적 지배층 때문이라고 믿고 있었기에, 기회가 오자 당연한 듯 그 기회를 움켜쥐었다. 그들은 이 외에 다른 기회는 없을 거라는 사실을 알고 있었다. 그러자 지배층은 충격으로 허둥대며 과잉 반응을 했다. 상황을 부채질하며 희생자를 범죄자 취급하고 생존자는 도둑으로 둔갑시켰다.

칠레 지진에서 한 가지 독특한 측면은 경제 회복이 눈에 띄게 긍정적인 방식으로 이루어졌다는 점이다. 마이클 어심, 하워드 쿤로이더, 에르완-미셸 케르잔은 수많은 현장 인터뷰와 정부 문서 검토를 통해 집필한 저서 《급파된 지도력》에서 지진 이후 열흘 만에 정권을 이어받은 후임 대통령 세바스티안 피녜라가 얼마나 지체 없이 움직였으며, 어떻게 해서 정부의 모든 단위와 민간 영역, 피해 지역 시민들을 참여시켜 타협하지 않고 모두를 아우르는 복구 계획을 세웠는지를 분명하고도 자세하게 설명한다.[71] 불과 1년 만에 빠르게 진행한 복구 작업은 대표의 의미를 잘 아는 강력한 지도자와 유달리 탄탄한 재정 관리를 바탕으로 한 강력한 정부 기구를 동시에 만들어냈다. 칠레 같은 발전 단계에 있는 나라에게 이 복구 과정은 모범적인 사례다.

반면, 아이티는 어떻게 복구됐고 누가 이득을 보았을까? 이 질문에 대해서는 앞서 언급한 이유 때문에 GDP 같은 표준화된 수치에 근거한 대답을 하기는 어렵다. 평균 임금 같은 수치를 내놓기도 어렵다. 아이티는 지진 발생 이전에 경제 회복 계획을 수립했다. 그 계획은 애초에는 옥스퍼드 대학교 경제학 및 공공복지학 교수인 폴 콜리어가 수립했지만, 이후 국제연합 특사로 아이티에 파견된 빌 클린턴이 받아들이자 클린턴 계획으로 통하게 됐다. 콜리어는 (카리브 해가 아니라) 아프리카 개발 문제 전문가로, 세계은행에서 개발 연구 책임자로 일했다. 여러 권의 책을 썼는데, 그 가운데 가장 유명한 것은 《빈곤의 경제학The Bottom Billion》이다.[72] 이 책의 원제는 '맨 아래 10억 명'으로 번역할 수 있는데, 이는 전 세계에서 가장 가난한 사람들을 매우 적절하게 표현한 문구로, 지금도 자주 인용되고 있다.

콜리어가 19쪽짜리 보고서[73]에 담은 핵심 내용은 매우 간단하며, 개발 경제학 분야에서는 새로운 이야기가 아니다. 요약하자면 수출 소득을 올리고 수만 개의 단순 노동 일자리를 창출할 탄탄한 의류 산업을 개발하기 위해 해외 투자를 유치하자는 것이다. 유인책은 낮은 세금과 특별 경제 구역 등이다. 아이티에는 저임금 노동을 하려는 젊고 유능한 인력이 많다. 이 방식은 다른 곳에서도 잘 먹혔는데, 특히 아시아에서 그랬다. 실은 이전에 파파독 뒤발리에도 미국 정부의 지원을 받아 비슷한 계획을 세운 적이 있다. 아이티에는 의류 공장이 이미 30여 개 있었다. 2018년까지 아이티산 의류를 미국 내로 들일 수 있도록 허용하는 제휴 증진을 통한 아이티 서반구 기회법 HOPE II: Haitian Hemisphere Opportunity through Partnership Encouragement Act의 협약에 따라 미국과 특별 무역 관계도 마련해 둔 상태였다.

지진 이후, 콜리어/클린턴 계획에 따라 아이티 경제 재건이 진행됐다. 복구위원회 대표를 맡은 클린턴은 재난 복구와 경제 재활성화를 하나로 묶은 사업의 전망을 열정적으로 설파했다. 그가 내세운 가장 큰 장점은 아이티 구호를 위해 모인 기부금이 상당히 많아서 해외 투자를 유치할 필요가 적어졌고 원조금 중 일부를 활용할 수 있다는 점이었다. 원조금은 실제로 사용됐다.

구호 기금 사용 방식을 모두가 환영한 것은 아니다. 그리고 폭넓게 인용됐던 2011년 경제정책연구센터CEPR: Center for Economic Policy and Research 보고서에 따르면 2010년 12월 이후 아이티 기업과 계약이 성사된 경우는 하나도 없었다. 그 전까지 성사된 계약 1,490건 중에서도 아이티 기업과 체결한 것은 23건 뿐이었다. 총 1억9,500만 달러에 달하는 계약 금액 중 고작 2.5퍼센트만이 아이티 기업으로 들어갔다. 그 계약들마저도 다수는 긴급한 필요라는 매우 전형적인 이유로 정당화된 수의계약이었다.[74]

경제정책연구센터의 분석에 따르면 그 밖의 모든 계약은 미국 기업이 가져갔으며, 그중 절반은 메릴랜드, 버지니아, 워싱턴 D. C. 등지에 있는 소위 벨트웨이 업체Beltway contractor(미 정부 공사를 주로 수주하는 회사들)였다. 미 국제개발처는 총 사업 중 92퍼센트를 벨트웨이 업체에게 맡겼고, 아이티 기업에는 한 건도 맡기지 않았다.

아이티 기업 중 계약을 한 건 성사한 샌코 엔터프라이즈Sanco Enterprises는 애초에 아홉 건을 수주했는데, 대부분 폐기물 처리 작업이었다. 샌코는 포르토프랭스 지역에서 가장 큰 폐기물 처리 회사다. 그런데 지진 피해 지역과 멀리 떨어진 아이티 북부에서 콜레라가 돌기 시작하자, 콜레라 전염원으로 지목된 네팔 출신 국제연합 평화유지군의 폐기물 처리를 샌코가 맡고 있었다는 사실이 밝혀졌다. 그리고 콜레라가 생활 폐기물을 제대로 처리하지 않아 확산된다는, 검증된 바 없지만 주요한 가설에 따라 전염병 발발에 샌코의 간접적 책임이 있다는 주장이 제기됐다. 샌코는 업무 환경을 국제연합 기준에 맞게 향상시켰지만, 이미 때는 늦었다. 콜레라의 기세는 한 풀 꺾여 남쪽을 향하고 있었다.

아이티에서 가장 큰 시멘트 공급사인 지디지 콘크리트 건설회사GDG Beton & Construction도 계약을 한 건 따냈다. 계약을 성사시킨 복구위원회 대표는 아이티의 관광부 장관인 패트릭 들라투르Patrick Delatour로, 2000년에 사촌과 함께 이 회사를 세워 5퍼센트의 지분을 갖고 있는 것으로 알려졌다.[75]

계약을 따낸 아이티 지배층 일부가 복구 사업을 통해 이득을 취했고, 워싱턴 정가政街와 가까운 관계에 있는 미국 기업들 또한 이득을 봤다. 평범한 아이티인에게 어떤 혜택이 돌아갔는지는 찾아보기 어렵다. 니그는 여전히 가난 속에 고통받고 있다.

더구나 일이 그렇게 잘 되지도 않았다. 초기에는 복구를 위한 산업 단지를 포르토프랭스 인근에 조성하려 했지만 아이티 정부가 충분한 대지를 확보하지 못했다. 새로 마련한 부지는 멀리 떨어진 북부 해안가였는데, 아이티 국경 내에서 포르토프랭스로부터 가장 먼 곳이었다.[76] 단지의 조성비용은 30만 달러를 훨씬 웃돌았다. 클린턴 재단은 이렇게 말했다.

클린턴 재단은 아이티 정부, 미주개발은행IDB, 미 국무부와 함께 앞으로 6만 개의 일자리를 창출하고 아이티 경제를 고루 성장시켜 줄 카라콜 산업단지 개발 사업을 지원해 왔습니다. 2012년 10월, 빌 클린턴 대통령은 국무장관 힐러리 로댐 클린턴, 마르텔리 대통령, 라모스 총리, 미주개발은행 모레노 대표와 함께 카라콜 북부 산업단지 개장식에 참석했습니다. 한국의 의류 제조사 '세아'가 핵심 입주 업체로 참여해 2만 개의 일자리를 창출할 예정입니다.

글쎄, 그 정도는 아니다. 현재까지 세아는 단지의 유일한 주요 입주사며, 제공한 일자리는 2,000개 정도다. 다른 회사들도 참여하기로 약속은 했지만 진행이 더디다. 수백 명의 농부에게 최소한의 보상금을 주고 매입한 부지 대부분을 아무런 대체 수익 없이 놀리고 있다. 세아에 취직한 사람들이 처한 업무 환경, 안정성, 급여 수준은 그리 좋지 않다. 일급은 4.56달러다. 그 정도면 한 달에 29일을 일해도 식비만 겨우 충당할 수 있다.[77] 이런 식의 개발 사업은 안정적이지 못하다는 비판을 항상 받아 왔다. 보다 낮은 임금과 세제 혜택, 기타 우대 조건을 제공하는 나라가 있으면 입주 업체가 언제라도 쉽게 떠나 버릴 수 있기 때문이다. 기업은 그 나라에는 아무런 관심이 없다. 더 중요한 점은, 의류 공장을 설립해 봐야 식량 안보 문제가 심각한 아이티에 도움될 것이 없다는 점이다. 수입 식량을 구입할 수 있는 사람이 좀 더 많아지긴 하겠지만, 농촌의 가난을 해소하는 데는 아무런 도움을 주지 못한다.

그러나 비판을 좀 덜어내고 보면, 계획 자체는 진전 중이다. 발전소는 기한 내에 예산 범위 안에서 완공되어 산업 단지와 인근에 전력을 공급하고 있다. 2012년 개장식에 참석했으며 계획을 지지하는 것으로 알려진 유명인들(개장식을 주관한 힐러리 클린턴, 주요 역할들을 수행한 빌 클린턴, 행사에 참석한 도나 카란, 브래드 피트, 벤 스틸러와 그의 아내 크리스틴, 아이티의 전·현직 대통령, 아이티 특별 대사인 체코의 슈퍼모델 페트라 넴코바)에 따르면, 계획은 어느 정도 성공적이라 한다. 부디 사실이기를 바란다.

카라콜에 찬물을 끼얹을 마음은 없지만, 그 사업에는 계획 입안자 중 누구도 고려하지 않은 듯한 심각한 문제가 있다. 서쪽 절반이 아이티 영토인 이스파니올라 섬 북부에는 2010년 파열되어 포르토프랑스를 폐허로 만든 엔리키요 플랜틴 가든 단층과 똑같은 셉텐트리오날Septentrional 단층(문자 그대로 북부 단층)이 있다는 사실이다. 이 단층은 고나브Gonâve 판과 맞닿아 있으며, 도미니카공화국 아래를 지나 아이티 북부 해안을 거의 그대로 따라 나 있다.[78]

셉텐트리오날 단층은 남쪽의 단층과 종류가 같다(전문적으로는 우수향 주향이동단층right-lateral strike-slip이라 하며, 샌 안드레아스와도 동일하다). 이 단층은 1842년 규모8.1의 캡 아이티안Cap-Haïtien 지진 당시 파열됐다. 그 지진으로 5,000명이 사망했고, 뒤이은 쓰나미로 300명이 더 사망했다. 2010년과 비교하면 매우 적은 수지만, 당시 피해 지역의 인구는 지금보다 훨씬 적었다. 카라콜 개발 단지가 들어서는 부지와 셉텐트리오날 단층 사이의 거리는 포르토프랑스와 엔리키요 플랜틴 가든 단층 사이와 비슷하거나 훨씬 더 가깝다.

〈뉴욕타임스〉는 셉텐트리오날 단층은 매우 위험하며, 부실한 계획과 실행만큼이나 환경적 피해가 발생할 가능성이 있다고 지적하는 기사를 내보냈다. 그래도 모든 일이 순조롭게 진행되고 비판이 틀린 것이라면, 카라콜은 아이티를 재난 이후의 침체로부터 일으키고 경제 재건에 기여할 것이다. 그러나 지진학자는 시기와 장소를 정확히 예측하진 못하지만 셉텐트리오날 단층이 다시 움직일 것이라는 사실만은 확실히 말할 수 있다. 단지의 신축 건물 중 2010년 지진 규모를 견딜 수 있도록 설계한 건물은 하나도 없는데, 셉텐트리오날 단층은 이전에 더 큰 지진을 일으켰고 이전에 일으킨 지진 규모가 8이었으니, 그만한 지진은 또 발생할 수 있다. 북부 해안판 포르토프랑스 비극이 재현될 수 있는 것이다.

아이티는 역사적으로 아주 많은 비극을 겪었다. 또 다른 비극을 막으려면 새로 짓는 공장과 주택에는 아주 높은 수준의 내진 설계가 필요하다. 이로 인해 비용은 몇 퍼센트 정도 추가되겠지만 지진이 발생하더라도 많은 생명을 살릴 수 있고, 공장도 중단되지 않고 돌아가거나 재빨리 복구될 수 있을 것이다. 2010년에 그랬던 것처럼 아이티가 또 다시 수많은 생명을 잃고 GDP 100퍼센트에 달하는 경제적 손실을 입어서는 안 된다.

〈뉴욕타임스〉 기사를 읽고 카라콜의 입지를 확인한 지진학자라면 누구나 **아, 그곳은 절대 안 돼**라고 외치며 손을 내저었을 것이다. 서쪽 해안 근처 고나이브 또는 세인트 마르크 지역이라면 좀 더 안전할 수도 있다. 허리케인으로 홍수가 자주 나긴 하지만 활성 단층과 멀리 떨어져 있고, 허리케인은 지진에 비해 훨씬 대응하기가 용이하니 말이다.

주사위는 이미 오래전에 던져졌기에, 이제와 카라콜이 아닌 다른 지역으로 산업 단지를 옮기는 것은 만만치 않은 일이다. 그러나 포르토프랭스의 비극을 계기로 아이티는 지진 위험에 보다 큰 경각심을 가져야 한다. 그리고 이 계획은 2010년 지진 직후에 시작됐기 때문에, 다들 누군가는 [계획 시작 전에] 지진활동도를 살펴보았을 거라고 생각할 것이 틀림없다.

지도를 보면 아이티 북부에서는 단층이 해안에서 불과 몇 마일 떨어진 위치에서 뻗어 나가고 있다. 셉텐트리오날 단층에서 큰 지진이 발생하면, 단층의 해지 구역이 흔들리면서 쓰나미를 일으킬 수 있다. 노동자들의 주택, 발전소, 인근 마을을 포함한 카라콜 복합 단지는 모두 해안에 인접해 있기 때문에, 지형이 상당히 평평하다. 카라콜 단지 자체는 해변에서 2마일 떨어져 있다. 그리고 단지를 가로질러 카라콜 만으로 흘러가는 강이 하나 있는데, 이 강은 2010년 칠레 지진이 비오비오 강을 거슬러 올라가 신도시 콘셉시온에 다다랐던 것과 똑같이, 쓰나미를 해안으로부터 단지까지 끌어올릴 것이다. 지구물리학적 관점에서, 카라콜은 콘셉시온만큼이나 위험한 지역이다.

이렇게 2010년, 불과 2주 사이에 발생한 칠레와 아이티의 지진은 그 이전에 중국에서 발생한 지진과 함께 다음 몇 가지 면에서 비교하며 살펴볼 수 있다. 우선 방출된 에너지의 절대적인 규모로 보면, 칠레, 중국, 아이티 순으로 배열할 수 있다. 발생한 비극의 크기로 본다면 거꾸로 배치될 것이다. 복구 속도로는 중국이 가볍게 이긴다. 아이티는 가장 많은 복구 기금을 기부 받았지만, 복구 속도는 꼴찌다.

세 지역은 정부의 형태가 상당히 다르고 발전 단계도 제각기 다르다. 세계은행이 2013년 185개국의 1인당 GDP를 조사한 자료에서 칠레는 가장 높은 51위를, 중국은 85위를, 아이티는 165위를 기록했다. 국제투명성기구는 175개국의 부패에 대한 인식률 순위에서 칠레를 매우 높은 21위에, 중국은 상당히 낮은 100위에, 아이티는 훨씬 더 낮은 151위에 올려 놓았다. 소득 불평등 측면에서는 세 나라의 차이가 크지 않다. 미국 중앙정보국CIA은 세 나라 모두를 세계에서 가장 불평등한 나라 상위 20퍼센트에 포함시켰는데,[79] 141개국 중에서 아이티는 7위(아프리카를 제외하면 세계에서 가장 불평등한 나라라는 의미다), 칠레는 14위, 중국은 27위로 평가됐다(아이티와 칠레는 모두 10퍼센트 안에 든다).

국가의 특징이 확연히 다르다면, 지구물리학적으로 비슷한 자연 재해를 겪는다 하더라도 그 재난으로 인한 결과(사망자 수, 경제적 후퇴)는 크게 다를 것이라 짐작할 수 있다. 칠레와 아이티는 중남미에서 최선과 최악으로 볼 수 있다. 그런데도 이 두 나라에서 불평등으로 인해 발생한 재난의 결과는 의외로 비슷하다. 소수의 부유한 지배계층은 이 문제에 거의 관심이 없다. 약간 불편을 끼치는 문제 그 이상도 아니다. 지배층은 재난의 충격을 완화할 능력이 있기 때문에 근본적으로 소득의 변화를 겪지 않는다. 반면 가난한 사람은 죽고, 심하게 다치고, 집을 잃는다. 그들은 이전보다 더욱 더 고통받는다. 조금이나마 갖고 있던 것을 모두 잃는다. 그들은 큰 타격을 받는데, 경제는 타격을 입지 않는다. 그들의 경제활동은 집계되지 않으며, 규모도 너무나 작기 때문이다. 그들의 죽음은 중요하지 않고, 그들의 고통은 주목받지 못한다.

지배층은 확실히 이득을 볼까? 직접적으로는 아니라고 생각할 수 있다. 그러나 가난한 사람에 비해 잃는 것이 적고 더 빨리 복구할 수 있기에 가난한 이들과의 격차는 더 크게 벌릴 수 있다. 불공평한 사회가 더욱 불공평해지고, 권력과 부는 더더욱 편중된다.

이어지는 다음 장에서는 쓰나미로 인한 거대한 재난을 살펴볼 것이다. 쓰나미는 거의 모두가 불가능하다고 생각하는, 가장 예상치 못한 현상을 일으키는 전형적인 블랙스완Black Swan이다.[80] 대부분의 언어에는 쓰나미와 같은 현상을 가리키는 단어가 없기 때문에 대부분 일본어를 그대로 채택해 쓴다. 쓰나미가 해안에 나타나면, 수 세기에 걸쳐 쌓인 공포가 한꺼번에 몰아닥칠 것이다.

.3.

**물의 장벽,
죽음의
대양**

지진은 쓰나미를 유발할 경우 가장 큰 파괴력을 보인다. 지진 진원지로부터 전해지는 충격이 지반의 흔들림으로 인한 충격보다 훨씬 더 크기 때문이다. 지진학자는 이를 쓰나미 유발성tsunamogenic 지진이라 부른다. 이런 지진은 지구의 지질구조상 특정한 부위에서 발생하는데, 주로 태평양 주변과 인도네시아 서쪽 해안을 따라 나타난다. 쓰나미 유발성 지진은 규모8 이상의 강진으로 대양의 해저를 이동시킨다. 해저가 더 많이 이동할수록 쓰나미의 파고波高도 더 높다.

지진이 쓰나미를 촉발하면 지진 발생 위치로부터 멀리 떨어진 곳에 어마어마한 피해를 일으킬 수 있다. 쓰나미는 현대의 민간 항공기만큼이나 빠른 속도로 소리없이 대양을 가로질러, 지반이 흔들리지 않은 지역을 쑥대밭으로 만든다. 쓰나미에 대비하고 늦기 전에 탈출하기란 대단히 어렵다. 쓰나미가 올 때는 아무런 소리도 나지 않는다. 파도가 다가온다고 하늘이 어두워지지도 않는다. 쓰나미 파도가 다가오면 해안의 바닷물이 수백 야드 뒤로 물러나는데, 이 현상은 쓰나미가 곧 닥쳐올 거라는 아주 분명한 신호다. 그 신호를 볼 수 있다면, 높은 지대나 크고 튼튼한 건물 위로 도망치기에 충분한 시간을 벌 수 있다. 그리고 그래야만 파도가 닥쳐와도 살아남을 수 있다.

그러나 이 경계 신호를 아는 사람은 많지 않다. 지진이 발생하면 건물 때문에 죽는다는 걸 잘 모르듯이 말이다. 새로 생겨난 해변에서 조개껍질을 줍고, 떠밀려 온 바다 생물을 구경하러 나갔다가 몇 분 후 밀어닥친 쓰나미에 목숨을 잃은 사람의 사연이 수도 없이 많다.

2004년 스리랑카에 닥쳐온 쓰나미는 예상치 못한 것이었다. 심지어 스리랑카 어에는 쓰나미를 가리키는 단어조차 없다. 일본어로 '항구의 파도'라는 뜻을 가진 쓰나미라는 단어는 번역 없이 그대로 다른 언어권에서도 사용되어 왔다. **해일**tidal wave이라는 용어도 자주 사용되지만, 쓰나미는 조수와는 아무 관련이 없다. 그날, 스리랑카 동쪽 해안에 쓰나미에 대해 잘 아는 사람은 거의 아무도 없었다. 몇 세기 전에 쓰나미가 발생한 적은 있지만 누구도 그 일을 기억하고 있지 않았다. 고대 쓰나미에 대한 전설도, 노래도 없었다. 스리랑카 동쪽 해안에 있던 사람들은 2010년 지진에 대해 포르토프랭스 주민들이 그랬듯, 쓰나미에 대한 아무런 대비도 못한 상태였다.

쓰나미 탐지 및 경보 체계는 기본적으로 해저와 해수면에 설치하는 여러 가지 기구로 구성된다. 기구를 통해 해저의 미세한 압력 변화와 해수면의 높이 변화를 측정한다. 지진학자는 지진을 탐사한다. 지진이 탐지되면, 컴퓨터 프로그램은 신속히 지진 데이터를 분석해 쓰나미 유발성 여부를 판단하고, 만약 발생한다면 최대 파고와 각 지역에 도달하는 데 걸리는 시간을 계산한다. 이렇게 얻은 정보는 예상 지역에 전달된다. 그러나 정보가 쓸모 있으려면, 경보가 있을 때 무엇을 해야 하는지 미리 교육을 받은 사람들에게 대대적으로 알려야 한다. 그들은 예를 들어 어디로 가야 안전한지 알려주는 표지를 설치할 수 있다. 안전한 곳으로 가는 방법은 이론적으로 매우 간단하다. 높은 지대로 향하는 가장 빠른 길을 택하거나 튼튼한 빌딩의 위층으로 올라가면 된다.

경보를 받지 못하면 대지로 밀려오면서 더욱 높아지는 파도를 눈앞에서 보게 될 것이다. 만약 땅위에 서 있다면 평소와 달리 엄청나게 큰 파도를 본 것처럼 본능적으로 최대한 빨리 뛰어서 도망치려 할 것이다. 2004년, 2만 명이 넘는 사람들이 그렇게 탈출하려는 헛된 노력을 하다 죽었다.

2004년 인도양에 경보 체계가 없었던 이유는 뭘까? 국제연합의 정부간해양학위원회IOC: Intergovernmental Oceanographic Commission(이하 IOC)는 적당한 체계를 설치할 수 있었고, 그 내용이 몇 차례 회의 안건으로 올라가기도 했다. 기구 자체도 그리 비싸거나 복잡하지 않다. 하지만 인도양 주변국은 매우 가난하고 IOC에서 영향력도 별로 없다.[1] 반면 태평양 주변국의 사정은 정반대다. 부유하고 막강한 영향력을 가진 데다, 태평양 경보 체계에 무상으로 참여할 수 있는 과학자, 과학 관련 기관, 기반 시설이 많다. 인도양 주변국은 그런 게 거의 없다. 그래서 해를 당했다.

하와이에 있는 태평양 쓰나미 경보 센터는 12월 26일에 수마트라(인도네시아 서부 대순다 열도의 서쪽 끝에 있는 섬)에서 지진을 탐지했고, 계산 결과 경보 대상인 회원국에 영향을 미칠 만한 쓰나미는 발생하지 않을 것이라는 결과가 나왔다. 회원국 중 인도양 지역에 위치한 나라는 하나도 없었다. 과학자들은 그 지진이 쓰나미 유발성이며 인도양 해안에 피해를 입힐 수 있다는 사실을 알았지만, 하와이 경보 센터에는 인도양 주변국에 연락을 취할 수 있는 적절한 통로가 마련되어 있지 않았다. 과학자들은 생각해 낼 수 있는 모든 사람에게 전화를 걸고 이메일을 보냈지만, 인도양 국가 중 쓰나미 경보를 발령한 나라는 하나도 없었다. 스리랑카 지질조사 및 광산국 국장 사라쓰 위라와르나쿨라는 이후에 지진 및 쓰나미 발생 가능성에 대한 언질을 받았다고 인정했지만, 아무 행동을 취하지 않았던 것으로 보인다.[2] 그리고 그가 무엇을 해야 할지도 명확하지 않았다. 그 지역에는 해안의 주민에게 경보를 전달할 체계가 갖춰져 있지 않았다.

2004년 인도양 쓰나미와 관련해 가장 흥미로운 이야기는 사망자 수가 그렇게 어마어마했음에도 동물은 거의 죽지 않았다는 것이다. 나는 그것이 다른 모든 형태의 재난에서도 일반적으로 나타나는 현상인지 궁금해졌다. 그에 대한 답은 아직 찾지 못했다. 동물은 다가올 위험을 직감하고 다른 방향으로 달아날 수 있는 육감六感을 갖고 있다고들 한다. 특히 코끼리는 특이한 소리에 상당히 민감해서 쓰나미가 일으키는 저주파 진동을 발을 통해 감지할 수 있다고 한다. 쓰나미가 닥치기 5분 전, 코끼리가 큰 소리를 내며 높은 지대로 이동했다는 이야기가 많다.[3] 다른 동물은 직접 진동을 느끼지 못했을 수 있지만, 코끼리가 두려워하는 모습을 확인하고 그 뒤를 따라갔을 수 있다. 하지만 그렇다고 쓰나미 경보를 위해 해안가에 코끼리를 배치해 둘 수는 없었을 것이다.

2004년 12월 26일 쓰나미 발생 전까지 인도양에는 경보 체계가 없었지만 현재는 있다. 그것은 태평양에서 수년 간 사용해 온 것과 동일한 체계로, 알류산 섭입대와 일본 및 기타 태평양 지역 사이에서 지진으로 인해 발생하는 쓰나미 경보를 적시에 정확하게 알려준다.

스리랑카는 쓰나미로 인해 경제적으로 붕괴하지 않았다. 세계은행 보고서는 "스리랑카 경제는 2003년부터 2012년 사이에 주변국보다 더 높은 6.4퍼센트의 활발한 성장률을 보였다"고 전한다. 쓰나미는 언급조차 되지 않는다.[4] 그토록 가혹한 타격을 입고도 경제적으로 어려움을 겪지 않은 이유는 무엇일까?

우선 재난 피해의 총량은 무시무시하지만 피해 지역은 동쪽과 남쪽 해안의 몇 마일 정도에 집중되어 있어, 스리랑카 전체로 볼 때는 그리 넓은 영역을 차지하지 않는다. 수도 콜롬보는 섬의 서쪽에 있으며 그다지 피해를 입지 않았다. 정부도 흔들리지 않았다. 다만 정부와 타밀 분리주의자 사이에 분쟁이 발생했고, 이전과 마찬가지의 강도로 지속됐다.

둘째, 타격을 입은 산업은 대부분 해안 지역에 집중되어 있는 어업과 여행 산업이었다. 쓰나미로 15만 명이 주 소득원을 잃었다.[5] 엄청난 수의 낚싯배와 그물(100만 개 이상)이 사라졌다. 그러나 어업으로 벌어들이는 수익은 스리랑카 경제에서 차지하는 범위가 작다.[6] 그래서 어업 피해는 해당 지역 경제에는 타격을 입혔지만 그 손실이 경제 총량을 뒤엎지는 못했다. 수출에서 가장 큰 규모를 차지하는 직물, 차, 고무 생산은 모두 내륙에서 이루어지며, 어느 곳도 쓰나미로 피해를 입지 않았다. 이 제품들을 실어 나르는 항만 설비 또한 별 피해가 없었다.

게다가 손실은 꽤 쉽게 복구할 수 있었다. 스리랑카의 어업은 아주 작은 배를 가진 수백 명의 소규모 어부들이 운영한다. 수십 개의 비영리단체가 이들을 지원할 방법을 찾았다. 어부들이 다시 일할 수 있도록 기금을 지원하고 배를 고쳐 주었다. 이 일은 잘 진행됐는데, 조금 지나쳤다. 일부 지역에서는 배가 남획을 할 수 있을 정도로 수리가 됐다. 작은 배가 들어갈 수 있는 해변가 조업 지역에서는 공해에서 조업을 해 대형 해외 어업 선박에 납품을 하려는 어부들로 인해 자원 고갈 상태가 발생했다.

여행은 스리랑카 경제에 중요하다. 53개의 대형 호텔과 248개 소형 호텔이 쓰나미로 피해를 입거나 파괴됐고, 여행 관련 소규모 사업 200여 개가 피해를 당했다. 그러나 불과 1년 후인 2005년 말 기준으로, 대형 호텔 53개 중 41개가 영업을 재개했다. 2005년 급감했던 여행업 수익은 다시 천천히 올라갔다.[7] 여행업의 복구는 대체로 재건 또는 복구를 해야 하는 관광호텔을 소유한 기업과, 교통망 및 기타 기반 시설을 재구축하는 정부에 달려 있다. 그들에게 관건은 여행객이 돌아오게 하는 것이었다.

쓰나미는 매우 드문 사건이어서, 한 번 발생한 지역에서 머지않아 또 발생하리라고 예상하는 사람은 별로 없다. 기본적으로는 맞는 말이다. 쓰나미는 **드문 사건이다**. 그리고 드문 사건이 한 지역에서 반복되는 일은 더욱 드물다. 스리랑카 서쪽 해안에 사는 사람은 자신이 쓰나미 취약 지역에 살고 있다고 생각할 필요가 없다. 그러니 실제로 생명을 살릴 수 있는 경보 체계를 갖출 필요는 있지만, 스리랑카 해안의 개발을 무기한 제한해야 한다고 선언하는 것은 말이 안 된다.

재난 발생 직후, 정부는 파도가 들이친 범위인 내륙 100미터까지를 건설 제한 구역으로 지정했다. 이는 그 지역을 떠나야 하는 수천 명이 옮겨갈 땅을 찾아야 한다는 뜻이었다. 그 지역에는 땅이 별로 없고, 있어도 대체로 민간 소유지였다. 파도가 덮친 100미터 이내에는 상당한 세수稅收를 올려 주는 대형 고급 호텔이 아주 많았는데, 이들을 이전한다는 것은 쉽지 않은 일이었다. 그다지 심하게 손상을 입지 않은 곳이 많은데 다 새로 짓자면 비용 부담이 컸다.

100미터라는 건설 제한 구역은 꽤 임의적인 것이었다. 쓰나미가 내륙으로 더 깊숙이 들어간 경우도 많았고, 해안 지형의 속성에 따라 전혀 들이치지 않는 경우도 있었다. 그런데도 정부의 결정 때문에 50미터 위치에 있는 전혀 파괴되지 않은 주택을 부수어야 할까? 쓰나미가 발생한 지 1년이 좀 더 지난 후, 쓰나미 직후에는 그럴듯하게 여겨졌던 건설 제한 구역은 결국 취소됐다.

2006년 11월 기준으로 부분적으로나 전체적으로 파괴됐던 주택 4만6,531채는 정부 또는 비정부기구에 의해 재건됐다. '완료율 85퍼센트' 수준이었다.[8] 일부 지역에서는 파괴된 것보다 더 많은 주택을 건설하는 놀라운 성과가 나타났다. 이후 6장에서는 뉴올리언스에 카트리나가 끼친 영향을 살펴볼 것이다. 세계에서 가장 큰 경제 규모를 가진 나라의 그 도시에는, 재건율이 거의 0에 가까운 지역도 있다.

스리랑카 쓰나미 이후 누군가의 뜻으로 슘페터의 창조적 파괴의 광풍이 불었던 걸까? 그럴지도 모르겠다. 새 집이 예전보다 좋아졌다는 사람이 많다. 그렇지만 이주 지역은 대부분 학교와 병원으로부터 더 먼 곳이었다.[9]

더 나아가, 재난은 스리랑카 경제가 다소 부진하던 시기에 일어났다. GDP로 집계한 성장률은 둔화되고, 인플레이션 우려가 나타나고, 경상수지 적자가 늘고, 환율이 하락세에 있었다. 그런데 복구를 위한 기부금 총액은 파괴된 부분을 복구하는 데 드는 비용보다 상당히 많았다. 때문에 기금 중 일부(말하자면 잉여금)는 국가가 처한 거시경제적 문제를 해결하는 데 사용됐다. 게다가 복구 사업으로 인한 건설업의 전형적인 호황으로 경제에 짧지만 강한 상승이 나타났다. 실제로 2005년과 2006년 사이 GDP 성장률은 아주 작은 수치에서 6.2퍼센트로 급등했다.[10]

슘페터의 광풍이 불어온 것일까? 세계은행은 스리랑카 경제가 "주변국보다 월등하다"고 말했다. 2003년부터 진행한 빈곤 감축 정책도 상당히 잘 진행되어, 밀레니엄 개발 목표인 극단적 빈곤을 절반으로 줄이는 목표를 달성해 냈다. 세계은행은 스리랑카를 침이 마르도록 극찬했다. 번영이 "폭넓게 진행"됐고, 지니 계수는 0.41에서 0.36으로 떨어졌다.[11] 세계은행은 스리랑카의 기후는 변화무쌍하며 강우량이 높은 지역도 있는 반면 낮은 지역도 있고 두 지역 간의 차이는 더 극심해질 수도 있기 때문에, 만에 하나 이렇게 쌓은 성과를 모두 잃게 될 수도 있다고 경고한다. 그러나 전반적으로 세계은행은 스리랑카를 낙관적으로 본다.

이런 성과를 쓰나미 덕으로 돌리려 할 때 사실 관계 확인을 절대 간과해서는 안 된다. 쓰나미가 일어나지 않았다면 어떻게 됐을지 모르고, 원조 기금의 상당액도 아직 받지 못한 상태다. 내가 보기에 그 원조 기금은 스리랑카의 전반적인 경제 발전에 중요**했다**. 그 덕에 거시경제가 안정화되어, 다른 요소들이 경제를 상승시킬 수 있는 힘을 얻을 수 있었던 것이 틀림없다.

쓰나미가 가져온 창조적 파괴의 명확한 증거를 찾아볼 수 있는 지역은 인도네시아에서 가장 큰 피해를 당한 아체Aceh다. 우선 오래 지속되어 온 자유아체운동Free Aceh Movement 분쟁이 2005년 말 평화 협정을 통해 종식됐는데, 이를 쓰나미의 직접적인 영향이라고 보는 견해가 많다. 스리랑카에서는 똑같은 일이 일어나지 않았다. 타밀 분쟁은 잠깐의 휴전기를 지나 더 심하게 재개됐다.

그리고 아체에서 파괴된 후 새로 지은 건물이 대체로 이전보다 낫다는 것은 의심의 여지가 없다. 새 도로와 학교, 병원 등은 이전에 비해 훨씬 더 좋아졌다. 복구는 서두르기보다는 신중하게 진행됐으며, 기부금은 지역 주민의 삶의 거의 모든 면면을 효과적으로 향상시키는 데에 사용됐다.

2011년 동일본 지진과 쓰나미는 후쿠시마 원자력 발전소 사고를 일으키는 바람에 유난히 끔찍한 비극을 가져왔다. 나는 해안으로 밀어닥친 쓰나미가 마주치는 모든 것(수천 대의 자동차, 공장 창고 전체, 바다에서 불타는 배처럼 물속에서 타오르던 건물)을 집어삼키며, 앞에 있는 것을 가차 없이 내륙으로 깊이 더 깊이, 천천히 밀어 올리던 장면을 잊을 수 없다. 그 물결은 2004년 인도양 쓰나미가 덮쳤던 영역보다 훨씬 더 깊은 내륙까지 뻗어 나가, 결국 일본 전체를 뒤덮을 때까지 결코 끝나지 않을 것처럼 보였다.

헬기나 높은 건물에 있던 사람, 심지어는 물 위에 떠다니는 자동차 안에서 찍은 영상을 보면, 들이친 물과 부서진 건물의 끔찍한 소용돌이 속에 수많은 시체가 떠다니는 걸 상상할 수 있을 것이다. 이런 영상에서 시체를 직접 볼 순 없지만, 1만6,000명 이상이 수면 아래 있다는 사실을 우리는 알고 있었다. 지진과 쓰나미는 모두 12만 7,000채의 건물을 붕괴시켰고, 74만9,000채에 부분적인 손상을 주었다.[12] 그런 다음 후쿠시마 제1원자력 발전소에 심각한 충격을 주어 비극을 극한으로 몰아갔다. 발전소는 자동으로 멈췄지만, 냉각 장치 관리에 실패해 원자로가 크게 손상됐고 대기, 해양, 토지 오염과 거대한 폭발이 일어났다.

일본은 생산경제로, 20년 가까이 침체기를 겪고 있었다. 이 상황을 관찰하는 데는 두 가지 유의할 지점이 있다. 하나는, 일본의 특이한 인구 통계를 조정해 놓고 보면 상황이 좀 나아진다는 것이다. 일본은 인구는 줄어드는데 대규모 이주는 제한되어 있어, 소수의 젊은 세대와 다수의 노인 세대로 인구 피라미드가 뒤집혀 있다. 아이티와는 정반대며, 선진국과 비슷한 형태다. 두 번째는, 일본은 성장률을 극도로 보수적인 방식으로 집계하기 때문에 일본 정부가 제공하는 GDP 수치는 실제 경제 성장치보다 낮다. 이 두 가지 요소를 조정하고 보면, 상황은 좀 더 좋아 보인다.

그래서 지진이 경제에 미친 영향은 무엇일까? 일본무역연수센터Japanese Institute for International Studies and Training의 자료를 통해 경제적 영향의 일면을 살펴볼 수 있다.[13] 동일본 지역과 일본 전국의 공업 생산 지수를 보면 충격이 꽤 강하게 나타났지만, 회복 또한 빨랐다. 전국적으로 생산은 15퍼센트 하락했는데 동일본 지역에서는 예외적으로 35퍼센트까지 줄어들었다. 동일본 지진이 전체 경제에 준 영향은 강하고 뚜렷하게 나타났지만, 거의 즉시 회복되기 시작했다. 실제로 같은 해 전국 생산량은 지진 이전 수준으로 회복됐다. 동일본 지역이 회복되는 데는 훨씬 오래 걸렸고, 아직 완전히 회복되지 않았다고 볼 수도 있다. 그러나 확실히 일본 경제 전체에 있어서는 그 지역이 결정적인 영향을 주지 않았다.

지진은 주요한 생산 중심지로부터 충분히 멀리 떨어진 농일본 북부 지역에서 발생했다. 경작지나 어업용 배가 파손되어 전체 경제에 영향을 준 것도 아니다. 이들이 일본 경제에서 차지하는 규모는 매우 작다. 그런 것보다 경제에 영향을 끼친 것은 인근의 꽤 먼 곳까지 전기를 공급하던 후쿠시마 제1원자력 발전소 사고다. 컬럼비아 대학교 경제학자인 몰리 슈넬과 데이비드 와인슈타인은 1995년 고베 지진과 동일본 지진 이후 일본 경제 회복 시간의 차이에 대해 연구했다.[14] 그들이 발견한 가장 큰 차이는 고베 지진 이후에는 전기 생산에 차질이 없었지만, 동일본 지진 이후에는 엄청난 차질이 있었다는 점이다. 이해하기 다소 힘들지만, 핵발전에 대한 염려 때문에 화석연료로 되돌아가는 현상이 벌어졌다. 저자들은 사고의 위험을 고려한다 하더라도 핵발전보다 화석연료가 건강에 더욱 부정적인 영향을 끼칠 것이라고 말한다. 온실가스 배출 문제도 심각하다.

2013년, 30만 명가량의 일본인은 여전히 임시 주거 시설에서 살고 있었다.[15] 피해 규모가 너무나 커서 집으로 돌아가기가 쉽지 않고, 시간도 오래 걸린다. 좀 더 높은 지대로 이주해야 하는 사람도 많고, 새로운 보호 방벽 체계도 반드시 설치해야 한다. 그 과정은 경제적 회복과는 다르게 느리고 고될 것이다. 사회적 복구는 훨씬 더 오래 걸린다. 전체 경제에 미친 영향이 크지 않다는 점을 보아, 집을 잃은 30만여 명이 경제에 기여하던 생산력은 미미했음이 틀림없다. 표준적인 경제 지표의 관점에서는, 30만여 명의 삶이 뒤집혀 버린 것은 별로 중요한 일이 아니다.

발전소가 피해를 입지 않았다면, 동일본 지진에 대한 논의는 지구물리학적 범주를 그다지 넘어서진 않았을 것이다. 규모 9.0은 많은 과학자가 파열된 단층에서 일어날 수 있다고 예상하는 것보다 훨씬 더 큰 규모다. 그 지역에서 이전에 일어난 지진이 규모 7.5를 넘어서는 경우는 드물었다. 실제로 동일본 지진은 지구 아래쪽 깊은 곳에서 서쪽 방향으로 먼저 파열된 후, 동쪽과 대양 해저 방향으로 퍼져 나간 '이중 지진'에 가까웠다. 굉장히 드물게 나타나는 이 현상은, 단층이 움직일 때 암석이 갈리면서 형성된 단층 내부의 얇은 물질층인 단층점토fault gouge 때문에 일어난 것으로 보인다. 단층 표면이 굉장히 미끄러워서 단층 이동량이 상당히 많았던 것으로 드러났다.[16] 이 움직임이 대양 해저를 흔들어, 물기둥이 통째로 솟구치면서 거대한 쓰나미를 만들어 냈다.

　미끄러운 정도는 점토층을 직접 측정하지 않고 단층이 움직일 때 방출하는 열의 양을 계산해서 얻어낸다. 미끄럽다고 해도 단층 표면 사이에는 마찰이 있고, 그로 인해 열이 발생한다. 양 손바닥을 문지르거나 사포를 열심히 밀 때처럼 말이다. 단층이 움직일 때 발생하는 열의 총량은 간접적이나마 단층의 강도를 측정하기 좋은 자료다. 지진 이후 일본은 상업적 석유시추선과는 다른 과학적 조사를 목적으로 하는 일본의 과학시추선 '치큐'로 동일본 지진 당시 이동한 단층을 뚫어 그 지역의 열류를 측정하는 기기를 설치했다.

　그러나 이런 과학적 자료가 일본 시민들에게 어떤 의미가 있을까? 이전까지 그 지역에서 발생 가능한 지진 규모는 7.5 정도로 예상됐고, 해안에 설치한 방조제는 모두 그 정도 규모의 지진이 유발하는 쓰나미에 맞춰 설계되어 있었다. 곳곳에 있는 제방과 방조제의 높이는 상상 가능한 범위 내에서만 설정됐다. 쓰나미가 내륙 어디까지 파고들어 갔는지를 보여 주는 지질학적 흔적을 따라 역사를 거슬러 올라가 보면, 869년에 비슷한 규모의 지진과 쓰나미가 발생한 증거를 찾을 수 있다.[17] 발생 가능한 최대 규모의 지진을 판단하기 위해서 과학자들이 오랜 시간에 걸쳐 탐사를 해 왔지만, 이 고대의 괴물을 발견하기에는 부족했던 것이다. 하지만 사람들은 이제 이런 큰 사건이 발생할 수 있다는 사실을 알고 있다. 완벽히 안전하게 만들려면, 새 방조제는 기존에 필요했던 높이보다 훨씬, 정말 훨씬 더 높이 건설해야 할 것이다. 그러면 일본 시민들은 해안에서 수백 마일까지 드리우는 거대 건축물의 그늘 아래서 살아야 할 것이다.

일본 정부가 이런 사업에 착수할까? 그럴 것 같지 않다. 아마 기존 방조제를 조금 더 높이고, 원자력 발전소와 기타 핵심 설비 주변은 좀 더 높게 쌓고, 내진 설계 규정과 건축 자재의 수준을 높이고, 지진 과학 연구를 지원하는 정도일 것이다.

그런데 거의 모든 재난의 중심에는 수수께끼가 하나 있다. 앞의 두 쓰나미는 그 수수께끼를 잘 보여 주는 사례다. 바로 아래와 같은 잔혹한 순환 고리다.


1. 진짜 위험한 것은 가장 큰 사건 딱 하나다.
2. 그 큰 사건은 매우 드물게 일어난다.
3. 그 큰 사건은 예측하기가 가장 어렵다.
4. 소규모에서 중간 규모까지의 사건으로부터 사회를 보호하는 것은 비교적 쉽다.
5. 대재앙으로부터 사회를 보호하기는 극도로 어렵다.
6. 1번으로 되돌아간다.


그리고 위 목록의 1번과 결합해 문제를 증폭시키는 더욱 중요한 딜레마가 있다. 규모가 큰 재난으로 인해 엄청난 사망자가 발생하면, 국제연합, 개인 및 기관으로부터 엄청난 원조금이 들어온다. 앞서 아이티 지진 상황에서도 확인한 사실이다. 그러나 원조금은 죽은 자가 아니라 산 자에게 필요하다. 사망자 수는 대체로 가난하고 정치가 부실하여 제도가 미비하고 부패율이 높은 나라에서 높게 나타난다. 담비사 모요Dambisa Moyo와 빌 이스털리Bill Easterly처럼 거침없이 발언하는 경제학자는 사마리아인의 딜레마처럼 원조에 대한 의존성을 갖게 되기 때문에, 이런 국가는 재난뿐 아니라 평상시에도 어떠한 원조도 받아서는 안 된다고 말한다.[18]

스리랑카는 복구 과정을 외부 기금에 크게 의존했지만 일본은 그렇지 않은 편이다. 스리랑카는 경제적으로 대규모 사업을 벌일 처지가 아니었다. 스리랑카가 사마리아인의 딜레마를 우려해 원조를 거절해야 했다고 주장하는 것은 무리가 있다. 원조 기금이 잘못 사용될 수 있다는 염려 역시 그렇다. 재난이 가난한 나라에서 발생했고 복구를 위한 노력이 더욱 더 어려운 상황이라면 이런 당연한 염려가 항상 나타난다. 그러면 기부자는 우선 지원을 약속하고, 기금이 제대로 사용된다는 증거를 확인하기까지 지급을 유보한다.

그렇기 때문에 재난 자체로 어떤 피해를 입었든 간에 재난을 극복하는 경주에서 이기는 건 대부분 부유한 나라이며, 패자는 거의 얻는 게 없는 체계가 형성된다.

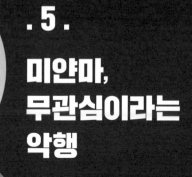

.5.

미얀마,
무관심이라는
악행

아이티와 마찬가지로 미얀마에도 딱 두 부류의 사람들이 있다. 한 부류는 피해망상과 외국인 혐오증에 빠져 잔인하고 억압적인 통치를 하는 군부, 그리고 그들의 통치로 이익을 취하는 측근으로 구성된 지배층이다. 그 밖의 모든 사람들은 나머지 한 부류에 속한다. 소수만이 경제적으로 높은 지위를 차지하고, 나머지는 낮은 위치에서 밑바닥에 이르기까지 출구 없는 빈곤의 덫에 사로잡혀 있다. 미얀마와 아이티에는 극도의 빈곤을 겨우 벗어날 정도의 소규모 경제활동이 매우 많다. 미얀마에서는 정부가 일자리를 제공하지만 (특히 군인이 되려는 경우에는) 그럼에도 중산층은 거의 없다시피 하다.

미얀마 군부는 인구의 68퍼센트를 차지하는 불교계 버마족이 거의 단일 민족 집단을 이루고 있으며,[1] 언어도 버마어를 사용한다. 미얀마에는 130개 이상의 민족 집단과 그만큼의 언어 또는 지방어가 있는 것으로 알려져 있다.[2] 영국의 지배에서 벗어나 독립한 지 불과 14년 후인 1962년, 탈식민기 정국이 혼란한 틈을 타 군부가 권력을 장악한 당시부터 샨족(10퍼센트 미만)[3]을 비롯한 수많은 소수 집단은 무장투쟁 또는 반란을 일으켜 왔다.

미얀마의 역사는 권력 투쟁으로 점철되어 있다. 내부적으로는 여러 민족 집단이 일정 기간 권력을 잡았다가 빼앗기기를 반복했고, 외부적으로는 영국 식민 지배기를 거쳐 제2차 세계대전 기간에는 일본의 지배를 받기도 했다.[4] 1962년 권력을 잡은 장성들은 스스로를 전사의 왕이자 과거로부터의 해방자로 칭하고 그런 자신들의 모습을 묘사한 조각상을 세웠다. 미얀마에서 무력으로 정부를 전복시키는 일은 흔하다. 권력을 쟁취하면 장성들은 스스로를, 무력으로 지도력을 쟁취하는 기존의 역사적 전통에 따른 자로 여긴다.

20세기 중반 미얀마의 역사는 수많은 탈식민 국가가 걸어간 길과 대체로 비슷하지만 어느 정도 독자적인 모습을 보이기도 했다. 독립기를 거쳐 독자적으로 일군 번영에 대한 낙관주의에 빠졌던 시기로, 그 시기를 지나 부패로 얼룩진 정권으로, 민족 분쟁으로, 폭력적 전복과 독재로 이어져 왔다. 여기서 독재는 군부에 의한 것이다.

아이티와 마찬가지로 미얀마의 경제 및 사회 복지 수준을 파악하기는 매우 어렵다. 일례로 미얀마는 세계은행이 그 GDP 집계치를 목록에 포함시키지 않는 몇 안 되는 나라 중 하나다. 미국 중앙정보국의 〈월드팩트북World Fact Book〉에는 미얀마의 GDP가 실려 있지만, 이 역시 대강의 추산치인 것으로 알려져 있다.[5] 미얀마에서는 GDP나 인간개발지수와 같은 수치를 정확히 산출하는 데 필요한 정보를 확보하기가 사실상 불가능하다. 정부가 제공하는 수치는 믿을 수 있는 것이 하나도 없다. 심지어 총 인구 규모조차도 정확하지 않은 것으로 알려져 있다. 인구조사를 실시했다 하더라도, 군부가 오랫동안 박해해 온 로힝야 족이나 기타 무슬림 민족을 포함시켰을 리는 없다.

미얀마(당시는 버마)는 식민 지배 시기 동아시아 최강 경제국으로, 쌀(주로 이라와디 삼각주에서 생산하던)의 최대 생산국이자 수출국이었다. 그런데 2008년 사이클론 나르기스가 버마족(다수민족)과 카렌족(소수민족)이 살고 있던 삼각주의 쌀 경작지를 황폐화시키기 훨씬 전에, 쌀 생산량은 이미 동아시아 최저 수준으로 떨어져 있었다. 수출 물량이 거의 없었다.

카렌족은 중앙 군부와 분쟁을 벌여 온 여러 소수민족 중 하나일 뿐이지만, 민족 독립을 위해 가장 끈질기고 헌신적으로 싸워 온 민족이라 할 수 있다. 그들은 1949년부터 카렌국으로 독립하기 위해 무장 투쟁을 계속해 왔다. 미얀마는 확실하진 않지만 세계에서 가장 오랜 기간 내전을 겪고 있는 나라로 꼽힌다. 카렌족은 제2차 세계대전 기에 독립국 지위를 얻기 위해서 영국군에 협조한 반면, 버마 정부는 영국으로부터 독립하기 위해 일본에 협력했다. 두 집단은 모두 전쟁을 독립이라는 목표에 다가갈 기회로 여겼고, 결과적으로 둘 다 실패했다. 미얀마의 국내외 분쟁의 역사는 수십 년에 걸쳐 있다. 이라와디 삼각주 남서부 지역은 오래전부터 현재까지도 카렌족의 대정부 반란과 저항운동이 일어나는 곳이다.

2008년의 미얀마 군사 정권은 아이티 정부와 어느 모로 보나 똑같은 모습이었다. 반대자를 가혹하고 폭력적으로 억압하던 강력한 독재 지도자 뒤발리에 부자의 시대와 거의 비슷했다. 하지만 무력으로 권력을 잡은 미얀마 군부와 달리 파파독 뒤발리에는 애초에는 선거를 통해 선출됐다. 파파독은 이후 서서히 자신을 중심으로 권력을 집중시키면서 반대자를 모두 투옥, 살해, 추방하고, (자신이 표를 100퍼센트 얻었다고 주장했던 경우를 포함해) 가짜 선거를 치르고, 결국에는 자신이 곧 민중의 뜻이라고 믿었는지 스스로를 종신 대통령으로 선포했다. 모든 권력은 파파독과 수도 포르토프랭스에 집중됐다.

미얀마 군부는 권력 집중과 반대자 억압에 거의 모든 힘을 쏟아 부었다. 그리고 2005년, 수도를 양곤에서 국토의 중앙에 있는 네피도로 이전하자 비로소 권력이 물리적으로 집중됐다. 군부는 1990년 5월, 선거를 허용했고 결과를 날조하지 않았다. 그 결과 민족민주연맹NLD: National League for Democracy이 압승했고, 아웅 산 수지가 대통령으로 집권해야 했다. 장성들은 초기에는 선거 결과를 존중한다고 말했지만, 이내 마음을 바꾸어 선거 결과를 무효화하고 아이티의 파파독 뒤발리에처럼 칙령으로 통치했다. 고립되어 지내던 그들은 일반 시민들의 분위기를 잘 몰랐기에 선거에서 이기지 못한 데에 깜짝 놀랐을 것이다. 파파독 또한 자신이 정말로 인기 있다고 믿었을 것이다. 미얀마 장성들이 1988년 학생과 승려의 대대적인 시위를 얼마나 잔혹하게 진압했는지를 떠올려 보면, 그들이 스스로를 정말로 인기 있다고 믿었다는 것은 놀라운 일이다.[6]

미얀마 정부는 잔학성 뿐 아니라 기괴하고 이해하기 힘든 행동으로도 유명하다. 대표적인 사례는 수도를 남쪽의 양곤에서 네피도로 옮긴 것이다. 네피도는 양곤과 만달레이의 중간쯤인 국토의 중심부에, 수도로 사용하기 위해 특별히 건설한 광대한 도시다. 호화로운 건물과 샹젤리제보다 두 배나 넓은 대로를 갖추었다. 당시 그들이 발표한 공식적인 이전 사유는 양곤이 너무 밀집되어 있기 때문이었지만 사람들은 대체로 서부의 권력 집단이 영국-미얀마 전쟁 때 영국이 쓴 전술 그대로 수륙 양면 침공을 해 올까 봐 두려워서라고 추측한다. 새 수도의 위치가 북쪽 영토를 점유하고 있는 집단을 포함해 정권을 뒤엎으려는 수많은 반란 집단에 대응하기에 전략적으로 더 좋기 때문이라고 보는 사람도 있다.

미얀마가 수도를 이전했다는 소식을 처음 들었을 때, 나는 호주의 수도 캔버라를 떠올릴 수밖에 없었다. 정부 소속 지구물리학자로 5년 동안 일하며 머물렀던 그곳 역시 온전히 정부 수도로 기능하기 위해 지어진 도시였다(워싱턴 D. C.와 마찬가지로 도시 전체가 수도이며, 호주수도특별자치구Australian Capital Territory 또는 ACT라 부른다). 캔버라는 호주의 주요 도시인 시드니와 멜버른 사이에 전략적으로 내륙 깊숙한 높은 산 아래 계곡에 위치해, 남쪽 해안에 있던 예전 수도 멜버른에 비해서 방어하기가 더 좋았다. 브라질 역시 거의 같은 이유로 수도를 상파울루에서 내륙의 브라질리아로 이전했다.

아이티 정부와 미얀마 장성들은 모두 나라를 경제적 파탄으로 몰아갔다. 아이티와 미얀마 두 나라는 세계의 경제 사막 안에 위치한다. 사실상 두 나라의 지도자들이 부와 권력을 자기 손아귀에 몰아 쥐면서 일반 시민을 경제적 파탄으로 몰아넣었다고 말하는 편이 더 정확할 것 같다.

미얀마의 통치 철학은 고립주의, 사회주의, 불교, 그리고 주로 숫자와 관련된 미신 등이 뒤섞인 버마식 사회주의로 통한다.[7] 버마식이라는 것은 일련의 마르크스식 구호에다 나라를 경제적 파탄으로 몰아간 국수주의적 이념을 뒤섞은 것에 지나지 않는다. 그러나 아이티와 달리 미얀마에는 돈이 **있고**, 그 돈을 좌우할 강력하게 집중된 힘이 있다.

2012년 3월 미얀마를 방문했을 때, 나는 '알라마다 인'이라는 기분 좋은 작은 호텔에 묵었다. 양곤 중심부의 북쪽으로 때로 포장이 덜 된 채 굽이굽이 나 있는 골든밸리로드Golden Valley Road에 위치한 아주 유쾌하고 푸르른 곳이었다. 호텔 밖에서 주변을 걷다 보면 높은 벽과 철문 뒤에 고급 설비와 세련된 건물이 들어찬 커다란 저택을 발견할 수 있었다. 미얀마의 **누군가는** 돈을 갖고 있었다. 도로에는 신형 최고급 자동차가 달리고 있었으며, 양곤 중심부에는 고급 자동차와 수영장 광고가 있었다. 나는 아이티의 페티옹빌과 그 지역의 공통점을 떠올리지 않을 수 없었다. 그리고 오로지 정부 예산으로만 지어진 네피도의 새 병원에 얼마가 들었을까를 생각했다.

미얀마의 부는 석유와 가스, 티크teak, 보석(주로 루비), 광물 등 풍부한 천연 자원에서 나온다. 농산물은 더 이상 중요한 수출 이익 자원이 아니다. 식민지 시절 때와 달리 쌀과 목재가 아니라 가스 수출이 주요 해외 수익원이다. 자원은 대부분 카친, 샨, 카야, 카렌, 몬과 같은 소수 민족들의 지역에서 산출되지만 그 지역에 돌아가는 이익은 극히 적다. 비정부기구 아라칸 오일 와치Arakan Oil Watch는 〈버마의 자원의 저주─석유 및 가스 부문 수익 투명성 관련 사례〉라는 제목으로 미얀마 채굴 산업에 대한 보고서를 발표했다.[8] 보고서 제2장의 제목은 '버마의 블랙홀, 가스 수익은 어디로?'다. 가스는 국제 시장에서 판매되기 때문에, 가스 판매로 수익이 얼마나 발생하는지를 대략 산출할 수가 있다. 그런데 시장가격과 100배 이상 차이가 날 정도로 상당히 낮은 정부 공식 환율을 잘 이용하면, 군부는 환율 조작으로 수십억의 수익을 빼돌릴 수 있다.

미얀마는 전형적인 지대국가rentier state(불로소득 의존 국가)로, "재생불가능한 자원이 풍부하지만, 성장 둔화 또는 경제 침체를 겪는 나라가 처한 역설적인 상황"을 가리키는 자원의 저주에 시달리고 있다.[9]

미얀마는 이 저주에 처한 대표적인 나라인 나이지리아와 많은 면에서 유사하다. 두 나라의 정부에 대한 불만은 여러 가지가 있지만, 나이지리아 시민의 가장 주요한 불만은 나이저Niger 삼각주의 석유 생산에 관한 것이다. 지역에서 엄청난 수익이 발생하는 것이 눈에 보이는데도 돌아오는 것이 거의 없기 때문이다.

미얀마 정부는 아주 기괴하고 재앙에 가까운 화폐 개혁을 한 적이 있다. 1987년 어느 날 아침, 정부는 라디오를 통해 그날 아침을 기점으로 25, 35, 75차트 짜리 지폐가 모두 폐기될 것이라고 고지했다. 그 지폐들은 하루아침에 숫자와 장군들의 그림이 찍혀 있는 종잇조각에 불과한 것이 되고 말았다. 45, 90차트 지폐가 새로 발행됐지만, 시민들은 기존의 지폐를 그것들과 교환할 수 없었다. 새로운 화폐는 당시 실권을 갖고 있던 장군 네윈이 길하다고 생각하는 숫자인 9로 나눌 수 있다는 아주 중요한 특징이 있었다. 군부와 밀접한 지배층만이 그 변화를 미리 알고 있었다. 그들은 미리 구권을 금과 보석으로 바꿔 놓았기 때문에 재산을 보호할 수 있었다. 그 외에는 모두가 소름끼치는 빈곤의 나락으로 떨어지고 말았다.

장성들은 해외 자원 판매를 통해 수익을 얻는 정부를 운영하고 있기 때문에, 화폐 개혁은 그들에게 거의 아무런 의미가 없다. 미신이라고 할지라도, 일반 시민의 삶에 큰 영향을 주지만 않으면 시민들은 굳이 무모하게 나서지 않는다. 화폐 재앙이 일어난 직후, 학생과 승려의 주도로 군부의 억압적 통치에 저항하는 폭동이 발생했다. 학생들의 분노는 화폐 실책으로 인해 학교 등록금을 내지 못하게 된 것이 가장 큰 원인이었다.

나르기스는 2008년 미얀마 남부의 시민들을 바람과 물로 쓸어

버렸다. 그런데 그 나라는 이미 부패하고 외국인 혐오적이며 미치도록 비합리적인 지도자들이 가혹하게 쓸어버린 상태였다.

나르기스가 도착한 곳은 영국이 1800년대 초반에 교역소를 처음 조성했던 장소와 거의 일치하는 미얀마 이라와디 삼각주의 해안이었다. 상륙 하루쯤 전까지도, 예보는 예전 폭풍이 대체로 그랬던 것처럼 훨씬 더 북쪽으로 가로지를 것이라고 전했다. 나흘 전, 일본의 태풍 경보 센터는 나르기스의 상륙 지점을 북쪽으로 거의 100마일 떨어진 위치로 예측하고, 사이클론이 아닌 강한 폭풍 급일 것이라고 보았다. 만약 이 예상 경로가 맞았다면, 결과는 훨씬 덜 참혹했을 것이다.

1824년 영국이 미얀마를 점령한 이후, 벵골 만을 가로질러 나르기스와 비슷한 경로를 따라 이동한 폭풍은 하나도 없었다. 나르기스의 특이한 경로는 2010년 포르토프랭스나 2008년 스리랑카 해안의 시민들처럼, 삼각주에 사는 시민들이 위험을 인지하지 못하고 있었으리라는 짐작을 하게 한다. 이 위치에서 이런 사건이 발생하는 일은 정말로 드물다. 살아 있는 사람 중 누구도 이라와디 삼각주에서 이런 폭풍을 경험한 이는 없었다. 그런 전설도 없었다. 이 의외성이야말로 사망자 수가 그토록 높았던 원인을 설명해 주는 중요한 요소다.

나르기스의 살상력은 아마 세 차례의 영국 미얀마 전쟁을 합산한 것보다 더 높을 것이다. 나르기스가 상륙한 곳 주변은 (큰 강의 삼각주에서 전형적으로 나타나는) 극단적인 저지대로, 미얀마 전국에서 가장 낮은 지대에 속한다. 강풍과 (일반적 수준에 비해 현저하게) 낮은 기압 때문에 거의 모든 사이클론에 동반되는 폭풍 해일은 삼각주 지역 해안에 상륙하면 상당히 깊은 내륙까지 밀려들 수 있다. 나르기스의 폭풍 해일은 이라와디 삼각주 내륙으로 30마일이나 밀려들어가 엄청나게 많은 사람이 사망하는 주 요인이 됐다.

사이클론 폭풍 해일은 강풍보다 더 많은 인명 피해를 내는 경우가 많다. 쓰나미와 마찬가지로, 해안의 구조와 해저 지형이 폭풍 해일의 내륙 침투 수준을 결정짓는다. 상륙한 뒤, 사이클론 나르기스는 마치 가능한 한 최고로 파괴적인 경로를 찾아낸 듯이 해안에서 내륙까지 삼각주를 10마일에 걸쳐 길게 타고 들어갔다. 이 경로에는 미얀마에서 가장 인구 밀집도가 높은 지역이 위치하고 있었다. 대부분의 사이클론은 육지로 올라가면 에너지를 공급받던 따뜻한 바닷물이 사라져 급격히 힘을 잃는다. 그러나 삼각주는 습지여서 마른 땅에 비해 더 많은 물을 함유하고 있기 때문에, 나르기스는 유난히 더 강력한 상태를 유지했다. 양곤을 향해 거의 똑바로 나아가던 순간까지도 여전히 1등급 사이클론이었다.

영국은 삼각주에서 쌀농사를 시작하고, 드넓은 습지를 망가뜨리고, 홍수 제어를 위해 제방을 쌓고, 풍성한 맹그로브 숲을 없애 버린 것에 대한 책임이 있다. 그러나 그보다 더 잘못한 것은, 쌀 수출량 증대를 위해서 북부 지역 주민을 삼각주로 이주시킨 것이다. 쌀은 매우 노동집약적인 작물이다. 그래서 삼각주의 인구는 계속 늘어나 결국에는 미얀마에서 가장 인구 밀집도가 높은 지역이 됐다. 영국 식민 지배 당국은 나르기스의 엄청난 사상자 수에 대해 어느 정도 책임을 져야 한다.

나르기스는 결코 슈퍼스톰이 아니었다. 2013년 필리핀을 강타한 태풍 하이옌의 강도에 전혀 미치지 못했다. 가장 강력했던 때 하이옌의 강도는 사피어–심슨 척도로 3등급이었으며, 이는 카트리나가 뉴올리언스 동부에 상륙하던 때의 강도와 같다. 미국해양대기관리처National Oceanic and Atmospheric Administration의 국가기상서비스에서는 3등급을 '주요' 폭풍으로 분류하며, 웹 사이트를 통해 다음과 같이 설명한다. "대대적인 피해를 유발함. 뼈대가 잘 갖춰진 주택에 중대한 피해를 입힐 수 있고 지붕 덮개와 박공을 벗겨 낼 수도 있음. 수많은 나무가 부러지거나 뽑혀 길을 막는 경우가 많음. 폭풍이 지나가면 수일 내지 수주에 걸쳐 전력 및 식수 공급이 불가능해짐."[10]

양곤에서는 나무가 수백 그루 쓰러졌지만, 시내의 사망자는 아주 적었다. 산업은 매우 빠르게 복구·가동됐다. 하지만 그리 멀지 않은 양곤 강 건너편의 사정은 아주 달랐다. 나르기스는 내륙 깊숙한 곳에 위치한 정부의 새 터전에는 다다르지 않았다. 적십자사에 따르면 실제 사망자 수는 8만 4,500명이며 실종자는 5만 3,800명이었다.[11] 수치가 맞다면 이는 유례없이 큰 규모다. 실종자 대부분이 사실상 사망한 것으로 간주하면, 사망자 수는 13만 8,000명에 달한다.[12]

나르기스가 주는 충격은 이 거대한 사망자 수보다는(가난한 나라에서 대규모 사망자가 발생했다는 소식에는 익숙하므로), 군부가 폭풍에 대응한 방식, 더 정확히 말하자면 아무 대응도 하지 않았다는 데 있다. 먼저 미얀마 정부는 기상예보 역량이 부족한 역내 일부 국가를 지원하는 인도 기상청에서 내놓은 경고를 대부분 무시했다. 상세한 보고 자료와 예보를 담은 일련의 경고문과 개인 이메일을 전혀 확인하지도 않고 답장도 하지 않았다. 물론 미얀마 정부는 경보를 제때 발령**했다**고 말하지만 폭풍 경로에 놓인 지역 주민을 체계적으로 대피시키려는 어떠한 노력도 하지 않은 것이 확실하다. 이와 반대로 태풍의 위험을 잘 알고 있는 필리핀 정부는 2013년 11월 하이옌이 접근할 때 수만 명을 대피시켜 셀 수 없이 많은 목숨을 구했다. 필리핀은 수많은 섬으로 이루어져 있고, 아무 때나 이동하기 쉬운 곳이 아니어서 대피는 매우 어려웠다. 인구 밀집도가 비슷한 다른 지역에 더 강력한 폭풍이 몰아쳤을 때도, 사망자 수는 나르기스에 비해 20분의 1 수준인 6,000명가량이었다.[13] 그래도 필리핀 총리는 지방정부가 더 효과적으로 대피를 시켰다면 사망자가 없었을 것이라고 한탄했다. 자국에서 태풍으로 사망자가 발생하는 것을 보는 게 부끄럽고 피하고 싶다던 대만 정부 관료의 모습이 떠오르는 장면이다.

2012년 3월 미얀마를 방문했을 때, 나는 허가 문제로 인해 삼각주 지역을 방문할 수는 없었지만, 뜻밖에도 수많은 사이클론 생존자를 만나 이야기를 나누면서 복구 과정에 대한 정보를 모을 수 있었다. 그들에게 가장 자주 들은 대답은 '별달리 한 게 없다'는 말이었다. 복구 작업이 있었다 해도 정부는 거의 아무런 도움을 주지 않았다고 했다.

한 가지 좀 놀라웠던 점은, 모두가 정부의 한심한 구호 및 복구 작업에 대해 강하게 비판했지만, 경보를 제때 전하지 못한 점을 비판하는 사람은 아무도 없었다는 것이다. 왜 그런 걸까? 이는 대체로 두 가지 요소가 결합되어 나타난 결과였다. 첫째는 나르기스가 완전히 유례없는 폭풍이었다는 사실이다. 미국 기상 예보 웹 사이트 웨더언더그라운드Weather Underground 사의 공동 창립자인 제프 매스터스Jeff Masters는 나르기스를 500년에 한번 일어날 만한 사건이라고 표현했다.[14] 놀랄 준비를 하고 놀라는 사람은 없다. 그런 일은 일어나지 않는다. 만약 런던에 살고 있는 사람이 스트랜드 가에서 화산이 폭발할 것이라는 예보를 듣는다면, 그 정보를 다소 미심쩍게 받아들일 것이다. 포르토프랭스 주민들이 막연히 지진이 올 것이라는 예보를 들었다면 미심쩍게 느꼈을 것처럼, 이라와디 삼각주 주민이 혹시 대피 명령을 들었다 하더라도 비슷한 느낌을 받았을 것이다.

두 번째이자 아마 더 중요했을 법한 이유는, 아이티처럼 미얀마의 보통 시민들도 정부에 별로 기대하는 바가 없다는 점이다. 나는 시민들로부터 '정부가 하는 그 어떤 얘기도 그다지 신뢰하지 않는다'는 말을 수없이 들었다. 정부가 하기 싫어서든 능력이 없어서든 아무것도 해 주는 게 없다면, 게다가 자신이 속한 민족 집단을 억압하기까지 한다면, 그 정부가 발령하는 경보에 주의를 기울일 사람은 별로 없을 것이다. 카트리나가 다가올 때 일부 주민이 뉴올리언스를 떠나지 않은 이유도 사실 정부에 대한 신뢰 부족이 일정 부분을 차지했을 것이다.

미얀마 삼각주의 주민들이 처한 빈곤의 덫은 마치 근대화된 세계에 사는 사람들을 고대 생활 방식에 가두어 놓은 시간의 덫 같은 것이다. 그들의 주택이나 생업은 대체로 부유한 나라에 비해 매우 취약하며, 건물도 훨씬 쉽게 피해를 입는다. 삼각주 지역에서 나르기스 수준의 폭풍에 견딜 만한 건물을 찾기는 쉽지 않다. 정부의 대책과 긴급 복구 활동은 모두 다 부적절했다. 피난처로 쓸 만한 안전한 공간은 거의 없었고 피난처를 찾을 수 있도록 도와줄 인력도 거의 없었다. 2008년 이라와디 삼각주의 주민들에게는 다가오는 폭풍에 대한 유용한 정보가 거의 없었고 탈출할 수단도 별로 없었다. 만약 경고를 받았더라도 수많은 사람이 죽었을 것이다. 그렇지만 당시의 사망자 수는 불확실성과 오차를 인정한다 하더라도, 너무 많았다.

삼각주에 사는 주민들에게 정부는 멀리 떨어진 안전한 곳에 머무는 외딴 존재였다. 앞서 지적했듯, 네피도는 나르기스에 거의 아무런 피해도 입지 않았다. 삼각주 지역의 피해 규모에 대한 정확한 보고서는 상당 기간 동안 정부 최고위급까지 도달하지 않았을 가능성이 매우 높다. 실시간 영상을 찍는 기상 채널 카메라 기자는 한 명도 없었다. 장성들은 대부분 미얀마에서 지진이 발생한다는 사실을 인지하지 못하고 있으며 이전의 쓰나미 사망자 수도 적게 집계했을 가능성이 매우 높기 때문에, 1장에 등장한 시카고 시장 데일리와 마찬가지로 사이클론 피해 규모의 집계치를 낮추어 스스로 대처가 가능한 듯 행동하려 했을 것이다. 2장에서 보았듯이 콘셉시온에서 칠레 대통령도 비슷한 대응을 했었다.

엠마 라킨의 저서 《모든 것이 부서졌다―버마에서 일어난 재앙》은 나르기스를 다뤘다.[15] 이 책에서 라킨은 내가 미얀마에서 들은 이야기를 거의 똑같이 썼다. 최고위급 장성들은 경제 상황이나 선거 결과에 대한 불만, 식량 안보, 문해율 등 국내에서 벌어지는 그 어떤 나쁜 소식도 들은 적이 없었다. 정보는 가장 낮은 단위, 그러니까 대체로 바닥의 상황을 아는 사람으로부터 올라가기 때문에, 올라가는 과정에서 모양새가 좋아 보이도록 계속 조작된다. 나르기스에 대한 보고서가 장성의 책상 위에 놓였을 때, 그 내용은 모두 다 좋은 것 뿐이었다. 모든 장성은 실제로 폭풍이 별로 걱정할 일이 아니라고 생각했을 가능성이 있다.

개혁주의자인 전 미얀마 대통령 떼인 세인은 이라와디 삼각주의 작은 마을에서 태어났는데, 나르기스가 강타할 당시 그는 국가재난대응위원회의 의장이었다. 나르기스 이전에도 세인의 위원회가 가동되고 있었는지는 불확실하다.

〈뉴욕타임스〉에 실린 떼인 세인에 대한 기사 '가장 걸맞지 않은 해방자'에서는 폭풍 이후 그가 유년 시절을 보낸 지역을 방문하고는 피해 규모에 얼마나 넋이 나갔는지가 묘사됐다. 재외 미얀마인 연합 대표 우 틴 마웅 딴에 따르면, 나르기스는 "충격적 깨달음을 얻는 계기였다. 이를 통해 [떼인 세인은] 구체제의 한계를 인식하게 됐다."[16] 떼인 세인은 기사 내용을 공개적으로 인정하지 않았지만, 나는 미얀마에 있는 동안 똑같은 얘기를 여러 번 들었다.

미얀마 정부가 구호 작업을 진행할 역량이 부족하다는 사실은 나르기스 이후 분명하게 드러났다. 정부의 무대응은 무관심, 무능력, 불안, 노골적인 술책이 끔찍하게 뒤섞인 결과였다. 정부를 장악하고 있는 군부는 주로 육군 고위 장교로 구성되어 있었고, 육군에 비해 규모가 작은 해군과 공군은 주로 육군을 도와 반란 진압과 국경 경비 활동에 참여했다. 미얀마 경찰은 이전에는 육군과 분리되어 있었지만, 현재는 군대의 보조 역할을 하고 있다. 미얀마는 수입의 25퍼센트를 군비에 투입한다[17](미국은 20퍼센트[18]). 육군은 근방에서 가장 잘 훈련된 사나운 전사로 정평이 나 있다.

그러나 군대가 구조나 구호 활동을 할 때도 사납게 행동하라는 법은 없다. 장성들은 행동을 해야겠다고 판단하자 거의 제멋대로, 게다가 이상한 방식으로 움직였다. 삼각주 지역은 상황이 가장 좋을 때에도 접근하기가 어려운 곳이었으니, 구호 활동이 복잡하고 어려웠을 것임은 틀림없다. 도로가 별로 없어 주로 작은 배로 이동해야 하기 때문에 잘 조직된 구호 대원이라도 어려움을 겪을 수 있었을 것이다. 심지어 경보가 제때에 잘 전달됐다 하더라도 대피가 쉽지 않아 일부만 탈출에 성공했을 것이다. 상황은 아마도 전운에 휩싸인 듯이,

시민들이나 잘 훈련된 장교마저도 적절한 결정을 내리기가 불가능한 처참한 지경이었을 것이다. 시속 100마일로 몰아치는 바람과 밀려오는 물결 속, 재난의 안개 한가운데서 무언가 결정을 내리기란 어려운 일이었음이 틀림없다.

수많은 사람을 통해 내가 들은 바로는, 사이클론이 강타한 대부분의 지역에서 사람들은 자력으로 헤쳐 나가야 했다. 지역 내 군인들도 위에서 명령이 내려올 거라는 기대를 하지 않은 채 자의적으로 움직였다. 주로 민족적 기반을 갖고 있는 지역 비정부기구들은 필요한 구호 도구를 일부 제공할 수 있었다. 듣기로는 당시 이런 비정부기구들이 정부의 강제나 감시에서 벗어나 보여 준 활동을 통해, 시민들은 이전에 경험하지 못한 자립과 자치에 대한 인식을 갖게 됐다고 한다. 폭풍은 미얀마 시민사회에서 시민들이 얼마나 중요하고 효과적인 역할을 할 수 있는지를 알려 주고 증명한 하나의 기회였다고 말하는 사람이 많았다.

그러나 장성들은 삼각주 주민을 위해 가능한 한 아무것도 하지 않으려는 듯 보였다. 실제로 그들은 해외 원조를 거절했다. 장성들은 스스로 상황을 통제하고 있으며 도움이 필요치 않은 듯 보이려 했다. 그리고 그 방법 중 하나는 문제를 아주 작고 통제 가능한 수준으로 축소하는 것이었다. 이를 '증명'하기 위해서, 그들은 사이클론이 강타한 지 불과 여드레 만에 국민투표를 강행했다. 삼각주 지역의 일부 주민은 사이클론 당시나 직후에 군대가 구호 작전을 수행했다는 어떤 증거도 본 적이 없다고 말했다. 그 이후로도 거의 없었다.

당시 장성들이 무슨 생각을 하고 있었는지는 추측해 볼 수밖에 없다. 몇 년이 지난 뒤 누군가가 당시 내부 상황을 알려줄지도 모른다. 하루아침에 지폐의 숫자를 바꾸고 변덕스럽게 수도를 이전하는 지독하게 나쁜 결정을 내린 사람들이 재난 시기라고 현명한 결정을 내렸으리라 기대하긴 어렵다. 도덕적으로 비난받아 마땅한 미얀마의 장성들은 아무것도 하지 않음으로써 유리한 지위를 차지할 기회를 거머쥐었고, 사실상 아무런 책임을 지지 않았다.

그런데 정말 왜 아무것도 하지 않는 걸까? 한 가지 이유는 무능력함을 숨기기 위해서다. 미얀마 군은 민간인 수색과 구조 경험이 전무하다. 그들은 대체로 정반대의 일을 한다. 군대는 국내의 모든 경제 행위를 통제해 이익을 자신과 측근에게 끌어 모은다. 이는 군사적 행동이 아니라 정치적 행동이다. 군대의 최우선 기능은 반란을 진압해 정치권력을 고수하는 것이다. 정부는 사이클론에 대응할 능력이 미약하고, 정부 내 인사 중 누구도 그 약점이 드러나기를 원치 않았다. 장성들의 끔찍한 논리는 아무것도 하지 않으면 아무 일도 할 필요가 없는 것처럼 보인다는 것이었다. 사이클론이 강타한 당시는 미얀마와 중국의 관계가 붕괴되기 시작하던 때여서 믿을 만한 동맹국의 지원에 의존하기도 어려웠고, 동쪽이든 서쪽이든 이웃 나라와 사이도 좋지 못했다.

그렇다면 도움을 주려는 이들을 방해한 이유는 뭘까? 부분적으로는 첫 번째 이유와 관련이 있다. 외부인이 들어오도록 허용하면 무언가 **해야 할** 일이 있다는 사실이 드러날 것이고, 그러면 상황이 그렇게 나쁘지 않고 모든 것이 통제하에 있다는 말이 속임수였음이 밝혀질 것이다. 장성들은 아무것도 하지 않은 이유를 설명해야 했을 것이다.

그러나 더 큰 이유는, 미얀마 외부 사람의 눈에는 이상하게 보이겠지만, 장성들이 침략을 당할까 봐 두려워하고 있었다는 거다. 〈컨템포러리 사우스이스트 아시아〉에 실린 앤드류 셀스의 통찰력 있는 논문은 미얀마가 역사적으로 수없이 많은 침공을 당했다는 사실을 상기시킨다.[19] 실제로 가장 최근에 있었던 세 차례 침공을 기억하는 사람이 여전히 생존해 있다. 미얀마는 가혹한 국제 제재를 받았고, 그 제재를 가하는 측에서는 정권 교체를 요구하고 있었다. 장성들은 1988년 폭동이 정부를 전복하려는 외부 세력의 의지 때문에 일어났으며, 쏟아져 들어오는 국제 원조 활동가들은 미국의 침공을 위한 구실일 뿐이라고 진심으로 믿고 있었다(셀스는 그들이 미국의 이라크 침공을 주의 깊게 지켜보고 있었다고 말한다). 사이클론 이후 프랑스 외교부 장관 베르나르 쿠시네르Bernard Kouchner가 '보호책임responsibility to protect'[20]을 내세워 강제적인 인도적 개입을 주장하자, 장성들은 인도주의를 핑계로 침공하려는 의도라고 생각했다. 미 군함이 (인도적 지원을 위해) 해안에 정박한 것은 그들의 이런 믿음을 뒷받침하는 증거가 됐다.

장성들은 고집스럽게도 침공이 임박했다고 진심으로 믿었기에, 국제사회는 그들의 이런 반응을 의식해야 했다. 하지만 도리어 장성들을 질책하면서 상황을 더 악화시켰다. 다른 어떤 접근 방식이 더 성공적이었을지는 알 수 없지만, 지금 내가 보기에 당시 국제사회의 대응은 문제를 더 악화시킬 뿐이었다.

사이클론 피해 지역은 미얀마 경제에서 그리 중요한 곳이 아니었던 데다, 정부에 반대하는 무장 세력이 지원하는 지역이었다. 장성들은 그 지역을 별로 중요하지 않게 생각했을지도 모른다. 그곳에 사는 주민 중에 자신들의 적이 있는데, 어째서 도와야 하나? 우리는 뒷장에서 이런 논리가 카트리나 이후 뉴올리언스에서도 재등장하는 것을 살펴볼 것이다. 모두가 알고 있듯, 사이클론 나르기스는 미얀마 경제에 어떤 영향도 미치지 않았다. 슘페터의 광풍은 적어도 삼각주 주민 대부분에게는 창조적 파괴를 가져다주지 않았다.

미얀마의 역사를 공정하게 서술한 문헌을 읽어 보았다면, 수십 년에 걸쳐 토지 약탈이 흔하게 일어났다는 것을 알 수 있다. 실제로, 영국의 미얀마 식민 지배기에는 식민 지배라기보다는 포획에 가까운 대대적인 토지 약탈이 벌어졌다. 나르기스 이후 벌어진 상황도 예상을 벗어나지 않는다. 일단 비와 바람이 멈추고, 폭풍 해일이 물러가고, 해수면이 정상으로 되돌아가자 풍부한 포획의 기회가 눈앞에 펼쳐졌고, 장성들은 드디어 움직이기 시작했다. 군에 속해 있거나 군과 밀접한 관계를 맺고 있기만 하면 토지를 손에 넣는 이득을 누릴 수 있었다.

그리고 미얀마가 민주주의를 향해 힘차게 움직이고 있는 현재까지도 이 상황은 지속되고 있다. 이제 미얀마는 국제 제재를 거둘 만큼 충분히 민주적이며, 강력한 민주화와 성장의 궤도에 올라 있는 상태다. 군이 자행하던 토지 약탈은 준법률에 따른 토지 탈취(캘리포니아 대학교 버클리 캠퍼스의 케빈 우즈가 명명한 용어에 따르면 '법적 토지 약탈')라는 새로운 형태로 바뀌었다.[21] 2010년 정권을 잡은 새 정부는 새로운 법률을 여러 건 만들었는데, 그중에는 (예를 들면 농지법 같은) 농민을 보호하려는 취지로 보이는 것도 있었다. 그러나 사실 그 법은 '국가적 이익'에 필요하다면, 국가가 토지를 수용할 수 있도록 허용하는 내용을 담고 있다. 국가적 이익에 해당하는지 아닌지를 누가 어떤 기준으로 결정하는지는 전혀 정해 두지 않았다. 실제로 그것을 결정하는 사람은 새 정부가 등장하기 전에 결정권을 갖고 있던 바로 그들인 경우가 많다.

미얀마에서는 지배층을 돕고 그 밖의 모든 사람은 배제하는 법제도를 기반으로 하는 명목상의 민주주의하에서, 군과 산업 이익 사이에 일종의 지배층 연대가 형성되고 있다. 지배권을 가진 자가 누구인가라는 측면에서 본다면 달라진 것이 하나도 없다는 말이 많이 나왔다. 군 세력은 여전히 깊이 뿌리내리고 있다. '민주화'가 이루어진 이유는 장성들의 이익에 부합했기 때문이라고 말하는 사람도 여럿 있었다. 군 세력은 잃은 것이 하나도 없다. 오히려 현재 미얀마 국내 활동을 허가받은 외국 기업들에게 토지와 같은 국가 자산을 팔아넘겨 이득을 취했다. 그들 중 일부는 그런 기업과 매우 밀접한 관계를 맺고 있다.

나르기스 이후, 이라와디 삼각주 주민 중 상당수가 유휴지, 휴경지, 무경지 관리법의 피해자가 됐다. 폭풍 해일이 휩쓸고 간 토지는, 미얀마에서 토지 확보에 혈안이 된 채 부상 중인 군경軍警 유착망에 연계된 법원에 의해 유휴지 및 휴경지로 손쉽게 뒤바뀔 수 있었다. 미얀마 토지관리법은 미국에서 토지 원소유자에게 적절한 보상을 한다면 정부가 사유지를 공적 목적(또는 정부 위탁 조직이나 공익 활동)을 위해 수용할 권리를 승인하는 수용권과 비슷한 제도를 도입했다.[22] 그에 따르면 미얀마 주민은 토지관리법에 따라 정부가 토지를 수용할 때 정당한 보상을 받아야 하는데, 그런 일은 일어나지 않는다. 보상이 행여 있다고 해도 너무나 적고 토지의 실제 가치에 전혀 미치지 못한다는 거센 항의와 저항이 나타난다. 쫓겨난 농부는 토지 없는 노동자가 되거나 다른 사람의 농장에서 적은 돈을 받고 일해야 한다. 오늘날 미얀마에서 토지는 상당히 가치 있는 자본이며, 권력자는 약자로부터 거침없이 토지를 빼앗고 있다.

똑같은 종류의 부당 행위가 하이옌으로 피해를 입은 필리핀에서도 나타난다고 한다. 현지에서는 '욜란다'라고 부르는 하이옌이 지나간 이후 도입된 기업 주도의 복구 재건 전략에 대해, 필리핀 청년 단체 소속의 아낙바얀은 이렇게 주장한다. "더 나은 재건은 재건 계획을 구실로 한 기업의 합법적 토지 약탈일 뿐이다." '욜란다복구지원RAY: Recovery Assistance for Yolanda'이라고 이름 붙인 그 전략은 국가 기금과 국제적 기부 자원을 욜란다로 피해를 입은 24개 지역, 현재는 '개발 지역' 또는 '클러스트'라고 불리는 지역의 공공-민간사업 수립에 사용한다는 내용을 담고 있다. 이 중 16개 지역을 필리핀 국내의 최대 기업 9개가 맡고 있으며, 주 내용은 관광, 부동산 개발, 광산 등의 개발이다. 그들의 계획 속에 폭풍에 짓밟힌 주민들의 생업 재건은 담겨 있지 않다.

생존자들이 벌이는 '인간 파도' 시위의 소란에도 불구하고, 필리핀 대통령 베니그노 시메온 아키노 3세는 복구가 잘 진행되고 있다고 주장했다. 그는 또한 사상자 수가 전무했어야 한다면서, 지방정부가 대피 작업만 제대로 수행했다면 가능했을 것이라고 분노하며 탄식했다. 욜란다는 예보가 잘 된 편이었다. 예보 후 태풍은 섬을 향해 직진해 들어갔고 빠른 속도로 섬을 가로질러 이동했다. 태풍의 빠른 이동 속도는 피해 규모를 덜어 주는 효과를 가져왔다. 만약 태풍이 느리게 이동했다면 폭우가 오래 지속되어 홍수가 더 많이 발생했을 것이다.

필리핀 중앙정부와 지방정부 사이의 책임 공방을 보노라면, 미국에서 카트리나 이후 대통령 부시, 주지사 블랑코, 시장 네이긴 사이에 있었던 일이 떠올라 마음이 편치 않다. 아키노 대통령의 재건 담당 비서 판필로 락손Panfilo Lacson은 심지어 시위하는 생존자들을 게으른 좌파라고 부르기까지 했다. 그가 보기에 아마도 생존자는 대피를 해야 했는데도 협조하지 않아 정부를 곤란하게 만든 골칫덩이일 뿐이었을지 모른다.

필리핀에서 앞으로 일이 어떻게 돌아갈지 예상하기는 너무 이르다. 국제투명성기구는 필리핀은 부패했지만(2013년 177개국 중 94위) 완전히 부패한 나라는 아니라고 보았다. 그래도 그 정도 부패 수준에 기업 이익과 정부가 밀접한 관계를 맺은 상태라면, 토지 재분배를 어떻게 하더라도 부유한 지배층에게 이익이 돌아가고 이미 경제적 서열에서 가장 낮은 위치에 있는 사람들은 손해를 볼 것으로 짐작된다.

재난 앞에서 권력자는 너무나 많은 유혹에 직면한다. 사회의 다른 요소들도 그렇듯, 재난은 사회적·정치적·재정적 이익에 맞추어 다루어진다. 정부의 형태와 발전 단계는 그리 크게 중요하지 않다. 이득을 취하는 도구와 행위자, 방법이 달라질 뿐이다. 재난의 형태도 별로 중요하지 않다. 사이클론이든 지진이든, 예상을 했든 못했든, 재난 이후의 상황이 주는 유혹은 마찬가지다.

미얀마 정부는 억압적인 데다 여러 가지 기행을 저질렀지만, 나르기스를 둘러싼 사연은 결코 특이하지 않다. 군부의 불안이 강하게 드러나긴 했어도 폭풍에 대한 정부의 대응 방식은 특별하지 않았고, 다른 여러 나라에서도 찾아볼 수 있는 모습이었다. 이미 아이티에서 보았고 앞으로도 계속 확인하게 될 것이다. 재앙이 가져온 피해가 괴멸적이며, 괴멸된 지역은 너무나 취약해 시민들이 살 수 없다고 선언하는 것은 꽤 쉬운 일이다. 그런데 바로 그 상황에서 정부와 민간 주체들은(또는 두 집단이 협력하여) 사적 이익을 위해 토지를 탈취할 기회를 얻는다. 자연은 뜻하지 않게 재산을 가난한 사람으로부터 부유한 사람에게로 이전하는 데 기여하곤 한다.

. 6 .

# 충격에 뒤덮인
# 뉴올리언스

미얀마와 아이티에서 일어난 재난은 예상 수준보다 더 심각했다는 점에서 뉴욕과 뉴올리언스의 재난과 비슷하다. 이 장에서는 뉴욕과 뉴올리언스에서 일어난 두 재난이 왜 그렇게 심각했으며 누가 그렇게 만들었는지를 살펴볼 것이다.

미얀마나 아이티와는 다르게, 뉴올리언스에는 특히 관광과 문화 산업 분야에서 활발하게 사업을 펼치는 중산층이 **있고**, 그중 일부는 상당히 번창하고 있다. 툴레인 대학교, 로욜라 대학교, 뉴올리언스 대학교와 병원, 항만 시설, 석유 화학 단지 등이 주요한 일자리를 제공하고 있다. 그러나 뉴올리언스 주민의 상당수는 발전이나 계층 이동에 대한 희망 없이 일자리를 얻지 못하고, 교육 받지 못하고, 건강은 악화되는 빈곤의 덫에 빠르게 걸려들어 가고 있다. 뉴올리언스 주민 대부분은 현지 출신이다. 이들에게는 허리케인 때문에 도시 밖으로 대피한다는 것은 난생 처음 너무나 낯선 곳으로 가야 한다는 뜻이 된다.

뉴올리언스는 미국에서 두 번째로 가난한 주인 루이지애나 주의 제일 큰 도시다(첫 번째로 가난한 주는 바로 동쪽에 인접한 미시시피다).[1] 가구 소득 불평등 또한 조지아 주 애틀랜타 다음으로 가장 심각하다.[2] 미국인간개발계획American Human Development Project은 인간개발지수(국제연합의 인간개발지수와는 산출 방식이 다르다)상에서 루이지애나를 밑에서 세 번째로 꼽으며, 최하위로는 역시 미시시피를 꼽는다.[3]

루이지애나에서 가난은 지극히 인종적이다. 백인 가구 중 25퍼센트가 10만 달러 이상의 수입을 얻으며, 수입이 1만5,000달러 이하인 가구는 7퍼센트에 불과하다. 아프리카계 미국인은 정반대의 수치를 나타내는데, 10만 달러 이상의 수입을 얻는 가구는 7퍼센트뿐이며, 1만5,000달러 이하의 수입을 얻는 가구는 25퍼센트에 달한다.[4]

뉴올리언스의 지리적 구조는 미얀마의 양곤과 비슷하다. 둘 다 복잡하게 굽이쳐 흐르다 남쪽의 비옥한 삼각주로 흘러가는 구부러진 띠 모양의 강(미시시피 강과 양곤강)을 끼고 있다. 둘 다 해운 중심지로 국내 생산품을 수출하는 통로다. 가난은 이러한 지리적 구조를 따라서 나타난다. 뉴올리언스 경제에 아주 중요한 지역인 버번 스트리트Bourbon Street에 머무는 여행자는 결코 이런 모습을 볼 수가 없다. 가난한 사람들은 관광 명소라고는 전혀 없는 로워 나인스 워드Lower Ninth Ward나 젠틀리Gentilly 같은 제한된 지역에 분리되어 살기 때문이다. 브루킹스 연구소의 앨런 베루비와 브루스 카츠는 이렇게 말했다.

동네에 이런 사람들이 주로 살고 있는 건 우연한 일이 아니다. 가난한 가구, 특히 가난한 흑인 가구를 경제적 고립 지역에 격리하는 정책이 수십 년에 걸쳐 이어져 온 것이 한 가지 원인이다. 게다가 뉴올리언스는 음식 수준이 높기로 유명한 데도 불구하고, 이들 지역은 물건도 많지 않은 소규모 잡화점 밖에는 신선 식품을 구할 곳이 없는 식품 사막(채소 등 신선 식품을 구입하기 어려운 지역)이기도 하다. 연방 정부는 공공 주택을 도심의 격리된 지역에 몰아넣고, 도시 외곽의 난개발을 지원하면서도 그렇게 개발된 근교 지역에서는 저소득 가구와 소수집단이 감당 가능한 주택을 공급하지 않아, 이들이 적절한 주거, 교육, 경제적 기회를 누릴 권리를 박탈했다.[5]

뉴올리언스의 로워 나인스 워드는 포르토프랭스의 슬럼 지역인 시테 솔레이유와 그다지 비슷해 보이지는 않지만, 기능적인 면에서 두 지역은 본질적으로 동일하다. 둘 다 가장 가난한 사람들이 몰려 있는 지리적으로 제한된 구역으로, 각 도시 안에서 보건 수준이 가장 낮고, 공공서비스가 부족하며, 제일 위험한 지역이다. 미얀마에서는 가난의 증거가 드러나는 걸 원치 않던 장성들이 양곤과 만달레이를 관광객에게 좀 더 매력적으로 보이려고, 도심 슬럼 지역 주민 수백만 명을 강제로 외곽으로 쫓아냈다. 양곤 중심부에서는 오토바이도 탈 수 없다. 슬럼 강제 철거가 너무 끔찍하게 들린다면, 1949년 미국 주택법에서 황폐한 지역의 '재생'을 위해 수용권 발동을 허용했던 사실을 기억해 보라. 전 세계 도시 대부분이 발전 단계 중 특정 시기에 주로 '도시 재생'이라는 명목으로 슬럼 강제 철거를 자행해 왔다.

뉴올리언스의 부유층 또한 자신만의 구역이 있다. 대부분 가든 디스트릭트Garden District 내부와 주변 지역으로, 아이티의 페티옹빌과 본질적으로 같은 공간이다. 호화스러운 오듀본 공원Audubon Park 바로 맞은편에 있는 오듀본 플레이스는 외부인 출입을 제한하는 사유지다. 오른쪽 모퉁이에는 툴레인 대학교 총장의 저택이 있다. 오듀본 플레이스는 수해를 전혀 입지 않았다. 도시 내에서 해수면보다 높은 몇 안 되는 좋은 위치에 자리 잡고 있기 때문이다. 이처럼 뉴올리언스의 부유층은 포르토프랭스와 마찬가지로 말 그대로 우위를 차지하고 있다.

이런 식의 지리적 배치는 우연과는 거리가 멀다. 미시시피 강은 주기적으로 범람한다. 홍수는 삼각주에 비옥한 토양을 형성하는 원천으로, 그 지역이 대표적인 면화 생산지가 된 요인이다(이라와디 삼각주는 쌀 생산에 좋은 지역이다). 제방이 마련되기 전까지는 (심지어 그 후에도) 미시시피 삼각주에 사는 사람이라면 누구나 수많은 홍수를 겪었을 것이고, 물이 범람해도 잠기지 않는 지역이 어디인지를 파악하기까지는 그리 오랜 시간이 걸리지 않았을 것이다. 그 곳이 바로 부유층이 옮겨갈 곳이다. 천혜의 조건을 가진 그런 지역의 부동산 가치는 금세 치솟아 오르게 마련이다. 그런 곳은 단시간에 부자들만의 구역으로 변한다. 그러나 부유하지 못한 사람은 소외된 지역의 소외된 주민으로, 원래 살던 곳에서 그대로 살아가야만 한다.

뉴올리언스와 아이티를 동일시하는 것은 지나친 과장일 수 있지만, 인쇄 매체와 텔레비전 그리고 뉴올리언스에서 사람들과 나눈 대화 속에서는, 정부가 카트리나에 대응한 방식이 "우리를 제3세계처럼 보이게 만들었다"는 말이 수없이 반복되어 나타났다.[6] 이 말 속에 어떤 뜻이 담겨 있었는지 정확히 파악할 수는 없다. 내게는 그 말이 타이완에서 만난 정부 관료들이 보이던 부끄러움과 비슷하게 다가왔다. 뉴올리언스의 사망자 수와 피해 규모는 부유한 나라보다는 아이티나 방글라데시 같은 개발도상국에서 주로 들려오던 소식에 더 가까웠다. 이처럼 뉴올리언스는 세계 최고의 경제권 내에 위치하고 있음에도, 카트리나라는 재난을 통해 지구상에서 가장 가난한 미얀마와 아이티의 두 도시와 다를 바 없는 수많은 특징을 드러냈다.

카트리나가 덮치던 당시 뉴올리언스 지방정부에는 속속들이 부패가 만연해 있었다. 루이지애나는 2005년 (알래스카와 미시시피 다음으로) 미국에서 세 번째로 인구 대비 부패 처벌 건수가 높은 주로 꼽혔다.[7] 카트리나 발생 당시 지방정부에서 가장 중요한 역할을 맡고 있던 관료 두 명마저 부패 혐의로 기소됐을 정도다. 시장 네이긴은 2014년 스무 가지의 다양한 부패 행위로 유죄 판결을 받아 10년형을 구형 받았다. 가장 큰 건은 공모죄였고, 뇌물 수수가 다섯 건(기소는 여섯 건), 금융 사기 아홉 건, 자금 세탁 모의 한 건, 허위 납세 신고가 네 건이었다.[8] 뉴올리언스 외곽의 광활한 구역을 차지하고 있는 제퍼슨 패리시Jefferson Parish의 최고행정관 애런 브루사드Aaron Broussard에게 역시 정치적 부패 혐의가 인정됐다.

네이긴이 처벌 받은 부패 행위가 모두 다 카트리나와 직접적으로 관련된 것은 아니었다. 대다수는 '일반적인' 것이었다. 네이긴은 잘못한 것이 없다고 주장했으며, 심지어 스스로 그렇게 믿고 있을 것이다. 그런 행위는 뉴올리언스 시장이 직무를 수행하는 방식일 뿐이었다. 다만 폭풍이 네이긴의 부패를 처리할 특별한 기회를 제공한 것이다.

각각의 상황이 다르긴 해도, 아이티, 미얀마, 뉴올리언스의 부패는 별 차이가 없다. 선거로든 강제력으로든 정권을 잡은 이들은 자신을 둘러싸고 있는 힘센 지지자들에게 수익성 높은 계약이나 사업상의 특혜를 대가로 제공한다. 그러면 지지자의 충성심을 높이고, 리베이트를 받고, 자신의 부를 취득하는 행위에 대한 걸림돌을 제거할 수 있다. 이런 권력자들은 (선거를 한다는 전제하에) 가식적인 모습을 보여야 하는 선거 시기를 제외하면 시민의 삶에 별 관심을 보이지 않는다.

미얀마와 미국은 여러모로 확실히 다르긴 하지만, 나르기스에 대한 미얀마 정부의 공식 대응이 있었다는 증거를 찾기가 매우 어렵다는 점에서는, 루이지애나 연안을 강타한 카트리나의 소식에 대한 부시 정부의 대응을 떠올리지 않을 수가 없다. 대통령 조지 W. 부시와 부통령 딕 체니는 당시 휴가 중이었고, 둘 중 누구도 그 상황을 자신의 여가 시간을 방해받을 만큼 심각하다고 여기지 않았다. 부시와 체니가 워싱턴으로 복귀하기까지는 여러 날이 걸렸다. 묘하게도 그 기간은 미얀마 지도자들이 나르기스에 대한 행동을 취하기까지 걸린 시간과 비슷하다.

부시가 뉴올리언스에서 일어나고 있던 파괴와 구호 작전의 규모를 어느 정도로 이해하고 있었을지는 짐작해 보는 수밖에 없다. 텍사스 크로포드의 별장 또는 백악관의 집무실에 있던 부시가 미시시피 삼각주에서 벌어진 비극에 대해서, 네피도의 집무실에 있던 미얀마 육군 총사령관 딴 쉐가 이라와디 삼각주의 고통에 대해 알고 있던 것에 비해 얼마나 더 많이, 또는 적게 알고 있었을지는 가늠하기가 쉽지 않다. 둘 다 보고를 받았지만, 둘 다 (매우 다른 방식으로) 진실을 몰랐거나, 믿지 않았거나, 믿고 싶지 않았거나, 신경 쓰지 않았던 것처럼 행동했다. 그도 아니면 아예 이해를 못했던 것일지도 모르겠다.

카트리나가 그렇게 신경 쓸 만한 일이 아니라고 생각한 건 대통령만이 아니었다. 국방장관 도널드 럼스펠드Donald Rumsfeld는 카트리나가 상륙하던 날 샌디에이고 파드리스 야구 경기를 관람했다. 이틀

후, 뉴올리언스에 엄청난 비극이 발생했음을 부인할 수 없게 되고 부시의 휴가가 끝나던 그날, 국무장관 콘돌리자 라이스Condoleezza Rice는 브로드웨이 연극을 관람하러 가서 관중들로부터 야유를 받았다. 그래도 아랑곳없이 다음날에는 유에스 오픈에 참석하고 뉴욕 5번가에서 구두를 구입했다. 미 연방재난관리청을 관장하는 국토안보부 장관 마이클 처토프Micheal Chertoff는 여러 날이 지나도록 별 관심을 갖지 않았던 모양인지, 나중에 상황의 심각성을 인지하지 못했었다고 주장했다. 그리고 미얀마에서 장성들이 주장했던 것과 마찬가지로, 부시 정부로부터 나오는 발언은 모두 다 구호 작업이 순조롭게 진행되고 있다는 주장뿐이었다.

딴 쉐와 조지 부시가 마침내 자국의 남부 삼각주에 발생한 재난의 규모를 받아들이기 시작했을 때는, 둘 다 엄청난 인명과 재산 손실보다는 자신의 정치적 손실과 명성의 훼손을 더 염려하는 방어적인 태도를 보였다. 둘 다 초기에는 모든 상황이 잘 통제되고 있다고 주장하려 들었다. 둘 다 최종적으로는 사태에 대한 관심을 표시하고 현장을 방문해야 한다는 언론 및 측근의 설득을 받아들였다. 처음에 부시는 휴가지로부터 워싱턴으로 돌아가는 전용기 안에 앉아서 현장을 내려다보았다. 비행기가 낮고 비교적 천천히 날긴 했어도, 뉴올리언스를 통과하는 시간은 그리 오래 걸리지 않았다. 전용기에서 매우 어리둥절한 표정으로 창밖을 내다보는 그의 모습은 사진으로 공개됐다. 최고사령관이 고뇌에 차서, 염려스럽지만 책임감 있는 모습으로 명령을 내리는 모습을 담아 주기를 바라며, 여러 언론 매체를 대통령 전용기에 초대했던 것이다. 하지만 사진에 담긴 그의 모습은 그 아래 지상에서 일어난 비극과는 너무나도 거리가 멀어 보였다. 대통령이 시민의 삶의 면면으로부터 유리된 느낌을 받은 사람들은 그에게 '머리 위로 지나쳐 가는 대통령Flyover President'이라는 이름을 붙여 주었다.[9]

부시는 아마 뉴올리언스에 발생한 비극의 전체 규모를 정말로 알지 못했을 수도 있다. 마침내 허리케인이 물러간 다음 날, 도시의 중심부는 피해를 입긴 했지만 폐허가 되진 않은 상태였고, 시장 네이긴은 도시가 총탄에서 벗어났다고 말했다. 로워 나인스가 몽땅 물에 잠겼는데도, 그는 그 사실을 알지 못했다.

마침내 재난 현장을 찾았을 때, 두 지도자는 저마다 처음에는 걱정스러웠지만 이제는 파악이 됐다는 모습을 적당히 내비치며, 재난 관리 기관장이 제때 역할을 훌륭히 해 주었다고 치켜세웠다. 부시는 자신이 임명한 연방재난관리청장 마이클 브라운에게 "대단한 일heckofajob"을 하고 있다고 말해 순식간에 조롱거리가 됐다.[10] 브라운이 나중에 자신의 인터뷰를 담은 책《지독한 무관심, 완벽한 (정치적) 폭풍: 허리케인 카트리나—부시의 백악관, 그리고 그 후》에서 밝힌 바에 따르면, 문제의 이 발언은 부시가 브라운과 관련자들로부터 도시의 90퍼센트가 물에 잠겼고 "제대로 돌아가는 게 하나도 없다"는 보고를 들은 직후에 나온 것이었다.[11]

놀랄 일도 아니지만, 브라운은 그 책에서 전혀 부끄러움 없이 비난의 화살을 자신이 아닌 윗사람들, 특히 부시에게로 전가하려 했다. 자신은 그저 행정부의 일원이라는 이유로 카트리나에 제대로 대응하지 못한 데 대한 비난을 한 몸에 받는 입장이었을 뿐이라면서 말이다. 미국 정치권에서는 일이 심각하게 잘못된 경우, 직접적인 비난을 받든 어쨌든, 항상 누군가가 그 책임을 지게 되어 있다. 브라운도 파면되기 며칠 전부터 사임하라는 요구를 받았다. 이는 브라운만

당한 일은 아니다. 미국에서는 자연재해 대응에 문제가 생기면 언제
나 연방재난관리청장이 비난을 받는다.

여기서는 카트리나가 실제로 얼마나 심각했는지를 파악하는 것
이 중요하다. 단지 대응이 형편없었다는 것만이 문제는 아니었다. 당
시 비난의 대상은 사소한 문제나 정치적 다툼이 아니라, 엄청난 죽음
과 파괴에 대한 책임이었다.

카트리나는 아주 많은 면에서 기존의 틀을 뛰어넘는 사건이었
다. 사망자 수를 정확히 집계하기가 놀라울 정도로 어려웠으며, 앞에
서 살펴본 것처럼 사망자 수 자체는 장기적인 사회경제적 영향과 큰
관련이 없긴 하지만, 한 가지 아주 분명한 사실은 그 수가 하여튼 지
독하게도 컸다는 것이다. '공식적' 사망자 수는 1,833명이었는데, 실
제로는 그 두 배는 족히 되었을 것이다.[12]

카트리나 이전까지는 미국에서 역대 가장 거대했던 폭풍과 허리
케인도 그렇게 많은 사람의 목숨을 앗아간 적이 없었다. 1992년 8월
24일, 5등급 허리케인 앤드류가 플로리다 데이드Dade 카운티에 상륙
했다. 앤드류는 미국 역대 허리케인 중에서도 매우 악명이 높았는데,
그 이유는 사망자 수가 아니라 생존자 수천 명이 요구한 보상 때문에
무려 11개 보험사가 결국 퇴출됐기 때문이다. 사망자는 65명이었다.
샌디의 사망자는 117명으로, 대부분 뉴욕 주민이었다. 샌디로 인해
미국 외에 가장 큰 피해를 입은 아이티에서는 53명이 사망했다.[13] 이
숫자들이 사소한 것은 아니지만, 카트리나에 비교하면 매우 작다.

카트리나만큼 치명적인 피해를 준 허리케인을 찾으려면 1992년
보다 꽤 오래전으로 거슬러 올라가야 한다. 가장 가까운 것은 1928
년 플로리다 남부 오키초비Okeechobee 호수의 이름을 딴 허리케인 오

키초비다. 기록된 사망자는 대부분 호수의 제방이 터져 인근 농지가 꽤 멀리까지 홍수로 뒤덮였을 때 목숨을 잃었다. 사망자는 2,500명 정도였지만(신기하게도 애초 공식 집계는 카트리나 사망자의 공식 수치와 가까운 1,836명이었다), 그중 상당수는 주로 바하마 출신인 농장의 흑인 이주노동자였고, 폭풍 이전까지는 그 수가 얼마였는지 파악된 적이 없었다. 수백 명이 묘비도 없이 공동묘지에 매장됐다. 백인 사망자도 있었지만, 그들은 당시 구하기 쉽지 않던 몇 개의 관에 안장되어 묻혔다. 오키초비 호수의 허리케인으로 죽은 사람들의 정확한 수는 파악되지 않았고, 앞으로도 결코 알 수 없을 것이다.

미국에서 카트리나보다 사망자 수가 더 컸던 허리케인을 찾으려면 한 세기 이상을 거슬러 올라가야 한다. 1900년 9월 8일 발생한, 갤버스턴 홍수(실제로는 허리케인이었다)라 불리는 재난이 그것이다.[14] 당시 사망자 수는 오키초비와 카트리나의 희생자를 합한 것보다 훨씬 더 컸다. 갤버스턴 홍수는 근대 미국 역사상 가장 큰 인명 피해를 끼친 자연재해로 남아 있다. 폭풍 이후 수일에 걸쳐 확인한 사망자 명단을 게재했던 〈갤버스턴 뉴스Galveston News〉는 10월 7일, 최종 사망자 수를 4,263명으로 발표했다. 1900년대 초반 텍사스 여러 도시의 기업 대표 전화번호와 개인 주소록을 펴내던 모리슨 앤 포미 컴퍼니 The Morrison and Fourmy Company에 따르면, 당시 갤버스턴의 인구는 8,124명 줄었지만 2,000명 정도가 다른 지역으로 이주한 것으로 확인됐기 때문에 그 숫자가 전부 사망자 수에 해당하지는 않는다. 웹 사이트나 기타 자료를 통해 확인할 수 있는 가장 일반적인 수치는 5,000명에서 8,000명 사이로, 뒷자리 숫자 0 세 개는 정확한 수를 알지 못해 임의로 붙인 것이다. 그러나 어찌됐든 〈갤버스턴 뉴스〉가 발표한 4,263명에서 정확도를 위해 조금 더 늘린 듯한 5,000명이라는 가장 낮은 수치를 택한다 해도, 갤버스턴 홍수의 사망자 수는 카트리나의 그것보다 훨씬 더 크다.

뉴올리언스의 상황이 그렇게 나빴던 이유는 예보가 잘못 되어서는 아니었다. 폭풍의 경로는 상당히 단순했다. 이전에 거쳐간 수많은 폭풍의 경로에서 살짝 비켜난 정도였다. 그간 그 지역을 지나갔던 수백 건의 폭풍 정보는 축적되어 새로운 폭풍이 지나갈 경로를 예측하는 분석 자료로 사용된다. 카트리나는 특이한 사건이 아니었다. 8월 29일로부터 여러 날 전에 이미 대형 폭풍이 뉴올리언스를 지날 것이라는 기상예보가 나오고 있었다. 사실 미국 국립허리케인센터는 카트리나 상륙 3일 전에 실제로 카트리나가 지나갔던 경로와 무서우리만치 비슷한 이동 경로를 예측하고 경보를 발령했다.[15] 마침 멕시코 만이 유난히 따뜻해서 허리케인의 강도가 상당이 커질 것으로 예측됐다. 멕시코 연안 지역 당국에 전달된 정보는 대피 계획을 세우고 지역 주민을 보호하기에 충분한 수준이었다.

카트리나는 최초이자 가장 중요한 도시 비극이었다. 뉴올리언스 빈민 지역에 특히 인구가 밀집됐던 현실은 카트리나 폭풍 해일의 위력과 결합해 상상을 초월하는 비극을 불러왔다. 도시화가 덜 진행된 연안의 다른 지역도 엄청난 피해를 입긴 했지만, 사망자 수는 훨씬 적었다. 카트리나가 정확히 상륙한 곳은 미시시피 주 패스 크리스천Pass Christian이었지만, 미시시피의 사망자 수는 238명으로 뉴올리언스만큼 어마어마하진 않았다. 미시시피에서는 제때에 질서 정연하게 대피가 이루어졌다. 그 사실로 미루어 볼 때, 뉴올리언스에서도 미시시피에서처럼 대피가 잘 됐다면 카트리나 총 사망자 수는 500명에서

600명 정도로 그쳤을 수 있다. 그랬다 해도 허리케인 사망자 수로는 미국 뿐 아니라 전 세계적으로도 상위권을 차지했겠지만, 실제 일어난 결과에 비해서는 아주 미미한 수치였을 것이다.

뉴올리언스에서 가장 문제가 되었던 것은 제방이었다. 그때 무너진 제방은 미시시피 강의 홍수 제어를 위해 건설한 제방은 **아니었다**. 뉴올리언스 방문자가 볼 수 있는 유일한 제방인 홍수 제어용 제방은 카트리나 당시에도 건재했다. 뉴올리언스 북쪽 경계에는 폰차트레인Ponchartrain 호수가 자리 잡고 있으며, 정교한 제방 설비가 호수의 물을 제어하고 있다. 이 제방도 미시시피 강의 제방과 마찬가지로 무너지지는 않았다. 하지만 폭풍이 내륙으로 이동하면서 방향이 남쪽으로 바뀌자, 이미 도시 대부분을 물에 잠기게 만든 해일의 반대 방향으로 호숫물이 제방을 넘어 폭풍 해일에 맞먹을 만큼 크게 범람했다.

카트리나에 무너진 제방은 여기가 아니라, 인공 운하의 물을 가두던 곳이었다. 제일 먼저, 가장 심하게 터진 것은 폰차트레인 호수와 미시시피 강을 연결하는 산업 운하였다. 강과 호수는 수위가 다르기 때문에, 미시시피 강에서 호수로 들어가는 물은 산업 운하로 들어가기 전에 수위 조절용 갑문인 이너 하버 내비게이션 커널 락Inner Harbor Navigation Canal Lock(보통은 인더스트리얼 락으로 부름)을 거치게 되어 있었다. 그 운하의 제방은 뉴올리언스로 밀려들어오는 폭풍 해일에 대응할 수 있도록 설계된 것이 아니었다. 폭풍 해일로부터 도시를 보호하기 위해서가 아니라, 도시를 가로질러 물건을 운송할 산업용 수로를 확보하기 위해 지은 것이었다.

폰차트레인 호수와 미시시피 강을 연결하는 운하 건설 계획은 19

세기 말에 수립됐고, 뉴올리언스 중심부에 위치한 원래의 운하 예정지에는 '커널 스트리트'라는 이름이 붙었다. 그러나 운하는 커널 스트리트에 건설되지 않았다. 1914년 초 산업 운하 건설이 시작됐을 때 운하 공구工區는 나인스 워드를 관통해 뻗어 나갔다. 현재 로워 나인스 워드는 산업 운하의 동쪽에 위치하고 있으며, 수로는 서쪽에 있다. 사람이 살지 않는 습지대에서는 지하를 관통하는 구간도 있지만, 나인스 워드에서는 지상에 수로를 내기 위해서 주택과 산업용 건물, 그리고 100년이 넘은 수도원 건물까지도 철거해 버렸다. 산업 운하는 애초에 상업용 화물 운송 통로와 선박 점검용 조선소를 갖춘 항만 시설을 제공하기 위해 지은 것이었다. 바로 이 설비가 카트리나가 덮쳐 오자 가장 먼저 무너져 로워 나인스 워드를 침수시키는 역할을 했다.

미시시피 강 출구 운하MRGO: Mississippi Liver Gulf Outlet와 멕시코 만 연안수로GIWW: Gulf Intracoastal Waterway는 이후에 건설되어 산업 운하와 연결됐다. 선박이 멕시코 만으로 나가는 지름길을 낸 것이었다. 산업용으로 건설된 이 세 운하는 뉴올리언스에서 (예전에도 현재도) 가장 가난한 지역 일부를 관통하고 있다. 이 지역의 주민들은 운하를 놓을 위치에 대해 발언할 기회를 거의 갖지 못했고, 운하로부터 별다른 혜택을 얻지도 못했다. 운하를 건설하던 20세기 중반에는 제방이 매우 안전해 보였을 것이다. 그러나 카트리나 때 미시시피 강 출구 운하는 스무 군데나 갈라져 세인트 버나드 페리시Saint Bernard's Parish 전체와 플라크마인스 페리시Plaquemines Parish 일부를 침수시켰다. 사고 직후 운하는 폐쇄됐다.

서쪽으로 한참 떨어진 부유한 지역인 레이크뷰에서도 17번가 운하Seventeenth Avenue Canal와 런던가 운하London Avenue Canal가 터졌다(나머지

하나인 올리언스가 운하Orleans Avenue Canal는 터지지 않았다). 두 운하 모두 도시 중심부 인근에서 시작해 폰차트레인 호수로 뻗어 나간다. 두 운 하는 도시에 집중호우 등이 발생하면 물을 퍼내 흘려보내는 배수로 다. 이 운하들 없이 수마일에 걸친 지하 배수로만 갖고는, 웬만한 비 에도 홍수가 날 수 있다. 그런데 카트리나로 이 배수용 운하의 펌프 가 망가졌고 펌프 시설도 물에 잠겼다. 현재 뉴올리언스 대부분은 뉴올리언스 볼New Orleans Bowl이라는 지반 침하를 겪고 있으며, 현재의 지반은 지난 300여 년을 통틀어 가장 낮아진 상태다. 1718년 프랑스 가 뉴올리언스를 발견하던 당시 이곳은 강이 급격히 휘돌아 가는 전 략적 방어 진지였기 때문에 입지로 선택됐다. 무역을 하기에도 좋은 위치였고, 그때 지면은 강의 수위보다도 높았다. 지금은 강과 호수 근처의 일부 지역을 제외한 도시의 대부분이 해수면보다 낮아졌다.

뉴올리언스 운하의 설비는 현대 기술의 경이라고까지 말하기는 어렵지만, 구식도 아니다. 운송용 운하 건설 당시에는 허리케인의 위 험을 그다지 자세히 이해하지 못하고 있었다. 초기의 산업 운하 건설 계획은 1900년 갤버스턴이 발생하던 시기에 입안됐다. 당시 기상 전 문가들은 갤버스턴이 4피트 이상 침수될 가능성은 별로 없다고 믿었 다.[16] 그것이 그 시절에 얻을 수 있는 최선의 과학적 자료였다.

뉴올리언스에 산업 운하를 설계하고 건설한 사람들은 지식이 그렇게 풍부하지 않았다. 지금처럼 기상 조건을 최우선으로 고려하 는 사고가 확립되어 있던 때가 아니었다(그 개념은 제2차 세계대전 이 후에야 일반화됐다). 미국의 기상학은 유럽보다 뒤쳐져 있었다. 사람들 은 대부분 갤버스턴 같은 사건은 쉽게 일어나지 않는 자연의 변덕일 뿐, 평생에 또다시 겪을 일은 없을 거라 믿고 있었다. 그러나 카트리나는 변덕스러운 사건이 아니었다. 큰 축에도 속하지 않는 그저 평범한 허리케인이었다. 그런 허리케인은 그동안 수없이 멕시코 만을 지나갔다. 2005년에는 카트리나 수준의 허리케인에 대한 기상학적 경험이 풍부히 축적되어 있었다.

운하를 건설하던 때에는 강과 강의 홍수 제어에 관한 지식도 별로 많지 않았다. 제방은 그 당시 확보할 수 있는 역사적 기록과 제방 공학적 경험을 바탕으로 건설됐다. 강의 수면을 크게 상승시키는 홍수는 허리케인으로 인해 주기적으로 일어났지만, 그렇게 자주 발생하지는 않았다. 때문에 운하의 제방을 설계하고 건설하는 이들은 대형 허리케인 발생 가능성을 그리 크게 고려하지 않았다.

1965년 허리케인 벳시가 발생하자 상황은 완전히 달라졌다. 폭풍은 특이한 경로로 진행됐고, 플로리다와 뉴올리언스에 상륙하기 전에 몇 차례 급격히 휘었다. 카트리나와 달리 벳시는 예보하기가 아주 어려웠다. 벳시는 사피어-심슨 척도상으로 카트리나와 동급이었고 뉴올리언스로 들어가는 경로도 비슷했지만, 사망자 수는 76명에 불과했다.[17] 벳시는 카트리나와 마찬가지로 미시시피 강 출구 운하와 산업 운하를 터트리고 펌프 설비도 망가뜨려 대규모 홍수를 일으켰다. 벳시는 제방 설비에 중대한 보완이 필요하다는 사실을 뚜렷이 보여 주는 신호였다. 그로 인해 1965년 홍수통제법이 제정됐고, 미 육군공병대는 지역에서 발생할 수 있는 최악의 폭풍으로부터 도시를 보호하기 위한 뉴올리언스허리케인보호증진계획Greater New Orleans Hurricane Protection project에 착수했다. 하지만 안타깝게도, 그 목표는 이루어지지 못했다.

지구상에서 가장 폐쇄적인 정치 구조를 지닌 나라와 가장 개방적인 정치 구조를 가진 나라의 지도자가 재난 앞에서 그토록 비슷한 행태를 보였다는 것은 놀라운 일이다. 미얀마의 총사령관도 미국의 최고사령관도 아무런 명령을 내리지 않았다. 너무 놀라서 굳어 버렸거나, 냉정하게도 무관심했기 때문일 것이다. 그도 아니면 아예 현실을 부정했던 것인지도 모른다.

현실 부정은 공포로 인해 나타나는 일반적인 현상이다. 뛰어난 행동심리학자인 엘리어트 애런슨은 〈재난으로 드러나는 공포, 부정, 그리고 합리적 행동〉이라는 제목의 논문에서 '부정'이라는 행동에 대해 분석했다.[18] 그는 인간에게 공포를 안겨 주되 그 공포에 대처할 방법을 알려주지 않으면, 가장 흔하게 드러내는 반응이 부정과 무대응이라는 것을 실험을 통해 보여 준다. 인간은 두려움을 느낀다고 해서 곧바로 행동하지 않는다. 두려우면 오히려 행동을 하지 않는다.

애런슨은 두려움을 느끼는 사람에게 필요한 것은 문제에 대응할 구체적이고 실행 가능하며 효과적인 전략이라고 말한다. 폐암이 두려우면 담배를 끊으면 된다. 지나치게 의존도가 높은 사람에게는 쉽지 않은 해결책일 수도 있지만, 이 정도는 구체적이고 실행 가능하며 효과적인 대응이다.

부시 전 대통령은 뉴올리언스에 발생한 재난의 규모에 솔직히 놀랐다고 말했다.[19] 아마 두려움도 느꼈을 것이다. 그는 제방이 무너질 줄을 누가 알았겠냐는 말을 내뱉었다가 거의 실시간으로 조롱을 당했다. 분명 사전에 경고가 있었는데도 아무런 관심이 없었다는 것을 증명한 셈이 됐기 때문이다. 정말로 정보를 듣지 못했고, 그래서 너무 놀랐던 것일 수도 있다. 물론 대통령으로서 그래서는 안 됐지만 말이다.

뉴올리언스에 살지 않는 우리 대부분은 깜짝 놀랐다. 그 정도 규모의 폭풍이 그렇게 엄청난 피해를 줄 수 있으리라고는 생각지도 못했기 때문이다. 뉴올리언스 시민 중에서도 제방이 그 지경이라는 것을 아는 사람이 몇이나 있었을까? 알았더라도 어떤 구체적이고, 실행 가능하고, 효과적인 대응을 할 수 있었을까? 그럴 리가 없다는 현실 부정이 자리 잡았고, 제방이 결국 무너지자 사람들은 놀라움에 사로잡혔다.

놀라움은 치명적인 결과를 가져올 수 있다. 매사추세츠 공과대학교의 케런 프라이만, 컬럼비아 대학교의 오스틴 롱, 조지워싱턴 대학교의 케이틀린 탈매지는 〈워싱턴포스트〉 지면을 통해, 이라크 군이 충분히 예상할 수 있었던 이라크 이슬람 국가[ISI]와 시리아 군의 기습 공격을 받고 와해된 과정에 대해서 토론했다.[20] 그에 따르면 아주 잘 훈련된 군대라도 기습 공격을 받으면 공황 상태에 빠져 한순간에 와해될 수 있다. 그리고 놀라움을 구성하는 두 가지 주 성분은 정보 부족과 치안 부대의 정치화 및 부패다. 여기서 단어 몇 개를 바꾸면 나르기스와 카트리나에 대한 대응을 설명할 수 있다. 놀라서는 안 될 일인데, 양쪽 다 놀랐다. 마이클 브라운은 저서를 통해, 당시 자신이 대통령 부시에게 마치 전시에 본부에 보고하듯 "도시를 잃었다"고 전했다고 주장했다.[21] 그렇다면 대통령 부시는 그 보고를 듣지 않았거나, 믿고 싶지 않았던 것이다.

여기에는 온실가스 감축을 강하게 주장하는 나와 같은 과학자들의 책임도 어느 정도 있다. 우리는 기후변화의 영향을 종말론적 풍경으로 서술하려는 유혹을 떨치지 못한다. 그래서 공상과학영화에서 나올 법한 불타오르는 도시와 혼란스러운 거리, 마치 쓰나미처럼 워싱턴이나 파리의 대로를 따라 모든 빌딩을 쓸어버리며 익숙한 공원의 동상과 기념물을 덮쳐 올라오는 거대한 파도와 같은 것들을 보여 주곤 한다.

그런 다음 그 무시무시한 기후변화 문제에 대응할 구체적이고, 실행 가능하고, 효과적인 전략은 제시해 주지 않는다. 우리는 문제가 대단히 심각하다고, 정말이라고, 그래서 세계 각국의 정부가 모여서 뭐가 됐든 문제 해결을 위한 공동 행동을 취해야 한다고 말한다. 정부가 공동 행동 같은 걸 하지 않으리라는 게 너무나 분명한데도 말이다. 기후변화는 개인이 풀 수 있는 범위를 넘어서는 문제로 보인다. 그래도 뭐라도 한다는 기분을 느끼려고 우리는 전등의 전구를 바꿔 끼우고, 할 수 있는 한 뭐든 재활용한다. 이런 행동은 구체적이고 실행 가능하지만 전혀 효과적이지 않다. 이런 행동은 대부분 우리 마음의 짐을 좀 덜어주고, 전구를 구입하는 데 더 많은 돈을 쓰게 만들 뿐이다.

정말로 대통령 조지 W. 부시와 총사령관 딴 쉐는 느닷없는 붕괴에 겁먹고 부정과 무대응으로 반응한 것일까? 윈스턴 처칠이라도 그렇게 당황했을까? 각각의 사건을 되돌아보건대, 그들의 무대응이 공포로 인한 것이라는 설명은 그럴듯하며, 심리학적 근거가 있어 보인다. 나는 두 사람 모두 재난으로 인해 자신의 정권이 피해를 당할 수 있다는 점을 가장 두려워했으며, 둘 중 누구도 어떻게 대응해야 좋을지 알지 못했다고 생각한다.

마이클 브라운이 이끄는 연방재난관리청은 제대로 준비되어 있지 않았고 그럴 능력도 없었다. 9·11테러로 인해 국토안보부 산하로 들어간 후 연방재난관리청 업무의 초점은 모두 테러에 대한 대응으

로 옮겨가 있었다. 부시가 연방재난관리청의 총장으로 조 알바우<sub>Joe</sub>

<sub>Allbaugh</sub>를 임명하자 알바우는 취임 즉시 조직을 축소하겠다고 선언했

다. 클린턴 정부 아래서 조직이 너무 비대해졌다는 것이다. 부시는 연

방재난관리청 업무의 상당 부분을 사적으로 활용하기 원했고, 알바

우는 "연방 재난 지원 활동이 복지 정책 수행에 과도하게 할당되어

있는 점을 염려하는 사람이 많다"며 "연방 정부의 개입에 대한 요구

와 개입 수준이 현실에 비해 훨씬 부풀려져 있다"고 발언하면서 부

시의 바람에 응했다.[22]

이 같은 인사 조치에 대해서는, 〈로스앤젤레스타임스〉에 게재된

켄 실버스타인의 기사 '연방재난관리청 최고위직 구인: 경력 필요없

음'[23]처럼 연방재난관리청장의 재난 관리 경험 부족을 비판하는 기

사가 쏟아져 나왔다. 이처럼 노골적인 정실 인사는 어느 모로 보나

미얀마 장성들의 행태와 판박이며, 그 결과 또한 마찬가지였다.

그런 연방재난관리청이 재난 앞에서 헤매고 있는 동안, 의회

는 도무지 제 역할을 하지 못했고, 관료들은 서로에게 책임을 떠넘기

기 바빴으며, 언론은 그들의 과실을 덮고 재난에 대한 엉터리 보도

를 해 댔다. 연방재난관리청의 '책임 있는' 자들은 민간 부문에서 제

공하는 원조를 말 그대로 돌려보냈다. 월마트가 생수를 실은 트럭 세

대를 뉴올리언스로 보냈지만 연방재난관리청 직원이 돌려보냈고, 미

해안경비대는 발전기에 당장 필요한 경유를 운송하는 것도 금지 당

했다. 그들은 그저 누가 책임자이며, 구호와 복구의 권한이 누구에게

있는지만 중요하게 여겼다. 연방재난관리청은 제 역할을 하나도 못하

면서도 다른 이들의 도움을 거절했다. 아마도 자신들의 형편없는 대

응이 드러나서 곤란을 겪을까 봐 그랬겠지만, 조직 구성원 중에서 연

방재난관리청이 외부인들보다 더 잘 해내고 있다고 생각하는 사람은 아무도 없었을 것이 확실하다. 이런 연방재난관리청의 행태는 장악력을 잃을까 봐 외국의 원조를 거절한 미얀마 장성들과 다를 바가 없었다.

연방재난관리청의 훼방에도 불구하고 구호 및 복구 기간 동안 역할을 가장 훌륭하게 수행한 기관은 해안경비대였다.[24] 해안경비대의 기본 임무는 선박 사고로 조난당한 희생자를 수색하고 구조하는 것이며, 대원들은 가혹한 조건 속에서 임무를 수행할 준비와 훈련이 잘 되어 있었다. 경비대는 카트리나가 상륙하기 전에 보유 중인 헬기 및 기타 기기의 40퍼센트를 근방에 투입했고, 도시 안으로 처음 진입한 것도 그 헬기였다. 굉장히 위험하기 때문에 가급적 피하는 작업이긴 하지만, 대원들은 야간 투시 장비를 사용해 한밤중에 물에 잠긴 도시를 수색할 준비가 되어 있었다.

캐나다가 파견한 도시 수색 구조대는 즉시 밴쿠버를 출발해 폭풍 바로 다음날, 연방재난관리청이 도착하기도 훨씬 전에 현장에 도착했다. 캐나다는 그 밖에도 세 척의 군 함선과 해안경비선, 헬기 여러 대를 보내 미 해안경비대와 공조했다.

루이지애나 야생생물및어업부LDWF: Department of Wildlife and Fisheries에서도 발빠르게 움직여 소형 선박 여러 대에 구호 활동에 필요하다고 판단되는 기기들을 실어 보냈다. 야생생물및어업부의 요원은 배를 운전하는 기술이 뛰어나고, 주로 동물을 구조하지만 조난당한 사람도 종종 구조하는 등 수상 구조 경험이 풍부하다. 그중 한 명인 레이첼 지체넬리Rachel Zechenelly 하사는 카트리나 상륙 전날 뉴올리언스 컨벤션 센터에 머물고 있었던 터라 폭풍이 지나자마자 현장에 도착해 임무에 착수할 수 있었다. 지체넬리는 곧바로 로워 나인스 워드의 가장 접근하기 어려운 지역까지 야생생물및어업부의 배와 트럭이 도달할 수 있도록 도로를 표시한 지도를 만들었다. 결국 야생생물및어업부는 2만1,000명의 목숨을 구해 냈다.[25]

전문적으로 훈련을 받고 공인 자격도 갖춘 민간 전문가들도 헌신적으로 구조에 참여해 훌륭한 역할을 하고 수많은 목숨을 구했다. 뉴올리언스 재난의 안개가 매우 자욱했던 것은 사실이지만, 연방재난관리청의 실책은 변명의 여지가 없었다. 그 실책은 부시 행정부의 측근이 엉터리 기관장으로 임명되어, 기관의 역량을 축소시키고 사적 이익 추구를 허용하는 역할을 맡은 데서 비롯됐다. 그들은 **그 역할**은 아주 잘 해냈다.

카트리나 이후 나날이 실책과 부정행위가 이어지던 가운데, 급격한 변화가 일어났다. 대응이 너무 없다가 갑자기 너무 많아진 것이다.[26] 정부는 궁지에 몰렸다. 상황이 얼마나 심각한지를 몰라서 그랬든 알고 싶지 않아서 그랬든, 또는 무관심한 지배층 집단이라서 그랬든 간에, 그들이 완전 무방비 상태였음이 드러났다. 뉴올리언스가 재앙에 빠졌다는 것이 확실해진 상황에서 정부는 뭐라도 해야 했다. 그러자 기적이 일어났다.

점점 강해지던 연방재난관리청에 대한 비판이 극에 달하자마자, 언론은 보도의 초점을 완전히 바꾸어 급격히 선회했다. 언론 매체들은 재난에 대해서 가장 영향력 있는 논의의 틀을 지을 기회를 포착했다. 이 틀은 재난에 관한 기존의 서사 구조나 미신까지도 모두 확장시켜 줄 수 있는 것이었다. '프레이밍framing〔논의의 틀 짓기〕'은 거의 모든 뉴스 구성에서 핵심적인 부분이며, 카트리나 보도에 있어서도

상당히 중요했다.[27]

　재난 보도의 프레임에는 오해와 편견이 뒤섞여 있다. 이런 오해는 재난 상황에서 인간이 어떻게 행동하는가에 대한 끈질긴 통념 때문에 빚어지는 경우가 많다. 델라웨어 대학교 재난연구센터의 엔리코 콰란텔리Enrico Quarantelli는 재난 연구를 통해서, 재난을 마주했을 때 인간이 취하는 행동에 대해 우리가 본능적으로 떠올리는 생각이 크게 잘못됐다는 점을 확실하게 보여 주었다. 우선 콰란텔리는 초창기부터 재난을 다룬 모든 영화는 고질적으로 재난 앞에서 혼란에 빠진 모습을 연출해 왔지만, 대개 재난 앞에서 사람들은 공황 상태에 빠지지 않는다고 주장했다. 1965년 수전 손택은 〈상상 속의 재난〉이라는 글에서 과학 영화(언제나 그렇듯 재난 영화이기도 한)에는 혼란에 빠진 사람들이 외계 괴물 같은 것으로부터 도망치느라 고속도로 위를 질주하는 장면이 반드시 나온다고 지적했다.[28]

　그리고 인간은 피치 못할 상황 앞에서 몸을 웅크리고 기다리지 않는다. 처음에야 놀라서 믿지 못하는 모습을 보일 수 있지만, 콰란텔리의 연구에 따르면 인간은 대체로 합리적으로 행동하는 편이다.[29] 나는 9·11테러 당시 세계무역센터 안에 있던 사람들의 대피 과정을 기록한 자료를 읽으면서 이 사실을 확인했다. 그들은 밖으로 나가기 위해서 그 많고 많은 계단을 비교적 질서정연하게 걸어 내려갔다. 계단은 우왕좌왕하는 사람들로 가로막히지도 않았고, 먼저 나가려고 그 위를 밟고 올라가는 사람도 없었다. 오히려 이성적으로 서로 도우면서 차근차근 내려가는 편이 최선이라는 사실을 대부분 인지하고 있었다. 고층 건물에서 일하는 사람들에게 물어보면 살아 나갈 방법은 그것 밖에 없다고 말하는데, 최소한 이 경우에는 모두들 정확히 그 방법대로 행동했다.

콰란텔리가 지적한 또 다른 통념은 '책임 방기abandonment'다. 간호사처럼 긴급 구호 임무를 맡은 사람은 재난이 발생하면 자신의 공적 임무를 포기하고 집에 남아 가족을 챙길 것이라는 관념이다. 콰란텔리는 이것을 '책임 충돌conflict'이라는 이해하기 쉬운 표현으로 바꾸어 설명한다. 예를 들어 경찰관이라면 임무 수행을 위해 가족을 내버려두고 나가서 다른 사람을 구하기보다는, 배우자와 아이들 곁에 함께 있어야 한다는 의무감을 더 강하게 느낄 수 있다는 것이다. 때로 이런 충동에 굴복하는 사람이 있을 수도 있지만, 콰란텔리는 대부분의 경우 사람들은 자신의 공적 책임을 방기하지 않는다고 주장한다. 우선 가족의 안전을 가능한 한 확보하고 (예를 들어 대피를 돕는다든지), 그런 다음 임무를 수행하러 가는 것이다.[30]

콰란텔리가 주장하는 바는, 재난 상황에서 인간이 취하는 행동에 대한 우리의 통념은 대니얼 카너먼의 시스템1 사고의 결과물이라는 것이다. 손택이 지적한 것처럼 재난 영화의 영향을 받았을 법한 본능적 반응을 떠올리는 것인데, 이는 상당히 잘못된 생각이다.

그러나 이런 통념 중에서 가장 중요하고 논쟁적이기도 한 것은 바로 난폭한 반사회적 행위, 특히 약탈에 대한 부분이다. 우리는 앞서 아이티 지진을 살펴보면서 약탈이라는 문제를 접했고, 그것이 열다섯 살 여자 아이에게 어떤 비극적인 결과를 가져왔는지를 확인했다. 카트리나 상륙 이후 수일 동안 뉴올리언스에서는 약탈과 범죄, 그 밖의 여러 가지 반사회적 행위가 일어났다는 뉴스 보도가 쏟아져 나왔다. 언론은 연방재난관리청의 무능력을 과하게 부각시키는 방식으로 보도했고, 재난에 대한 이야기 구조를 완전히 바꾸어 놓았다.

사실 이런 식의 보도는 오히려 연방재난관리청과 부시 행정부가 자신들의 무능력에 대한 토론을 피할 수 있는 조건을 만들어 주었다.

콜로라도 대학교 심리학부 및 행동과학연구소 교수이자 콜로라도 대학교 자연재해센터 이사인 캐슬린 티어니는 콰란텔리의 제자였다. 티어니는 당시 다른 학생 두 명과 함께 카트리나 관련 보도에 대해 매우 중요하고 통찰력 있는 분석 일지를 썼다.[31] 그들은 〈뉴욕타임스〉, 〈워싱턴포스트〉, 뉴올리언스 〈타임스피카윤〉에 실린 허리케인 관련 기사를 수집했다. 아래에 그 기록 중 일부를 기사 원문 출처와 함께 인용해 놓았다.

8월 31일

홍수의 수위가 상승하는 순간에도 약탈자들은 도시를 떠돌아다니며 백화점과 식품점을 털고 훔친 물건을 플라스틱 쓰레기통에 담아 떠내려 보내고 있었다. (…) 약탈은 오전에 커널 스트리트에서 시작됐다. 플라스틱 쓰레기통을 든 사람들이 백화점에 들어가려고 가슴까지 차오른 물을 헤치고 나갔다. 침수되지 않은 지역에서는 약탈자들이 거리를 내달려 상점과 약국을 부수었으며, 약탈은 해질 무렵까지 온 사방에 만연했다.[32]

약탈자들이 도시를 돌아다니며 식품, 의류, 가전제품, 총 등을 가지려고 상점을 뒤집어엎는 동안 공무원들은 대책 없이 지켜보고만 있었다. (…) 시의원 재키 클락슨은 "약탈을 통제할 수가 없다. 프렌치 쿼터가 습격당했다"고 말했다.[33]

9월 1일

수요일 뉴올리언스는 약탈자들의 폭주로 혼돈에 휩싸였다. (…) 약탈
자들은 대놓고 문을 부수고 상점을 뒤집어엎어 식품, 의류, 텔레비전,
컴퓨터, 보석, 총 등을 탈취했다.[34]
(뉴올리언스의) 상황이 너무나 통제 불가능한 상태로 빠져 들어감에
따라, 시장은 경찰에게 수색과 구호 활동을 중단하고 약탈자 대응에
집중하라고 명령했다.[35]

## 9월 2일

혼란과 총격 때문에 슈퍼돔 대피 활동에 차질이 빚어지고 있으며,
뉴올리언스 경찰서장에 따르면 무장한 갱단이 컨벤션 센터 내의 제2
임시 피난처를 장악했다. 치안을 위해 열한 명의 경찰로 구성된 수사
대 여덟 조를 파견했지만 모두 다 무장 세력에 밀려났다. (…) 무방비
상태인 인근 거리에서는 강간과 폭력이 일어나고 있다. (…) 지역 라
디오 방송은 약탈자들이 쇼핑센터에 불을 질렀고, 불을 끄려는 소방
관들에게 총을 겨누며 방해하고 있다고 보도했다.[36]

## 9월 3일

미국이 또 한 번 무정부 상태, 살인, 약탈, 강간, 도적떼, 기반 시설
파괴, 경찰관 폭행, 병력 부족, 범죄에 가까운 정부의 태만으로 가득
찬 아수라장으로 전락했다.[37]

며칠 사이에, 이야기 구조는 정부의 부실 대응에 대한 비판에서
누군가의 표현에 따르면 "전쟁터"에 대한 묘사로 바뀌었다.[38] 시민을
구조하러 뉴올리언스에 간 주 방위군은 희생자를 돕는 임무보다는,

그들 중 상당수가 최근까지 이라크 분쟁 현장에서 하던 역할과 다를 바 없는 반란 진압 활동에 참여하게 됐다.

리사 그로우 선은 이 사안을 법적인 관점에서 연구했다.[39] 선은 텔레비전 및 외국 언론인이 내놓은 더욱 극단적인 수많은 발언을 논문에 실었다. 논문의 일부를 아래에 인용한다.

> 뉴올리언스는 무정부 상태에 빠지고 있다고들 했다. 뉴올리언스 경찰서장에 따르면, 최종 대피처인 슈퍼돔에서 "어린아이가 강간을 당했다." 뉴올리언스 시장 레이 네이긴은 오프라 윈프리에게, 여러 날 동안 시체와 마주치고 "폭도들이 사람을 죽이고 강간하는 모습을 본" 허리케인 생존자들은 "거의 짐승에 가까운 상태"가 됐다고 말했다. 주요 언론에서는 뉴올리언스를 혼란과 잔학 행위로 가득한 곳으로 거침없이 묘사했다. 신뢰도가 높은 대중 매체도 예외가 아니다. (…) 런던의 〈파이낸셜타임스〉는, 또 다른 최종 대피처인 컨벤션 센터에서 "어둠 속에서 강간당하고 목이 잘린 소년 소녀들의 시체가 주방에 쌓여 있는 한편, 약탈자와 폭도들은 훔친 무기를 가지고 서로 총격을 벌였다"고 보도했다. 런던의 〈이브닝스탠더드〉는 좀 더 문학적인 표현을 써서 뉴올리언스의 상황을 "파리대왕"에 빗대어 서술했다.

선은 뉴올리언스에 병력이 최대로 배치됐을 때 주 방위 대원이 5만116명, 현역 연방군 대원은 2만1,408명이었던 것으로 파악했다. 시내에 남아 있던 주민이 얼마나 됐는지는 밝혀진 바가 없다. 뉴올리언스에서 갈 곳을 잃은 사람들의 피난처였던 슈퍼돔에 수용된 인원은 최대 2만 명가량이었던 것으로 보인다.[40] 시내에 남아 있던 시민은 모두 10만 명 가까이 됐을 것이다. 그중 다수는 노약자였다. 남아 있던 사람 중 약탈자나 강간범이 된 비율을 아주 높게 잡아 30퍼센트라고 하더라도, 폭풍이 지나간 후 며칠 동안 뉴올리언스 시내에 범죄자 추정 인원의 두 배가 넘는 병력이 투입됐다는 뜻이다. 실제 비율은 더 높았을 것이 틀림없다.

극단적인 보도 내용은 대부분 꾸며낸 것이거나, 지나치게 과장된 것이었다. 〈뉴욕타임스〉는 폭풍 한 달 후 '공포에 압도당한 뉴올리언스의 진실'이라는 제목의 기사를 통해 이 사실을 시인했다.[41] 아동 살인과 강간 소식은 입증할 수 없는 것으로 밝혀졌다. 결국 부검이 진행됐고, 슈퍼돔에 시체가 쌓여 갔다는 수많은 주장에도 불구하고, 그곳에서 사망한 사람은 여섯 명에 불과한 것으로 밝혀졌다. (비록 슈퍼돔의 열악한 환경으로 인해 악화된 것이 틀림없겠지만) 네 명은 자연사했고, 한 명은 약물 과다 복용, 또 한 명은 명백한 자살이었다.[42]

물에 잠긴 뉴올리언스에서 우발적인 강간을 포함해 심각한 범죄가 일어났던 것만은 틀림없다. 사람들은 식품과 기타 생필품을 챙기기도 했지만, 법 집행이 어려운 틈을 타 필수품이라고 하기 어려운 물건을 훔치기도 했다. 〈뉴욕타임스〉의 기사에는 한 경관이 약탈자가 머물던 집의 거실에서 도난당한 자동차 부품을 조사하는 사진이 실려 있다. 약탈이 있었던 것은 확실하다. 문제는 어째서 그토록 극단적인 과잉 반응이 나왔느냐 하는 점이다. 뉴올리언스에 파견된 병사 중 전원은 아니더라도, 상당수는 치안 확보의 임무를 맡고 있었다. 정부 고위급이 보기에, 평소에는 여유롭고 평온해 '빅 이지Big Easy'라는 별칭으로 불리던 이 도시에 그렇게나 많은 군 병력이 필요했던 이유는 무엇일까?

뉴올리언스에서 벌어진 일을 가장 잘 표현하는 말은 "공황 상태에 빠진 지배층"이다. 이 용어는 이전에도 존재하긴 했지만, 러트거스 대학교의 캐런 체스와 리 클락이 2008년 12월 학술지 〈소셜 포스〉를 통해 제시한 이후 주로 인용되고 있다.[43] 앞서 언급했던 캐슬린 티어니는 여러 편의 논문에서 체스와 클락을 인용해 공황 상태에 빠진 지배층에 대해 논한 바 있다. 레베카 솔닛은 유명한 저서 《이 폐허를 응시하라》와 인터뷰를 통해 대중의 관심을 이 문제에 집중시켰다.[44] 체스와 클락은 논문 〈지배층과 공황 상태—공포 그 자체보다 더한 공포〉에서 이 개념을 명확하게 제시했다. 그 내용은 사실 대중이 집단 공황 상태에 빠져 있는 동안, 잘 훈련된 믿음직한 소수의 사람들은 상황을 뚜렷이 인지하고 질서를 회복한다는 공황 상태에 대한 통념을 정확히 반대로 뒤집은 것이었다.

　　지배층은 사회적, 정치적, 경제적, 법적 강제력으로 권력을 유지한다. 그 권력이 흔들리면, 체스와 클락이 말한 세 가지 뚜렷한 증세를 보이며 과잉 반응한다. 첫째, 지배층은 시민들이 공황 상태에 빠질까 봐 두려워한다(시민들이 공황 상태에 빠질 거라는 생각 때문에 공황 상태에 빠진다). 둘째, (상황을 과장함으로써) 공황 상태를 유발한다. 셋째, 스스로 공황 상태에 빠진다. 이 세 가지 증세는 상호작용하며, 모두 동시에 작용하는 경우도 많다. 뉴올리언스에서는 이 세 가지가 모두 나타났다.

　　뉴올리언스의 범죄행위에 대한 언론 보도는 그 자체로 공황 상태를 입증하는 것이었다. 동시에 공황 상태를 유발한 것은 말할 것도 없다. 1988년 미얀마에서 대규모 시위를 잔인하게 진압한 것 또한 지배층의 공황 상태의 한 예다. 뉴올리언스에 7만여 명의 병사를 파견한 것도 마찬가지다. 포르토프랭스에서 값싼 그림을 훔친 열다섯 살 파비엔을 사살한 것 또한 그렇다. 이 세 사례는 지배층이 사용한 도구가 각각 다르다는 차이가 있을 뿐, 모두 다 동일한 공황 상태로 인한 반작용을 보여 준다.

뉴올리언스에서는 재난 이후 이야기 구조가 인종에 초점을 맞춰 형성되면서 지배층 공황 상태에 불이 붙었다. 작위적인 카트리나 이야기 구조 속의 인종 문제에 대해서 가장 열정적으로 연구해 온 학자는 마이클 에릭 다이슨이다. 그는 허리케인 이후 약 1년 만인 2006년, 《지옥이든 홍수든—허리케인 카트리나와 재난 속 인종 문제》라는 책을 출간했다.[45] 전반적으로 깊은 학문적 분석을 담아 쓴 그의 글은 지독히도 정확하고 부끄럽기 그지없다.

언론이 희생양을 찾아다니는 살인자와 강간범(그것도 아기 강간범) 집단을 묘사할 때마다 압도적으로 등장한 모습은, 미국에서 백인이 계층을 막론하고 가장 두려워하는 존재인 젊은 흑인 남성이었다. 상황을 설명할 때 사용하는 용어조차도 인종적 편견을 담고 있던 거다. 널리 회람됐던 한 기사 속에서 식품을 구하는 사람들의 모습을 비교한 사진에는 식료품점에서 '약탈한' 식품을 들고 가슴까지 차오른 물을 헤쳐 나가고 있는 젊은 흑인 남성과, 식료품점에서 빵과 물을 '구한' 다음 마찬가지로 물을 헤치며 나아가고 있는 백인 한 쌍이라는 설명이 붙어 있었다.[46] 이것이 뜻하는 바는 분명하다. 흑인은 도둑이고, 백인은 단지 살아남으려 애쓰는 사람이다.

도시의 흑인에 대한 온갖 부정적인 고정관념이 줄줄이 쏟아져 나왔다. 사람들은 슈퍼돔에서 끔찍한 범죄가 일어났다는 이야기를 쉽게 믿었는데, 이유는 용의자가 항상 흑인이었기 때문이다. 슈퍼돔과 컨벤션 센터 안팎에서 보이는 얼굴은 거의 대부분 흑인이었다. 반면 부시, 처토프, 브라운 등 질서를 회복하는 "임무를 띤" 자들의 얼굴은 모두 백인이었다. 백인은 대부분 뉴올리언스의 소요 사태에 대한 이야기를 듣는 동시에, 엉뚱하게도 1992년 로드니 킹 판결 이후의 로스앤젤레스 중남부의 모습을 떠올렸다. 로드니 킹 판결은 〔백인〕경찰관이 교통 위반을 하고 도주하던 〔흑인 남성〕 로드니 킹의 차를 세우고 심하게 구타한 장면을 찍은 영상이 공개돼 경찰관이 기소되고 재판을 받았는데, 〔백인이 다수였던〕 배심원단이 무죄 판결을 내린 사건이었다〔이후 이를 계기로 폭동이 일어났다〕.

뉴올리언스는 1992년 로스앤젤레스와 겉보기에 어느 정도 비슷했을 수 있고, 뉴스 기사에도 그런 암시가 담겨 있었다. 사회적 인식 또한 상당히 비슷했다. 처음 로스앤젤레스 폭동에 불을 붙인 도화선은 킹 판결이었지만, 나중에 캘리포니아 입법부 특별위원회는 폭동의 숨은 원인이 도심 지역의 가난, 차별, 교육 체계 부족, 일자리 부족, 경찰권 남용 등에 있었다는 사실을 밝혀냈다.[47] 뉴올리언스 내 약탈과 강간 용의자들이 살던 가난한 지역에 대해서도 동일한 이야기를 할 수 있다. 뉴올리언스 일부 주민들을 몹쓸 짓을 저지르는 흑인 하층민과 동일시하는 사람이 그렇게 많았던 것은 놀랄 일이 아니다. 그냥 보이는 그대로인 것이다! 이런 동일시가 의도적인 것은 아니었을 테지만, 관련성을 형성하는 데는 아주 효과적이었다.

카트리나와 로드니 킹 폭동의 또 다른 유사점은 연방군 투입 부분이었다. 1992년 대통령 조지 H. W. 부시는 로스앤젤레스 폭동을 진압하기 위해 연방군을 보냈다. 1807년 제정된 반란진압법Insurrection Act에 의거한 것이었다. 법명에서 명확히 드러나듯, 이 법의 핵심은 소요가 일정 수준에 다다라 지역 차원의 법 집행으로는 더 이상 통제가 불가능해지면 연방군에 법 집행 임무를 부여할 권한을 대통령에게 주는 것이다(주 방위군에도 연방 차원의 명령을 내릴 수 있다). 이권한은 1878년 대통령이 법 집행을 위해 연방군을 활용하는 권한을 제한하는 **민병대법**Posse Comitatus Act이 제정되면서 대체로 금지됐다. 그간 그 법을 적용하는 일은 드물고 매우 조심스러웠다. 대통령 아이젠하워와 케네디는 각각 1950년 말과 1960년 초 남부에서 시민권법 시행을 위해 주지사의 반대에도 불구하고 이 법을 적용했다. 로스앤젤레스 폭동 기간에는, 캘리포니아 주지사가 대통령에게 연방군 파견을 요청했다. 반란진압법을 적용한 두 사례 모두 뿌리 깊은 인종적 맥락을 갖고 있다.

2005년 조지 W. 부시는 루이지애나 주 방위군을 연방 공권력으로 움직이기 위해 반란진압법을 적용하지는 않았다. 주지사 캐서린 블랑코가 이 계획에 반대하자, 부시는 주지사의 권한을 억누르려 하지 않고 정치적 편의를 위해 물러났다. 대신 재난 구호와 비상 지원을 위한 스태포드법에 따라 인도적 임무를 띤 연방군을 파견했다. 하지만 반란진압법을 발동할 생각을 했다는 점에서, 부시 행정부는 뉴올리언스의 상황이 1992년 로스앤젤레스와 비슷하다고 믿고 있었던 것으로 보인다. 흑인이 백인에게 폭력을 행사하니 질서 유지를 위해 군 병력을 투입해야 하는 상황이라는 것이다.

1992년 로스앤젤레스 중남부는 통제 불능 상태였다. 엄청나게 많은 흑인과 히스패닉 주민들이 자신의 분노와 좌절을, 그 지역에 살지는 않으면서 가게를 운영하던 상점주에게 쏟아 부었다. 수많은 상점이 약탈당했다. 건물이 1,000채 이상 불에 탔고, 53명이 사망했다.[48] 현장을 날아다니는 뉴스 헬기 속에서는 대부분 백인인 아나운서가 폭동이 벌어진 지형을 설명하면서, 시민들(대다수가 백인)에게 폭동 현장 근처에 가지 말라고 당부했다.

카트리나 이후의 상황은 로드니 킹 폭동과 결코 비슷하지 않았지만, 의도적이든 아니든 그렇게 믿는 듯한 사람이 많다. 킹 폭동은 가까운 과거 속에서 카트리나 이후 상황과 비슷하게 "보이는" 유일한 사건이었다. 이런 편견은 대부분 무의식 깊숙한 곳에 자리 잡고 있으며, 수년 동안 각종 매체와 문화적 영향을 통해 고정관념과 편견이 주입되고 강화된 결과다. 쉽게 걷어 낼 수 있는 편견이 아니다. 올바른 마음을 가진 사람이 할 수 있는 유일한 행동은 문제를 인식하고 맞서 싸우는 것이다.

카트리나 이후 언론 보도에서 반사회적 행위에 연루됐다고 지칭된 사람은 거의 대부분 흑인으로 보였다. 로스앤젤레스 중남부에서와 마찬가지로, 주로 젊은 남성 한 명 또는 한 무리의 사진이 제시됐다. 수천 명의 병력이 집결한 모습은 마치 계엄령이 내려진 듯한 인상을 주었다. 바꿔 말하면, 법에 따른 사회 운영이 중단되고 군이 권한을 쥔 것이다. 그러나 실제로 주지사 블랑코는 계엄령을 내리지 않았다. 뉴올리언스에 병력이 도착한 뒤, 주지사는 BBC 기자에게 약탈자들을 "폭력배"라 칭하면서 (그럴 권한이 없는데도) 마치 자신이 계엄령을 선포한 듯이 "(대원들은) M-16 소총을 갖고 있으며, 탄약도 장전되어 있습니다. 이들은 사살할 때가 언제인지를 알고 있으며, 바로 그렇게 하리라고 생각합니다"라고 말했다.[49]

계엄령을 부적절하게 언급하는 것은 역사적으로 자주 일어났던 일이다. 예를 들어 1755년 리스본 지진 당시 주도권을 잡은 군대는 약탈자들을 위협하기 위해서 시내 높은 곳에 교수대를 설치했다. 거기서 30명이 넘는 시민이 재판 없이 처형당했다. 1906년 샌프란시스코 지진을 연구한 필립 프레드킨은 공황 상태에 빠진 집권자들이 불명확한 명령 체계로 인해 혼란에 휩싸인 모습을 보여 줬다.[50] 연방군은 샌프란시스코 시장이나 주지사의 요청이 아니라, 시 경찰만으로는 감당하기 어려운 구조 작업을 지원하려는 의지를 가장 잘 실천했던 한 사령관의 명령에 따라 현장에 투입됐다. 약탈이 확산될까 봐 두려워하던 시장 유진 슈미츠Eugene Schmitz는 약탈자가 보이는 대로 발포하라고 군에 명령했다. 프래드킨에 따르면, "슈미츠는 이 나라 역사상 행정 당국이 내린 가장 악명 높고 불법적인 명령을 실행했다." 그로부터 약 100년 후, 주지사 블랑코는 슈미츠가 내린 명령을 그대로 따라했다. 그리고 (가난한 이들과 마찬가지로) 잔해를 헤치며 자신의 소유물도 아닌 고가품을 뒤져 가져간 상류층 사람들은 죄다 제쳐 두고, 가난한 사람과 소수민족 집단에 대해서만 즉결 처형을 실시했다. 공황 상태에 빠진 지배층이 벌인 과잉 대응은 이 밖에도 무수히 많았다.

시간이 흐르고 뉴올리언스의 진실이 드러남에 따라, 가장 냉혹한 폭력을 저지른 당사자는 다름 아닌 (3분의 1이 근무지를 지키지 않았던) 뉴올리언스 경찰과 백인 자경단이었던 것으로 밝혀졌다. 당시 그 도시의 경찰 병력 중 절반 정도는 아프리카계 미국인이었다. 백인 자경단의 행동에 대해 가장 강력하고 집중적으로 목소리를 내어 온 사람은 탐사 기자 A. C. 톰슨이다. 톰슨은 1년 반에 걸친 탐사와 카트리나 사태 당시 현지에 살고 있던 수많은 사람들과의 인터뷰를 통해 작성한 '카트리나의 숨겨진 인종 전쟁'이라는 기사를 〈더 네이션〉에 기고했다.[51] 톰슨이 밝혀낸 바는, 흑인에 대한 뿌리 깊은 편견에 사로잡힌 미시시피 알지어스 포인트Algiers Point의 백인 거주지 주민들을 위시爲始하여, 수많은 백인 집단이 법적 지배력이 약해진 틈을 타 오직 인종만을 이유로 흑인 시민을 괴롭히거나 죽이기까지 했다는 사실이다. 톰슨은 당시 백인 자경단이 무려 열한 명의 흑인을 살해한 것으로 본다. 그들은 혼란 속에 경찰이 부족한 상황과 흑인이 약탈 또는 무법천지의 행동을 할 것이라는 부당한 공포를 악용해, 오랫동안 흑인 공동체에 대해 갖고 있던 경멸을 살상 무기와 함께 드러냈다.

미국 남부 지역에서 인종과 관련한 긴장이 해소됐다는 무모한 주장을 할 사람은 없을 것이다. 남부는 노예와 남북전쟁의 역사로부터 이어져 온 인종 문제가 가장 심각한 곳이다. 주 정부 구성원 대부분의 반대에 맞서 학교 통합을 강제로 시행해야 했던 지역이다. 백인 우월주의를 표방하는 큐 클럭스 클랜Ku Klux Klan을 비롯한 다양한 인종주의적 집단이 발생한 곳이기도 하다. 그러나 카트리나 이후 실제로 그런 일이 벌어지리라 생각한 사람은 얼마나 될까?

알지어스 포인트의 백인 자경단은 재난 이후 법이 부재한 상황이기에 가능했던 복수와 보복 행동에 가담했다. 그들의 행동은 사회의 부정의를 더욱 뼈저리게 느끼게 했다. 미국 남부의 고집스런 수많은 백인들은 흑인이 사회적으로 평등한 대우를 받을 자격이 있다고 믿지 않으며, 흑인들이 평등을 불법적으로 획득했다고 생각한다. (유튜브에서도 볼 수 있는) 톰슨이 인터뷰한 사람 중에는 흑인에 대한 견고한 적개심이 드러났다는 데에 몸서리치면서도 동시에 증오와 복수심을 보이는 사람이 많았다. 그들은 남부에서 일어나는 거의 모든 문제의 근원이 흑인들에게 있다고 생각하고 있었다. 가령 높은 범죄율과 빈곤율, 낮은 고용률 등 여러 비교 항목에서 남부 지역을 다른 지역에 비해 낮은 순위에 머물게 하는 요인들에 대해 말이다.

다른 온갖 재난에서와 마찬가지로, 이와 같은 선례를 역사 속에서 찾아볼 수 있다. 1923년 간토대지진으로 도쿄와 요코하마를 제외한 모든 지역이 폐허로 변하자 일본인들은 조선인과 일본인 사회주의자를 수백 명, 어쩌면 수천 명까지 학살했다.[52] 조선인이 혼란을 틈타 방화와 약탈을 하고 우물에 독을 풀고 폭탄을 투척한다는 거짓 소문이 돌았다. 당시 재일 조선인들은 독립운동을 펼치고 있었고 도쿄와 요코하마에서 발생한 테러의 주범으로 지목되고 있었다. 일본인은 조선인에 대해 상당한 반감을 갖고 있었던 터라 재난은 그들을 벌할 거부할 수 없는 기회로 보였다. 학살의 전말을 보면 그 습격은 분명 인종 청소와 같은 것이었다. 조선인이 지은 죄는 조선인이라는 것밖에 없었다. 어떠한 범죄의 증거도 없이 무시무시할 정도로 많은 조선인이 집단 폭행을 당하고 칼에 찔려 목숨을 잃었다. 경찰도 나서서 사회주의자와 무정부주의 조직의 지도자를 납치하고 살해했다. 모두 몇 명이 죽었는지는 아무도 모르지만, 못해도 1만 명은 될 것이다.[53]

샌프란시스코에서는 1906년 지진 이후에 시 고위 공무원들이 자산 가치가 높은 도심 지역 재개발을 진행하기 위해 차이나타운을 없애려 들었다. 차이나타운은 백인에게 인기가 많았지만, 중국인은 민족 집단을 벗어나 밖으로 나가면 백인 자경단에게 폭행을 당할 수 있었다. 대다수의 중국인들은 캘리포니아 골드러시가 끝난 뒤 샌프란시스코로 옮겨 가 자신들의 거리를 형성했다. 이민법은 매우 제한적이었고, 역내 인구 증가를 금지했다(일본인 및 조선인 추방 연맹이라는 집단이 이런 가혹한 법을 유지하려고 열성적으로 활동했다). 지진 이후,

차이나타운 거주자들은 샌프란시스코에서 한참 멀리 떨어진 오클랜드와 프레시디오로 쫓겨났다. 사회공학적으로 하나의 실험이었던 그 계획은 결국 실패했다. 계획을 세운 자들은 차이나타운과 그 주민들을 시 외부로 몰아내면 세수가 크게 줄어들 뿐 아니라 중국 및 일본과의 활발한 거래가 끊어진다는 사실을 깨닫고서야 정신을 차렸다. 이후 중국인 인구는 원상 복구됐지만, 이를 아시아인에게 아량을 베푼 행동이라고 보기는 어렵다.

1923년 일본인은 도쿄가 입은 피해(적어도 화재로 인한 피해)의 책임을 조선인에게 돌릴 수 있었다. 미국인은 샌프란시스코의 피해를 중국인에게 돌리지는 않았다. 그러나 두 사례에서 재난으로 인한 혼란은 묵은 원한을 무시무시한 방식으로 해소할 기회와 방패막으로 활용됐다. 재난은 모든 사람에게 훨씬 더 좋은 결과를 안겨 주거나 일부에게만 이롭거나 그도 아니면 단지 편견에서 비롯한 행동을 마음껏 저지를 기회가 될 수 있다.

뉴올리언스의 가난한 흑인들은 카트리나라는 자연재해를 일으켰다는 책임을 덮어쓰지는 않았지만, 사회적 불안이라는 재난을 일으켰다는 이유로 비난받고 그 자리에서 처벌당했다. 그 비난이 크게 잘못됐다는 사실은 대중의 인식에 자리 잡지 못한 채 여전히 풍문으로만 남아 있다. 그 비난은 가난한 흑인이 아니라 사회 질서를 바꿀 권한을 넘겨 준 이들에게 향해야 할 것이었다. 다음 장에서 그 점을 살펴볼 것이다.

# .7.

# 재난을
# 기회 삼는
# 이들

재난을 사회 변화를 시도할 기회로 여기는 시각은 이전에 없던 일이 아니다. 1923년 간토대지진은 태풍과 동시에 발생했는데, 그와 같은 이중 재난은 기록상으로 유일한 것이었다. 지진에다 연이은 화재까지 더해져 도쿄는 45퍼센트, 요코하마는 90퍼센트가 파괴됐고, 10만 명 이상이 목숨을 잃었다(늘 그렇듯 집계치는 제각기 다르다).[1] 지진 그 자체보다는 화재로 죽은 사람이 더 많았는데, 이는 사람들이 밖에서 음식을 만들던 한낮에 지진이 발생했기 때문이다. 대화재의 기록은 마치 불타는 지옥을 그린 듯하다. 군용 의복 창고로 사용하던 대형 창고로 피신한 3만8,000명이 한꺼번에 불에 타 죽었다. 태풍의 강한 바람과 맹렬한 불길이 거대한 불기둥을 형성한 탓에 창고가 순식간에 불길에 휩싸였던 것이다.[2]

　그 시절 뿐 아니라 지금도 수많은 재난 현장이 그러하듯, 지진은 하나의 신성한 계시처럼 보였다. 이 경우에는 사치스럽고 방탕한 삶을 살던 간토 남부의 도쿄 주민들에게 벌을 내리는 뚜렷한 계시라 할 만했다. 폐허가 된 도쿄는 지나간 시간을 돌아보고 도덕성을 재평

가할 기회를 얻은 것으로 보였다.

　그런데 간토지진을, 도시를 보다 현대적이고 효과적인 방향으로 재건할 기회라고 생각한 지배층이 있었다. 1850년대에 나폴레옹 3세의 명령에 따라 드넓은 가로수 길과 대형 건축물을 지어 파리를 재개발한 조르주 외젠 오스만Georges Eugene Haussmann 계획처럼 말이다(오스만의 계획은 노동자 계급을 외면하고 도시 주변으로 소외시킨 채 관광객, 부자, 부르주아지들에게만 의미 있는 지나치게 웅장한 재건 작업이었다는 점에서 상당히 비판받았다). 도시의 구조와 건축 기술면에서, 새로운 도쿄는 새로운 도덕적 가치를 반영하는 의미도 담고 있었다. 오스만은 파리 시내를 철거하기 위해 군용 대포를 써야 했지만 도쿄에서는 그럴 필요가 없었다. 자연이 이미 도시를 죄다 밀어 놓았기 때문이다.

　사실 도쿄를 영웅적이고도 도덕적으로 재건축한다는 원대한 계획은 결코 실현할 수 없었다. 멜버른 아시아 연구소의 역사학 교수인 제임스 셴킹은 이에 대해 단지 엄청난 비용이 필요했다는 점 외에도 여러 가지 이유를 제시했다.[3] 사업가들의 이해와 상업적 요구는 재건 계획을 몰아붙였다. 기업주들은 정교한 계획안을 구상하고 논의하고 그 계획에 따라 재건을 실행할 때까지 기다릴 이유가 전혀 없었다. 그들은 최대한 빨리 사업을 재개하기 원했고, 그러자면 이전 상태를 재현하거나, 더 후퇴한 상태로 돌아가야 하는 경우가 생길 수도 있었다. 그들이 원하는 것은 너무 많은 시간을 들여야 하는 오스만식의 도쿄가 아니었다. 그리고 결국 그들이 이겼다. 도쿄는 빠르게 재건됐고 나아진 점이 거의 없었다. 1923년 도쿄의 재난 이후, 창조적 파괴를 가져올 슘페터의 광풍은 전혀 불어오지 않았고, 이는 예외적이라기보다는 오히려 일반적인 현상이었다. 새로운 자재나 기술을 사용할 수 있다 하더라도 일단은 재빨리 모든 것을 원상 복구하려는 욕구가 상당히 강하게 나타나기 마련이다.

1906년 지진 이후 샌프란시스코에서도 재건 계획이 검토됐다. 19세기에 보스턴과 뉴욕은 화재로 도시의 상당 부분에 피해를 입었고, 동시에 그 재난을 재개발, 확장 그리고 이익을 추구할 기회로 삼아 성과를 거두었다. 케빈 로자리오는 《재난의 문화—재난과 현대 미국의 건설》이라는 저서를 통해 1835년 화재 이후 뉴욕의 부동산 가격이 얼마나 가파르게 치솟았는지를 보여 주었다.[4] 가격이 거의 열 배 가까이 뛰는 경우도 있었고, 화재 이전에는 중산층이던 사람이 갑자기 부유층으로 올라서기도 했다. 심지어 기존 부유층은 더욱 더 부유해졌다.

샌프란시스코에서도 지진 이전에 오스만식 계획에 해당하는 버넘 계획Burnham Plan이 논의되고 있었지만, 간토 재개발 계획이 실현되지 못한 것과 같은 이유로, 계획은 곤란한 상황에 놓였다. 1906년 지진은 도시의 상당 부분을 철거한다는 버넘 계획의 첫 부분을 실현해 주었다. 도쿄 재개발 계획을 지지했던 사람들처럼, 버넘 계획을 지지하던 사람들은 재난을 발전의 기회로 삼으려 했다. 그러나 도쿄에서 그랬듯이 하루빨리 사업을 재개하기 원하던 샌프란시스코의 사업가들은 외부에서 거액의 자금을 끌어와 곧바로 재건에 착수했다. 샌프란시스코의 전략적 입지와 중심 항만 및 무역 설비는 도시 외부인들에게도 너무나 중요했기에 그냥 내버려둘 수가 없었던 것이다. 샌프란시스코 주변의 외부인들에게는 샌프란시스코가 필요했다. 그래서 재건 작업의 상당 부분이 미국 각지에서 조달한 자금으로 진행됐다.

재건에 사용한 외부 민간 자금은 오늘날 재난 구호를 위한 원조 기금과 비슷한 역할을 했다. 피해 지역은 재건축에 필요한 비용을 전부 마련해야 하는 부담을 덜 수 있었다. 이는 1755년 리스본 지진 후 재건 과정과도 비슷하다. 당시 리스본과 그곳의 항구는 무역 요충지였기 때문에, 재건 자금의 상당량을 포르투갈의 무역 거래처로부터 확보할 수 있었다.

뉴욕에서처럼, 재건 이후 샌프란시스코의 부동산 가치는 급격히 상승했고 산업이 폭발적으로 성장했다. 로자리오의 저서에는 1906년과 1909년에 동일한 샌프란시스코 상업 지역을 찍은 사진이 실려 있다. 1906년 사진은 온통 폐허가 된 모습이지만, 1909년 사진에서는 그런 일이 있었다고 말하기 어려울 정도로 달라진 모습을 확인할 수 있다.

카트리나 이후 뉴올리언스가 좀 차분해지자, 도시가 망가진 것을 재정비의 기회로 삼고 싶어 안달하는 사람이 무척 많았다. 더 나은 뉴올리언스를 위한 위원회Committee for a Better New Orleans 보고서에 재정비 계획이 삽입된 것이 시작이었다. 정책 입안자에게 있어서 뉴올리언스 재정비는 건축이나 도시 구조만이 아니라 인구 구성을 바꾸는 일이었다. 그리고 그 일은 현실이 됐다.

인구 구성이 바뀔 것을 예견한 사람 가운데는 브라운 대학교 사회학과 교수 존 로건John Logan이 있었다. 그는 연방재난관리청 분류에 따라 실제로 가장 큰 피해를 입은 사람을 인터뷰하는 방식으로 피해 범위와 사회경제적 지표 사이의 상관관계를 평가했다.[5] 로건이 내린 결론은 이렇다. "폭풍의 영향은 아프리카계 미국인 공동체 지역에, 세 들어 사는, 가난하고, 직장도 없는 사람들에게 치우쳐서 불균형하게 나타났다." 대개의 경우, 가장 큰 피해를 입은 사람은 이 네 가지

분류에 모두 해당하는 처지가 됐다. 불균형이 가장 심한 항목은 인종이었다. 로건의 분석에 따르면 가장 피해가 큰 지역의 인구 중 "흑인은 45.8퍼센트였는데, 피해를 입지 않은 지역의 흑인 인구는 26.4퍼센트였다." 바꿔 말하면, 아프리카계 미국인으로 산다는 건 주거지가 심각하게 파괴될 가능성이 거의 두 배 가까이 된다는 뜻이다.

폭풍 후 1년이 채 안 된 2006년 5월에 로건은 '새로운' 뉴올리언스가 어떤 모습일지를 추측했다. 만약 가장 심각한 피해를 입은 지역의 인구 구성을 재편하지 않으면 (당시 내 동료들이 포함되어 있던 자연과학계에서 많이 회자된 것처럼), 도시 내 백인 인구의 50퍼센트, 흑인 인구의 80퍼센트를 잃게 될 것이라고 예상했다. 논문의 마지막 문장은 이렇다. "이것이 바로 허리케인을 놓고 다음 질문이 계속해서 제기되는 이유다. 누구의 도시를 재건할 것인가?"

결과적으로 로건이 제시한 비율은 정확하지 않지만, 그의 생각은 옳았다. 뉴올리언스에서 벌어진 상황은 부분적으로 아무것도 하지 않는 전략을 썼다는 점에서 미얀마 장성들의 행태와 닮아 있다. 뉴올리언스를 개조하려는 첫 번째 시도는 폭풍이 지나간 직후에 나왔다. 시장 네이긴이 꾸린 자문단이 작성한 뉴올리언스되살리기BNOB: Bring New Orleans Back라는 계획이었다. 자문단에서 가장 영향력이 큰 인물은 부동산 업계 거물인 조셉 카니자로Joseph Canizaro였다. 주위의 뉴올리언스 고위 지배층과 마찬가지로, 그는 카트리나로 인한 피해를 기회로 보았다. 카니자로는 자신의 생각을 이렇게 표현했다. "내 생각에 우리는 처음부터 다시 시작할 수 있는 백지 상태가 됐고, 그 백지는 매우 큰 기회를 가져다줄 것이다."[6] 다른 사람들은 이처럼 요령 있게 말하지 못했다. 〈월스트리트저널〉에 실린 배튼 루지Baton Rouge

출신 10선 공화당 의원 리처드 H. 베이커Richard H. Baker의 발언은 이랬다. "뉴올리언스의 공공주택을 드디어 걷어 냈다. 우리가 못하니 하나님께서 직접 하셨다."[7] 이 말이 공개된 직후, 베이커는 자신의 말이 "기억하고 있는 발언"과 다르게 인용됐다며 이렇게 정정했다. "수십 년 동안 뉴올리언스 주민에게 적절한 주거지를 제공하기 위해 공공주택을 정리하려 했었는데, 하나님 덕분에 결국 그 일을 해낼 수 있게 됐다."[8]

카니자로가 오스만이나 도쿄, 샌프란시스코에서 재난 이후 제시된 종합 계획들의 향방을 알고 있었는지는 모르겠지만, 어찌됐든 그는 그 전철을 밟고 있었다. 그 논리는 간단히 말하자면, 가장 큰 피해를 입은 지역은 (처음 피해를 입어야 했던 것과 같은 이유로) 또다시 피해를 입을 가능성이 높기 때문에 사람들을 그 지역 밖으로 옮기는 것이 최선책이다. 그래야 안전하다. 설사 옮기기를 원치 않더라도 그 방법이 그들에게 가장 좋다는 것이었다.

마이크 데이비스가 〈마더 존스〉에 기고한 글을 보면, 뉴올리언스 지배층들은 꽤 오랫동안 도시 안에 사는 "골칫덩이 인간들"을 치워 버리려 고심해 왔음을 알 수 있다. 프렌치쿼터에 땅을 가진 한 사람은 〈슈피겔〉을 통해 이렇게 말했다. "허리케인이 빈민과 범죄자를 도시 밖으로 몰아냈다. 그들이 다시 돌아오지 않았으면 한다."[9] 호화로운 오듀본 드라이브Audubon Drive 거리의 닫힌 문 뒤에서 무슨 말이 오갔는지는 짐작으로밖에 알 수 없다. 당시 주택 담당 비서관이었던 알폰소 잭슨은 도시가 "예전 상태로 돌아가기는 어렵겠지만, 만약 돌아간다 하더라도 지난 오랜 시간 그랬던 것처럼 흑인 천지가 되지는 않을 것"이라고 예고했다.[10] 예고라기보다는 바람에 가까워 보이는 발언이다.

뒤이어 〈워싱턴포스트〉는 뉴올리언스 일부를 밀어 버리자는 공화당 소속 하원 의장 J. 데니스 해스터트J. Dennis Hastert의 주장과, 폭풍에 앞서 내린 대피 명령을 "무시한" 사람을 처벌해야 한다는 공화당 소속 상원 의원 릭 샌토럼Rick Santorum의 제안을 인용했다. 그 사람들이 자기 집에서 쫓겨나 슈퍼돔에 몰려든 처지가 된 것만으로는 처벌이 부족하다는 듯이 말이다.[11]

뉴올리언스에서 인종은 허리케인에 의한 사망 여부를 가르는 역할을 했지만, 그 사실은 처음부터 드러나지는 않았다. 초기 카트리나 사망자 집계에서 가장 강하게 두드러진 것은 노인층의 피해가 크다는 점이었다. 돌이켜 보면 이상한 일은 아니지만, 당시에는 그 수치가 너무 높아 모두가 놀랐다. 사망자 가운데 75퍼센트가 60세 이상이었고, 절반 가까이가 75세 이상이었다. 인구 구조상에서 60세 이상이 차지하는 비율과는 매우 큰 차이가 있었다.

초기 집계에서 더욱 놀라웠던 점은 뉴올리언스 전체 인구 중 흑인이 차지하는 비율에 비해 사망자 중 흑인 비율이 너무 낮게 나타났다는 점이었다. 슈퍼돔으로 피신해 더위와 열악한 환경으로 고통받던 사람들의 인종 구성에서도 마찬가지였다. 일부 언론에서는 이를 '카트리나의 치명타가 인종을 가리지는 않았다'고 반기며 보도했고, 독립 언론인 캐시 에반스는 '카트리나에 대해서 알고 있던 모든 것은 틀렸다'라는 제목의 기사를 쓰기도 했다.[12]

그러나 재난 희생자와 생존자의 인적 구성은 동일하지 않았다. 실제로 생존자는 수영을 하거나 지붕으로 올라갈 수 있을 만큼 젊고 강한 사람들이었을 거라고 쉽게 예상할 수 있다. 그러지 못했던 이들이 희생자가 됐을 것이다. 그러나 사망자 수에서 흑인의 수가 적게 나타난 이유는 무엇일까?

이와 관련해서는 다음 두 사항이 분명히 관련이 있다. 첫째, 만약 희생자 중에 노인 인구가 과다 집계됐다면, 노인층의 인종 구성이 어땠는지 물어야 한다. 내가 사망자 집계를 처음 보았을 때도 그랬고, 패트릭 샤키가 2007년 〈흑인연구저널Journel of Black Studies〉에서 언급한 것도 이 부분이었다.[13] 노인 인구 중에는 백인이 훨씬 많고, 특히 여성이 많다. 일반적으로, 여성이 남성보다, 백인이 흑인보다 오래 산다. 그러니 카트리나 사망자 중에서도 흑인 노인보다 백인이 더 많았던 것이다. 샤키는 초기 인구 집계치를 조정해 대부분의 사람들이 갖고 있던 "카트리나의 비극에는 인종 문제가 깊이 관련되어 있다"는 의혹을 재확인했다.

네이긴의 뒤를 이어 뉴올리언스 시장이 된 마크 모리얼은 뉴올리언스되살리기의 초안이 "토지 약탈을 두고 벌인 대대적인 붉은 선 긋기"였다고 말했다.[14] 일부 지역은 재건에서 아예 제외됐다. 재건을 하지 않는 지역은 물이나 마나 "골칫덩이 인간들"이 살던 주거지였다. 가장 피해가 컸던 지역은 녹지로 바꾸어 보통 백인 거주자들이 주말에 자전거를 타거나 그 밖의 여가 활동을 하기 좋은 공간으로 만들 예정이었다. 계획의 핵심 설계자는 카니자로였으며, 오직 지배층의 사업을 위한 기본 계획이었다. 마이크 데이비스는 이 계획을 "공화당 GOP식 인종 청소"라고 불렀다.[15] 카니자로 같은 부동산 거물 이외에 이 계획으로 이득을 볼 사람은 누구였을까? 뉴올리언스되살리기는 존 로건의 질문처럼 "누구의 도시를 재건할 것인가?"에 대한 한 가지 답으로 떠올랐고, 허리케인이 그 계획의 첫 번째 국면을 실행시키고 물러가자 부유한 지배층은 그곳에서 이득을 취할 기회를 발견했다.

2006년 1월에 열린 대규모 주민 설명회에서 자문단의 계획이 강력한 반대에 부딪친 것은 놀랄 일이 아니다. 뉴올리언스 동부(뉴올리언스되살리기 계획상에서 근사한 골프장이 끝나는 지점)에 살던 주민 하비 벤더Harvey Bender는 회의장에서 발표를 들은 뒤, 널리 회자됐던 다음과 같은 공개 발언을 했다. "카니자로 씨, 난 당신을 모르지만, 당신을 증오합니다. 당신은 우리의 땅을 빼앗아 갈 음모를 꾸미고 있었군요."[16] 과연 누가 벤더를 비난할 수 있었을까?

대통령 조지 W. 부시와 그 측근이 카트리나가 일으킨 피해에 대해 놀랐던 것과 마찬가지로, 카니자로와 시장 그리고 자문단은 계획이 강한 반대에 부딪치자 진심으로 놀란 듯했다. 두 경우에서 드러난 문제도 똑같았다. 지배층은 자기 자신과 핵심 측근 외에, 책임져야할 사람들의 삶과 필요에는 아랑곳없이, 그들로부터 멀리 떨어진 곳에서 오로지 자기의 이해를 채울 수 있는 방향으로만 결정을 내렸다.

과거에 나는 샌디가 상륙해 수많은 집을 불태우는 등 엄청난 피해를 입혔던 롱아일랜드의 브리지 포인트Breezy Point를 방문한 적이 있다. 컬럼비아 방송사CBS와 텔레비전 인터뷰를 하기 위해서였다. 나중에 알고 보니 컬럼비아 방송은 원래 기후 관련 연속 기획에서 허리케인을 다룰 계획이 없었다. 그런데 샌디를 보고 방송국 고위급이 곧바로 마음을 바꿨다고 한다.

나는 이전에 그 지역에 가 본 적이 없어서 어떤 풍경을 보게 될지 전혀 짐작하지 못했다. 가서 보니 브리지 포인트와 그 주변의 파라커웨이Far Rockaway 지역은 거의 다 커다란 모래 더미였다. 안정성과는 거리가 먼 곳이었다. 미국 지질조사국 온라인 출판물인 〈국립공원의 지질학〉은 다음과 같은 유쾌한 서술로 시작된다. "남북전쟁 이전에 브리지 포인트를 찾아가려 했다면 아마 깜짝 놀랐을 것이다. 그 시대에는 브리지 포인트가 존재하지 않았으니까!"[17] 그 지역은 미군이 제1차, 제2차 세계대전 당시 뉴욕을 방어하기 위해 대포를 장착한 포트 틸든Fort Tilden 요새 주변에 제방 형태의 구조물을 설치한 후에 형성됐기 때문에, 세상에 존재한 지 한 세기가 채 되지 않았다. 제방은 해변을 따라 흐르는 해류를 교란시켜 현재 브리지 포인트가 된 모래 더미를 만들었다. 브리지 포인트 주민은 모래 위에서 살고 있는 셈이며, 고도는 해수면과 거의 비슷하다. 가장 높은 지역이 해발 10피트 정도다. 폭풍 해일은 보통 10피트보다 높다.

완전히 평온한 날이었지만, 나는 그곳에 있는 것만으로도 위험을 느꼈다. 부서진 잔해와 불에 탄 주택을 보면 위험하다는 느낌이 더 커졌다. 그러나 만약 내가 거기 살고 그동안에 여러 차례 폭풍이 와서 홍수가 나고 피해를 입었더라도, 그곳이 완전히 폐허가 되거나 몹시 치명적이지는 않았다면, 브리지 포인트가 안전하고 살기 괜찮은 곳이라는 생각을 가졌을 수도 있다. 과학자나 다른 누군가가 내 경험과 다르게 그곳은 살기 위험한 곳이라고 말한다고 해서 다른 곳으로 옮겨가고 싶지는 않을 것이다.

아마 많은 사람이 뉴올리언스에서 해수면보다 훨씬 낮은 지대에 살았던 사람들에게 똑같은 말을 했을 것이다. 미친 게 아니냐고. 대양 바로 옆에 있는 삼각주의 푹 꺼진 지역에 사는 사람들은 대체 무슨 생각이냐고. 위험이라는 걸 이해하지 못하는 사람들이냐고. 그러나 그들이 어떻게 위험을 이해할 수 있겠는가? 그들은 행여 대리 만족이라도 하려고, 혹은 위험을 마주하는 게 너무나 즐거워서 해수면보다 낮은 지대에 살았던 것이 아니다. 그들은 브리지 포인트 주민보다 더 오랜 기간에 걸쳐 대를 이어 그곳에 살아왔고, 1965년의 벳시 때처럼 몹시 심각한 홍수를 포함해 주기적으로 홍수를 겪어 왔다. 하지만 벳시 때문에 허리케인 대비를 위한 구조물도 건설됐으니 안전하리라고 믿었을 것이다.

뉴올리언스의 해수면보다 낮은 지대에 살던 사람들은 브리지 포인트나 포르토프랭스 주민들보다 위험을 더 인지하지 못하고 있었다. 재난을 계기로 자신이 위험한 곳에 살고 있었다는 사실이 드러났음에도, 나고 자란 그 지역에서 재건이 이루어지길 원했다. 하지만 뉴올리언스되살리기는 전혀 그런 내용을 담고 있지 않았다.

뉴올리언스되살리기 계획안에는 한 가지 이상한 논리가 담겨 있었다. 돌아올 주민이 얼마나 될지 확실해질 때까지 재건을 유예해야 한다는 것이었다. 만약 돌아올 사람이 거의 없다면 재건을 시작할 이유가 없다고 주장했다. 뉴올리언스로 돌아올 주민의 총 수가 기존 인구의 일부 밖에 되지 않는다면, 카트리나의 폐허 속에 점점이 떨어져 있는 집 몇 채를 대상으로 공공 정책을 운영하기에는 세수가 너무 부족할 것이라는 주장이었다.

뉴올리언스되살리기 기안자들은 이 상황이 진퇴양난이라는 사실을 놓치고 있었거나, 알고도 모른 척했을 수 있다. 재건이 될 거라는 약속도 없이 아무것도 없는 곳으로 돌아올 사람은 없다. 아무리 예전에 살던 동네라 한들, 동네가 정상적으로 돌아갈지 아닐지 확신할 수가 없는데 어떻게 돌아갈 마음을 가질 수 있겠는가? 그러니 계획은 도돌이표가 될 수밖에 없다. 그리고 이렇게 아무런 보장을 해 주지 않으면 돌아올 사람이 적어질 것이고, 결국 거의 아무도 돌아오지 않게 될 것이다. 어쨌거나 그곳은 위험한 지역이므로 재건 대상 중 가장 후순위로 밀려나, 안전을 확보할 어떤 실제적인 계획도 나오지 않을 것이었다. 많은 이들이 보기에 이는 특정한 사람들("골칫덩이 인간들")을 돌아오지 못하게 막는 술수였다. 도시가 "예전 상태로 돌아가긴 어렵겠지만, 만약 돌아간다 하더라도 지난 오랜 시간 그랬던 것처럼 흑인 천지가 되지는 않을 것"이라는 주택 담당 비서관 알폰소 잭슨의 예견을 실현하기 딱 좋은 방법인 것이다.

첫 1년 동안은 계획이 추진됐다. 미시간 대학교의 나라얀 사스트리와 제시 그레고리는 미국 인구조사국의 미국인 공동체 조사 자료를 통해, 뉴올리언스로 복귀하는 시민 중에는 백인보다 흑인이 훨씬 더 적을 수 있다는 사실을 보여 주었다.[18] 교육을 대리 변수로 사용해 사회경제적 지위가 더 높은 사람이 더 많이 돌아올 가능성이 있는지를 검토한 결과, 인종이 복귀 가능성을 결정하는 가장 큰 요인으로 드러났다. 이 복귀율의 차이는 현재까지 이어지고 있다. 카트리나 발생 1년 후 사스트리와 그레고리가 발견한 가장 인구가 적었던 지역은 지금도 재거주율이 가장 낮다. 불빛은 전부 다 켜지지 못하고, 일부만 겨우 켜진 상태다.

나오미 클라인이 매우 설득력 있게 글로 썼던 것처럼, 뉴올리언스 재건 사업으로 엄청나게 이득을 본 것은 짐작대로 부시 행정부의 측근이었다.[19] 딕 체니가 (카트리나 당시는 아니지만) 1995년부터 2000년까지 회장으로 재직했던 할리버튼의 자회사 '켈로그 브라운 앤 루트KBR: Kellogg Brown & Root'〔이하 KBR〕는 수백만 달러에 달하는 미 해군 건물 및 기타 설비 재건 사업을 경쟁 없이 수의계약으로 수주했다. KBR은 미국 최대의 무노조 엔지니어링 회사로, 분쟁 지역을 포함해 전 세계 곳곳에서 대규모 설비 사업을 펼쳐 왔다. 베트남 전쟁 중 현지에서 군 설비를 담당한 업체 중 하나였으며, 9·11테러 당시 세계무역센터 건물 철거 계약도 수주했었다.

상당한 역량과 성과를 쌓아 온 KBR과 경쟁할 만한 회사는 거의 없다. 비록 KBR이 연방 정부로부터 대규모 사업을 수의계약으로 수주하긴 하지만 공개 입찰로 따낸 계약도 많았다. 수의계약이었던 사업은 공개 입찰로 했어도 KBR이 수주했을 가능성이 아주 높다. 재난 이후 신속히 움직여야 하는 상황에서 입찰을 거치려면 시간이 지체되는데, 그동안 쌓아 온 실적으로 검증된 KBR이라면 공개 입찰을 해도 수주할 가능성이 높으니 사업을 맡기지 않을 이유가 없다는 것이 정부의 논리였다. 물론 이 논리에 숨은 문제는 계약 금액이 공정한지 부풀려졌는지를 아무도 알지 못한다는 사실이다. 금액을 과다 청구할 수 있는 방법은 무궁무진하다.

조지 메이슨 대학교의 피터 리슨과 웨스트버지니아 대학교의 러셀 소블은 미국 내 각 주의 부패 수준과 그곳에서 발생한 재난의 수에는 강한 관계가 있다는 사실을 발견했다.[20] 재난이 발생하면 곧바로 연방재난관리청의 구호 기금이 집행되고, 형식적 절차를 생략하고 수의계약을 맺는 등의 일들이 벌어진다. 횡령을 저지를 구멍이 많이 생긴다. 연구자들은 연방재난관리청 기금이나 기타 재난 구호 기금의 의심스러운 유용과 관련한 부패 혐의가 발생한 사례를 여러 건 제시했다.

매우 세심한 통계 분석을 통해, 그들은 재난의 빈도와 부패 사이의 상관관계가 매우 강하다는 것을 드러낼 수 있었다. 리슨과 소블은 이렇게 결론을 맺는다. "마치 멕시코 만 연안과 같은, 미국 내

부패로 악명이 높은 몇몇 지역이 그처럼 부패로 얼룩지는 이유는, 부분적으로는 재난이 자주 발생하기 때문이라고 말할 수 있다." 재난이 부패를 유발하는 전부가 아니라 "부분적"인 요인이라고 말했다는 점에 유의해야 한다. 연구자들은 조심스럽게 접근했지만, 주장을 뒷받침하는 논리는 탄탄하다.

현재 뉴올리언스의 상황은 어떠할까? 그 답은 거의 십년 전에 존 로건이 던진 질문에 대한 답과 다르지 않다. 결국 답은 누구에게 묻느냐에 달려 있다.

2015년의 뉴올리언스는 어떤 측면에서는 실제로 더 나아 보이지만 어디를 보느냐에 따라 달리 보이기도 한다. 로워 나인스에서 침수를 당했던 가난한 흑인들과 그 밖의 가난한 지역 주민들은 돌아오지 않았다(돌아올 수 없었다). 만약 직장이 없는 가난한 사람을 대거 도시 외곽으로 이주시킨다면 그 도시의 실업률은 낮아지고 평균 임금은 올라가 빈곤율이 떨어질 것이다. 그런데도 2011년 뉴올리언스 흑인 성인 남성 취업률은 53퍼센트에 불과했다.[21] 언제나 그렇듯이, 어디를 보고 어떻게 측정하느냐에 따라 상황은 더 좋아 보일 수도 있고 나빠 보일 수도 있다.

뉴올리언스 재생 과정에서 정말로 눈길이 가는 부분은 재생 지역의 공간적 배치다. 〈뉴욕타임스〉는 카트리나 이후 여러 해 동안 인구가 다시 늘어난 과정을 보여 주는 '뉴올리언스복구인터랙티브맵'을 제작했다.[22] 제작 시 사용한 자료는 뉴올리언스 민간 연구 집단인 지시알앤어소시에이츠GCR & Associates가 재거주 추세를 정밀하게 집계하기 위해서 편의 시설, 상하수도, 우편물, 유권자 활동을 분석한 자료였다. 지도를 보면 가장 활발하게 재생이 진행된 지역과 가장 부족한 지역이 어디인지 가늠할 수 있다.

더나은뉴올리언스지역정보센터GNOCDC: Greater New Orleans Community Data Center와 브루킹스 연구소 대도시정책기획단Metropolitan Policy Program이 공동 기획한 뉴올리언스지수New Orleans Index 또한 훌륭한 참고 자료다. 가장 최근에 나온 지수는 카트리나 발생 8년 후인 2013년 판이다.[23] 이 지수는 재난 이후 재생 과정을 세계 어느 곳보다도 가장 종합적으로 추적한 모범적인 사례다. 보고서는 주거, 임금, 고용, 생산성, 그 밖의 많은 요소에 대한 정보로 가득 차 있다.

이런 자료를 통해 도시 재생이 공간적으로 매우 치우쳐 진행되어 왔다는 사실을 곧바로 확인할 수 있다. 특정 지역이 다른 곳보다 훨씬 더 빨리 재생된다. 왜 그런 일이 일어날까? 언뜻 생각하기에는 가장 심각한 피해를 입은 지역이 복구에 더 오랜 시간이 걸릴 것이라고 짐작하기 쉬울 것이다. 프렌치쿼터의 일부 지역은 평범한 폭풍이 지나간 흔적과 다르지 않은 정도로 피해가 적었기 때문에 곧바로 정상 작동할 수 있었다. 그렇다면 처음에는 프렌치쿼터를 포함해 고지대와 사소한 피해만 입은 지역에서 불빛이 먼저 켜지겠지만, 1년 아니면 좀 더 시간이 흐른 후에는 불빛이 모든 지역에서 고루 켜질 것으로 기대할 수 있다. 하지만 일은 그렇게 진행되지 않았다. 〈뉴욕타임스〉의 지도에서는 카트리나가 발생한 지 5년 후인 2010년, 뉴올리언스 지역 정보 센터 자료에서는 8년 후 모습을 확인할 수 있다. 불빛이 환하게 들어온 지역이 있는가 하면, 여전히 많은 지역이 어두운 상태로 남아 있다.

2012년 인구조사에 따르면, 카트리나 이전에 비해 뉴올리언스 거주자 중 아프리카계 미국인은 10만 명이 줄었고, 백인은 1만5,000

명만이 줄어들었다.[24] 백인보다 거의 일곱 배에 가까운 아프리카계 미국인이 돌아오지 못했다는 뜻이다. 여전히 아프리카계 미국인이 다수를 차지하고 있긴 하지만 주택 담당 비서관 잭슨의 예측대로 백인 비율이 전보다 더 늘어났다. 로건은 피해 규모를 감안할 때 백인 인구는 50퍼센트 떨어지는 데 반해, 흑인 인구는 80퍼센트까지 줄어들 것이라고 추산했다. 실제 그 정도로 크게 줄지는 않았어도, 백인과 흑인 거주자의 격차는 훨씬 더 극적으로 나타났다.

수많은 흑인 거주자들이 타지에 정착함에 따라, 그들이 원래 살던 지역은 이제 황량하고 가장 인구가 적은 지역으로 변해 버렸다. 2011년 뉴올리언스 〈타임스피카윤〉에 실린 마이클 크루파의 기사를 보면, 인구가 가장 많이 줄어든 지역은 재거주율이 가장 낮고 재생도 제일 덜 됐다.[25] 엘리자베스 퍼셀과 동료들이 2014년 발표한 연구 내용에 따르면, 복귀한 사람들은 애초에 그리 멀리 가지 않은 편이었다고 한다.[26] 그보다 앞선 연구에서는 백인 거주자가 확실히 더 많이 돌아왔는데, 그 이유는 대체로 백인의 자산이 흑인의 자산에 비해 피해를 훨씬 덜 입은 터라, 돌아와 얻을 것이 있었기 때문이라고 한다.[27]

뉴올리언스에 더 이상 살고 있지 않은 사람 중에는 카트리나 이후 교육 제도 개편 과정에서 해고된 공립학교 교사가 7,000명 가까이 된다. 그 자리는 대부분 다른 주에서 온, 백인이며 노조가 없는 티치포아메리카Teach for America 교사로 대체됐다. 해고된 교사들은 부당 해고와 손해배상 소송에서 승소했으며, 그 배상 금액을 모두 합하면 10억 달러가 넘는다. 그러나 교육 개편은 이미 상당히 진행되어 버렸다. 기존 학교가 있던 자리에 새로운 학교가 들어섰다. 교육 제도는 공립

학교 대신에, 공공 기금은 계속 지원받지만 민간이 소유하는 차터 스쿨Charter School이라고 알려진 형태로 재편됐다. 소위 '창조적 파괴'가 작동한 듯 보였다. 고등학교 졸업률은 23퍼센트 증가했다.[28]

그러나 바로 여기에 문제가 있으며, 이는 그리 새로운 문제도 아니다. 새로 생긴 차터 스쿨마저도 출석 학생의 다수는 백인이며, 그들은 학교생활도 잘 해낸다. 뉴올리언스와 디트로이트, 뉴어크Newark의 사회단체들은 상류층 학교들이 아프리카계 미국인에 대한 차별적인 입학 정책을 도입했다며 교사 노조의 지원을 받아 공동으로 시민권 침해 소송을 제기했다. 그런 학교에는 특별히 학습상의 어려움을 겪는 학생을 위한 제도도 거의 없다. 심지어 루이지애나 교육감인 존 화이트는 "차터로 전환"하기가 "결코 쉽지 않"지만, "대부분의 학생에게 가장 최선의 결과"를 가져다줄 것이라고 시인했다. 바꿔 말하면, 최선의 결과를 얻지 못하는 학생도 있다는 뜻이다. 그런데도 백인들은 시민권 소송이 어리석은 짓이라고 했다.[29]

현재 뉴올리언스에서 성공을 위한 가장 좋은 기회를 가진 이들은 젊고 고급 기술을 가진 타지 출신 전문가로, 카트리나 이후 뭔가 새로운 것을 만들고자 도전 중인 기업가들이다. 실제로 뉴올리언스 지역 정보 센터 자료를 보면 다른 어떤 영역보다도 신新 산업 부문의 스타트업이 무려 129퍼센트 성장률을 보이며 빠르게 성장하고 있다.[30] 스타트업보다 더 빠르게 성장하는 것은 문화 및 예술 부문 비영리단체로, 대부분은 백인이 운영한다. 뉴올리언스에서 인구 10만 명당 이런 단체의 수는 미국 전체에 비해 세 배 가까이 많다.[31] 카트리나 이후 상황은 어떤 면에서는 이런 단체에게 이상적인 공간을 열어주었다. 뉴올리언스의 매우 강력한 문화적 전통에 힘입은 현상이라는 점은 틀림없지만, 그것만으로는 충분히 설명되지 않는다.

동시에 흑인 중산층 및 상류층 규모는 4퍼센트 떨어졌고, 백인은 8퍼센트 높아졌다. 뉴올리언스는 흑인 인구 규모에 비해 사주가 소수민 출신인 회사의 비율이 미국 평균에 비해 높지만, 그런 회사의 수익을 다 합해 봐야 도시 산업 총량 중 2퍼센트에 불과하다. 그리고 뉴올리언스 주민 일부의 기초 생활 수준은 더욱 떨어졌다. 월세가 감당 가능한 수준을 넘어서는 (수입의 35퍼센트를 넘어서는) 아파트의 비율이 카트리나 이후 10퍼센트 증가했다. 이제 도시 세입자 중 절반 이상이 감당 가능하지 않은 세를 내고 있으며, 이는 미국 전체 평균보다 높은 수준이다.

국가가 거주비를 부담하는 유일한 공간은 교도소다. 뉴올리언스의 교도소 수감자들은 한 방을 쓰는 동거인이 적다. 카트리나 직후 수감률이 급격히 떨어졌지만, 그래도 특히 폭력범 수감률은 미국 전체 평균보다 여전히 매우 높다.[32]

툴레인 대학교 건축학부의 지리학자 리처드 캄파넬라가 보기에, 뉴올리언스는 고급 주거지로 변하고 있다고 한다. 텍사스 오스틴, 오레곤 포틀랜드, 뉴욕 브루클린에 이어 특색 있는 구도심이 고급 주택에 밀려나는 젠트리피케이션gentrification 현상이 나타나고 있다는 것이다. 청년도시재건전문가YURP: Young Urban Rebuilding Professional 또는, 대안적인 표현으로는 '창조적 계급'은 도시의 쇠퇴하고 지저분한 구역을 살고 싶은 곳으로 바꾸는 작업에 매료된다. 고급 커피 전문점과 요가 교실 같은 고급스러운 사업을 시작하고, 거의 필수적으로 토요일마다 파머스마켓farmer's market에서 "전술적 도시주의, 클래즈머Klezmer 음악(유대 전통음악), 지속가능성과 회복력에 대해 상상할 수 있는 모든 변주"[33]를 이야기한다. 뉴질랜드 크라이스트 처치도 2011년 지진 이후 피해를 입고 땅값이 떨어진 지역에서, 외부에서 유입된 젊은 세대가 문화 운동 단체나 사업을 시작하는 유사한 재생 과정을 경험했다.[34]

미국 중서부 디트로이트는 도시 내 다수의 노동자를 고용하고 있던 대형 자동차 회사를 위시한 제조 산업이 쇠퇴하면서 경제적 어려움으로 인한 재난을 겪었는데, 재난 이후 나타난 젠트리피케이션이 뉴올리언스의 그것과 상당히 유사했다. 도시는 매우 심각하게 황폐화됐다. 디트로이트 인구는 최고치를 기록한 때에 비해 100만 명이나 감소했고, 그만큼이나 수많은 주택과 회사 건물이 버려졌다. 디트로이트는 2013년, 미국 역사상 최대 규모의 지자체 파산을 신청했다. 공공 서비스는 최소화됐다. 거리의 가로등은 대부분 작동하지 않았다. 도시 전역에서 소방서와 학교가 문을 닫았다.[35]

그러나 뉴올리언스와 마찬가지로, 도시 내에서는 청년 도시 전문가들이 새로운 산업을 일으키고 창업을 하고 있다. 디트로이트에는 심지어 (뉴올리언스에서 그랬듯) 젠트리피케이션의 표식인 새로운 홀푸드Whole Foods 매장도 들어섰다. 일부 대형 사업체도 디트로이트에서 성장하고 있다. 퀴큰론즈Quicken Loans 본부도 디트로이트 시내에 있다. 퀴큰론즈의 창업자 댄 길버트가 도심 상업 지구에서 사들이거나 장기 임대 중인 건물은 60개에 달한다.[36] 캄파넬라가 뉴올리언스의 신흥 산업에 대해 설명하면서 언급한, 젊은 외부 출신자들이 사업을 시작하는 이유는 저렴한 부동산 때문이었다. 디트로이트에서도 똑같은 현상이 벌어지는 것이다. 그리고 그 상황은 1906년 샌프란시스코와 간토대지진 이후 벌어졌던 재건 방식과는 매우 다르다.

불황기 한가운데서 만들어진 진보의 공간에서 일어나는 이런 식의 재생은, 상당히 고립된 곳에서 일어나는 것이기 때문에 지역 전체를 일으킬 수 있는 발전이라고는 보기 어렵다. 대량의 일자리를 만들어 내지 못하며, 역량이 뛰어난 일부 사람들 사이에서만 진행된다. 디트로이트에서 이 현상은 '공공의 파국 속에서 부흥하는 사적 영역'이라고 불리기도 했다.[37]

샌디 이후 뉴욕은 어떻게 대응했고 복구는 어떻게 진행됐을까? 뉴욕 주민 대부분에게 샌디는 엄청나게 성가신 골칫거리였다. 며칠 동안 전기가 나갔고, 휘발유는 공급이 잘 안 되고, 대중교통은 처참하게 망가지고, 휴대전화도 먹통이었다. 하지만 폭풍으로 인한 사망자 수는 영향권에 있었던 인구 수에 비해 매우 적었다. 폭풍은 예보가 잘 됐다. 뉴욕 시민들은 폭풍이 상륙하기 며칠 전부터 계속 예보를 들었다. 폭풍은 대서양 연안을 타고 올라간 뒤 뉴욕을 향해 왼쪽으로 급회전했는데, 이는 모두 예견된 것이었고 상당히 정확했다. 홍수가 예상된 지역에서는 모든 주민이 대피한 상태였다.

사망자 중 다수는 모든 주민이 대피한 것으로 파악된 지역에서 자의로 피난을 가지 않았거나 이동 수단이나 정보가 없어서 못 간 경우였다(이는 카트리나 당시 미시시피 멕시코 만 연안에서도 벌어진 일이다. 폭풍이 인구 밀도가 매우 높은 거대한 지역을 지나갔지만 사망자 수는 비교적 적었다). 맨해튼의 사망자는 두 명 뿐이었다. 내륙 안쪽에서 죽은 사람은 주로 나무가 쓰러지면서 사람 또는 집을 덮치거나 전선이 떨어져 감전된 경우였다. 깜깜한 집 안에서 넘어져서 크게 다친 사람도 많았지만, 그 규모는 보통 폭풍이 발생할 때와 비슷한 정도였다. 집 안에서 보조 발전기를 가동하다 질식사한 사람도 일부 있었다. 물론 단지 불편한 수준을 넘어 큰 피해를 입은 사람들도 있었다. 브리지 포인트 주민 중 일부와 스태튼Staten 섬과 뉴저지의 비슷한 지역 주민들이 집을 잃었다. 맨해튼이나 뉴어크, 뉴저지와 같이 범죄율이 높은 여러 지역에서도 범죄는 없었다고 하지만 사우스 브루클린과 퀸즈 같은 몇몇 지역은 그렇지 않았다. 약탈이 약간 발생했다.

재건과 재생 과정도 뉴욕에서는 달랐다. 손상되거나 무너진 주택 소유자는 주 정부의 매입 제도에 따라 적절한 가격에 부동산을 팔고 다른 곳에서 새로 시작할 수 있었다. 매입한 지역은 자연 상태로 되돌려 미래에 다시는 주택지로 개발하지 않을 예정이다.

떠나기를 원치 않는 사람도 있었다. 그런데 재건을 원하는 경우에는 또 다시 침수되지 않을 정도로 주택 안전 수준을 높여야 했다. 그러려면 약 10만 달러 정도의 비용이 드는데, 연방재난관리청이 보전해 주는 비용은 3만 달러뿐이었다. 대부분은 재건 비용을 감당할 방법이 없었기 때문에, 부동산을 헐값에 팔아 새 소유주가 철거 후 재건하도록 했다. 홍수 보험금은 천문학적 수준을 기록했다.[38]

외부인이 잘 모르는 사실은 뉴욕의 이 해안 지역이 부유층 구역이 아니라는 점이다. 해당 지역 주민 중 상당수가 노동자 계급에 속해 있으며, 파 라커웨이의 저소득층 지원 주택도 여기에 있다. 그렇지만 이곳 주민들은 지배층이 도시 발전을 위해 쫓아내려 안달하는 "골칫덩이 인간들"은 아니었다. 뉴욕 지도에서 그들을 지워 버릴 종합 계획을 준비해 둔 사람은 아무도 없었다. 도시계획자들은 비교적 뒤늦게 이들 지역이 애초에 주택지구로 개발해서는 안 되는 지역이었다는 사실을 깨달았다. 그러나 이들 지역을 빼놓고 새로운 뉴욕을 상상하려는 야망을 지닌 사람은 없었다.

샌디로 인해 파괴된 해안 지역 중 일부는 그다지 빠르게 복구되지 않았고, 재건이 가능할지 아니면 이사를 가야 할지 알지 못한 채 방치된 사람들도 있었던 것이 사실이다. 그렇지만 부유층이 높은 기둥을 세운 해변 궁전을 짓기 위해서 저소득층 주민을 없애 버리려 하지는 않았다. 토지 약탈도 없었다. 보험 관련 분쟁과 임시 주거지 문제에서 벗어나지 못한 이들이 있긴 해도 대부분의 뉴욕 시민에게 샌디는 그저 지난 일이다. 2015년까지도 지하철이 복구되지 않은 지역이 있긴 했지만 도시의 대부분 지역, 특히 맨해튼에서는 폭풍의 흔적을 찾아보기 어렵다. 앞서 말했듯, 대부분의 뉴욕 시민에게 샌디는 일시적 불편을 안겨 주었을 뿐이다. 뉴욕 시민들은 샌디로 인해 크게 불편을 겪거나 항의를 하지는 않은 편이지만, 휴대전화가 며칠 불통인 것과 집과 생계를 잃는 것에는 엄청난 차이가 있다.

뉴욕 시민 대부분은 비교적 부유한 재정 상태와 효율적으로 작동하는 도시 설비 덕에 무사할 수 있었다. 그 밖의 좋지 않은 상황 속에서 고통을 겪은 경우는 위험 지역에 살고 있었던 까닭이었다. 그러나 뉴올리언스의 로워 나인스 워드 주민들과 이라와디 삼각주에서 쌀농사 짓던 농부들은 잘난 척하며 위험을 우습게 여겼기 때문에 그곳에 산 것이 아니었다. 그곳이 생계를 감당할 수 있는 지역이었고, 지금은 모두가 알고 있는 '그 위험'과 비슷한 일을 이전에는 겪은 적이 없어 대대로 살아왔을 뿐이다. 그들은 위험 지역이라는 사실을 알지 못했거나 경제적 사정으로 인해서, 또는 두 가지 사정 모두로 인해 어쩔 수 없이 위험한 환경 속에서 살았다.

샌디 이후 뉴욕에서는 피해가 덜했던 이들이 이익을 챙기는 방식으로 재건이 진행됐을까? 이익을 챙긴다profiteering는 용어에는 부정적인 뜻이 담겨 있다. 단어의 원형인 이익profit이란 어떤 행동을 해서 비로소 얻는 이점이나 이익을 뜻한다.[39] 이익은 대부분 돈으로 나타나지만, 꼭 그렇지만은 않다. 이익을 챙기는 자profiteer란 특정 상황에서 유리한 입장에 서서 부당한 이득을 취하는 사람을 뜻한다. 그리고 이익을 챙기는 것은 당연히, 이익을 챙기는 자가 하는 행위다. 뉴올리언스의 복귀 주민 구성에서 인종적 불균형이 나타난 것은 지배층이 소수 집단에게 유리한 조건을 강화하고 확대해서 사회적 이득을 취하게 했다는 뜻이다. 뉴올리언스의 몇몇 힘 있는 도시 계획자는 이면에서는 별로 다르지 않은 모습으로, 미얀마에서 벌어졌던 것만큼이나 뻔뻔스러운 토지 약탈을 시도했다. 그런데 뉴올리언스의 티치포아메리카 자원봉사자도 이익을 챙기는 자라고 부를 수 있을까? 그건 아닌 것 같다. 간토와 샌프란시스코 안팎에서 자신의 사업적 이해에만 국한해 목소리를 높였던 사람들은? 저소득 파리 시민들을 무시해 버린 오스만은? 이들은 모두 이익을 챙긴 자들이지만, 각자가 챙긴 것, 이득을 본 것은 경우에 따라 다르다. 이 모든 사례가 보여 주는 것은 부와 가난의 사회적·지리적 질서가 계급 사이의 물리적·경제적 차이를 심화시키고 있다는 사실이다. 그리고 재난은 항상 저소득층에게는 피해를, 상류층에게는 단순한 불편만을 끼침으로써 그 차이를 더욱더 벌린다는 사실이다.

# 재난,
# 끝이 아닌
# 시작

분열된 사회는 압박을 받으면 폭발할 수 있다. 격차는 체계에 압력을 가해 사회 저변에 긴장을 형성하고, 기후변화에서 보았듯 더해진 압력은 이전과는 비교도 할 수 없을 정도의 폭발적인 변화를 가져오는 수가 있다. 자연재해가 계급 및 인종 사이의 격차를 줄이기는커녕 도리어 늘려 놓는다면, 우리는 앞으로도 이보다 더 큰 대격변을 계속 겪게 될 것이다. 그 격변들은 심지어 자연재해와 전혀 상관이 없는 것들일 수도 있다. 우리는 이미 그런 일들을 목격하고 있으며, 그런 사건의 이야기 구조는 자연재해와 놀라울 정도로 비슷하다.

　　미주리Missouri 퍼거슨Ferguson의 비극(2014년 미주리 퍼거슨에서 백인 경찰관이 흑인 청년을 총으로 사살한 사건)은 아직 끝나지 않았다. 대배심은 무장하지 않은 아프리카계 미국인 청년 마이클 브라운을 쏘았던 경찰관에 불기소 처분을 내렸다. 해당 경찰관은 사직했다. 1992년 로스앤젤레스에서 있었던 로드니 킹 폭동 때와 마찬가지로, 대배심 결정 이후 폭동은 더욱 거세어졌다. 그 후 스태튼 섬에서 또 다른 나이든 흑인 남성이 경찰의 손에 죽었다. 바로 얼마 후에는 메릴랜드Maryland 볼 티모어에서 정신 착란에 빠진 젊은 흑인 남성이 전 여자 친구에게 총상을 입힌 뒤, 뉴욕으로 가서 브루클린의 순찰차 안에 있던 경찰관 두 명에게 근거리에서 총을 쏘고는 지하철역으로 내려가 그 총으로 자살했다. 그는 소셜미디어에 경찰 총격에 복수하겠다는 의사를 밝혔었다. 당시 그 사건 담당 경찰관들은 모두 백인이었다(다만 그가 죽인 두 경찰관은 흑인이었다). 사건이 잠잠해진 듯 보이던 몇 달 후, 퍼거슨에서 또 두 명의 경찰관이 총상을 입었고 젊은 흑인 남성이 체포됐다.

미주리 주지사는 처음에는 퍼거슨 지역 경찰관을 고속도로 순찰대로 교체했다가, 이후 치안 유지를 위해 주 방위군을 투입했다. 지역 경찰관이 교체된 것은 그들이 초기 시위대를 과잉 진압했기 때문이었다. 경찰은 즉시 폭동진압 장비를 갖추고, 평화적 시위대를 향해 최루가스를 발포하고, 섬광탄을 던지고, 위장 장비를 장착한 채 (역시 위장한) 장갑차 위에서 (일반적인 경찰 장비가 아닌) 공격용 중화기를 조준했다. 그러나 시위가 커지는 것을 막지 못했고 폭력 사태가 늘어났다. 경찰은 기자들이 특정 지역에 들어가지 못하게 막고 구금했지만 기소하지는 않았다. 단지 벌어지는 상황을 기자가 보지 못하게 막았다. 가장 최근에는 법무부가 퍼거슨 시市 공무원과 경찰관이 일상적으로 아프리카계 미국인 거주자의 헌법적 권리를 침해했으며, 시 이메일을 통해서 대통령 버락 오바마에 대한 것을 포함해 인종주의적 농담을 주고받았던 사실을 밝혀냈다.[1]

강력한 무기를 장착한 병사를 실은 무장 차량이 거리를 돌아다니는 풍경은 전시, 혹은 우크라이나와 베네수엘라처럼 정부를 밀어내고 정권을 교체하기 원하는 대규모 군중이 권위주의 정부에 항의하기 위해 모였을 때나 볼 법한 것이다. 그런데 뉴올리언스와 퍼거슨 시내를 돌아다니던 무장 차량의 모습은 그런 분쟁 상태에 놓인 경우와 별로 다르지 않았다. 이는 미국의 치안 정책이 충격적이고도 지속적으로 군사화하고 있기 때문이다. 미주리 퍼거슨의 작은 마을에 있는 경찰이 그런 무기까지 갖추고 있으리라고 누가 상상이나 했을까? 분명히 이런 장비는 광범위하게 퍼져 있으며 널리 사용되고 있다. 〈워싱턴포스트〉 기자 래들리 발코는 2013년 저서 《전투 경찰이 늘고 있다─미국 경찰의 군사화》에서 이런 경향을 설명한다.[2] 또 아주 사소한 위법 사항에 대해서도 공권력을 점점 더 많이 행사하면서 경찰 기동대SWAT의 임무가 서서히 늘어나는 등, 군사화 경향이 법 집행에 끼치는 악영향에 대해서도 상세히 서술한다. 경찰이 자체적으로 군사 장비를 갖추고 군대와 별로 다르지 않게 행동한다면, 일반적으로 뚜렷이 구분되는 군사적 행동과 경찰 행동 사이의 차이가 모호하고 허술해진다.

미국 전역에서 경찰은 준군사적 집단으로 변해 왔다.[3] 그리고 뉴올리언스와 퍼거슨에서처럼, 그 지역 출신이 아닌 백인이 다수인 경찰 병력이 "골칫덩이 인간들"을 억누르는 것이 자신의 임무라고 생각하며, 주민의 다수를 차지하는 흑인과 가난한 사람에게 경찰력을 발동하는 지역에서는 이런 주장이 더욱더 사실로 드러난다.

다수의 "골칫덩이 인간들"을 소수의 특권층을 위해 억눌러야 한다는 이런 사고방식은 전 세계 곳곳에서 마찬가지로 나타난다. 그리고 재난이 어디서 일어나며 어떤 통치 체계가 있는지에 상관없이, 거의 모든 자연재해에 관련해서는 공통된 이야기 구조를 찾아낼 수 있다. 우선 끔찍한 사건이 발생한다. 자연이 변덕을 부려 모든 것이 엉망이 되고 정상에서 벗어난다. 유정油井에서 거대한 불기둥이 치솟는다. 폭동이 발생한다. 이전에 어떤 모습이었는지 아무도 알아볼 수 없을 만큼, 지표면이 격렬히 흔들린다. 어디선지 모르게 거대한 폭풍이 몰아친다. 이것이 수전 손택이 멋지게 풍자한 1950년대 과학 영화의 1단계다.[4] '그 일'이 닥쳐온 것이다. 손택이 거론한 영화에서 '그 일'은 거의 항상 미국 또는 일본에서 일어났고, 주로 외계 우주에서 발생하지만 가끔은 지구 깊숙한 곳에서 나오기도 했다. 끔찍한 사건은 어디서나 일어날 수 있다.

권력 집단은 가장 침착해야 함에도 불구하고 언제나 가장 많이 놀란다. 권력 집단이 군사 정권이건 거대 기업이건 선출된 지사건 상관없이 그 구성원은 계급, 인종, 민족적 출신에 있어서 사건에 가장 큰 타격을 입을 대다수 시민을 대표하지 않는다. 그러므로 사건으로 가장 큰 피해를 당할 사람들을 별로 신경 쓰지 않는다. 일단은 염려를 표해야 하고 때로 초기에는 뭔가 역할을 하기도 하지만 그런 단계는 금방 사라진다. '그 일' 또한 사람들의 처지를 신경 쓰지 않는다.

과학자들은 놀라지 않았다고 말한다. 자신이 이미 경고를 했는데 사람들이 듣지 않았다고 말한다. 때로 자신만만한 과학자가 텔레비전에 나와 인터뷰를 하는 경우도 있다. '그 일'이 발생하면, 언론은 곧바로 환호한다. 종말론적인 수사를 사용하면서 재빨리 달려가 현장에서 숨을 헐떡이며 곤란한 표정으로 보도를 한다. 과학자도 마찬가지로 행동한다.

권력 집단은 우리가 기자와 과학자들이 말하는 것처럼 상황이 나쁘다고 생각하지 않도록, 사건의 규모를 축소한다. 권력자는 보도를 그대로 믿어선 안 된다고 말한다. 우리는 그들이 상황을 어떻게 과장하는지 안다. 걱정하지 마라, 모든 것은 통제되고 있다. 뉴올리언스는 80퍼센트 이상 침수됐다고 하는데, 걱정할 것 없다. 이미 다 알고 있다. KBR을 파견하겠다. 민간 기업인 '블랙워터' 대원이 이라크에서 민간인 열일곱 명을 살해하는 데 가담하면서 악명을 얻은 바로 그 KBR 말이다.[5] KBR과 수의계약을 맺으면 최대한 일이 빨리 처리될 것이다.

사건의 규모를 축소해 처리하려는 시도가 나타난다. 손택이 다룬 과학 영화를 예로 들면, 권력자들은 '그 일'에 대처하기 위해 경찰을 파견하는데 파견된 경찰관은 모두 죽고 만다. 카트리나가 와도 국토안보부는 아무런 신경을 쓰지 않고, 그저 마이클 브라운이 잘 처리할 거라고 믿는다. 적어도 과학 영화에서는 (비유적으로 말하자면) 브라운은 금방 목숨을 잃고 말 것이다. 미얀마에서는 장성들이 이렇게 반문한다. 사이클론? 무슨 사이클론을 말하는 거지? 지배층 모두가 무방비 상태로 '그 일'이 물러가기를 바라면서 며칠을 보낸다. 관련 경험도 없이 정치적으로 임명된 무능력한 정부 관료는 몹쓸 대응을 한다. 아무런 도움도 받을 수 없으니 피해 현장의 시민들은 서로 도우려 애쓴다. 거짓말과 책임전가가 시작된다. '그 일'을 처치하려는 모든 노력은 처참하게 실패한다.

언론의 호도와 달리 일반 시민들이 침착하게 대응하는 와중에 지배층은 공황 상태에 빠지기 시작한다. 그러나 곧 시민들은 스스로 '그 일'을 물리칠 수 없다는 사실을 깨닫기 시작하는데, 도우러 오는 사람은 아무도 없다. 그때까지 용감하게 서로를 돕던 사람들은 이제 음식과 물이 바닥나고 있음을 깨닫는다. 갑작스레 어디서 구해 올 수도 없다. 아무도 도우러 오지 않으니 상점에 가서 필요한 물건을 찾는다. 언론은 이런 행동을 어떤 때(지배층 구성원이 할 때)는 비축이라고 부르고, 또 어떤 때(지배층 이외의 사람이 할 때)는 약탈이라고 한다. 피해를 당한 사람들은 좌절감에 빠진다. 분노하되 공황 상태가 되지는 않고 적개심을 느끼기 시작한다. 지배층은 그 일이 일어난다는 소식을 처음 듣자마자 멀리 떠난 지 오래다. 만약 실수로 떠나지 못했다면, 구조자들이 처음 현장에 도착했을 때 구조되어 여느 부상자와 마찬가지로 치료를 받은 상태일 것이다.

현실이든 상상이든, 대대적으로든 사소하게든, 약탈이 본격적으로 시작되고 그로부터 상황은 달라진다. 약탈은 지배층에게는 신이 내린 선물이다. 자신의 무능력으로부터 시선을 돌릴 수단이다. 약탈은 언론에게도 반가운 선물이다. 그전까지 언론을 무시하라던 지배층은 이제 언론을 믿으라고 한다. 더 이상 축소하지 않는다. 언론은 있는 그대로를 보여 주고 있다고, 지배층은 주장한다. 그 즈음, 모든 문제의 근원인 '그 일'은 물러가고, 대중의 관심은 떨어진다. 신문 기사는 여러 쪽 뒤로 밀려나고 야간 뉴스에서도 첫 순서를 차지하지 못한다. 그런 때에 다행히도 약탈이 '발발'하는 것이다. 거기에는 과장할 만한 것이 있고, 그중 일부는 도덕적 측면을 부각시켜 인종적·계급적 편견이 버무려진 영화 속 이야기처럼 대중이 받아들일 만한 이야기로 틀 지을 수도 있다. 사건이 다시 표지를 장식한다. 언론은 (동일본 지진과 쓰나미 이후처럼) 약탈 소식이 없을 때는 정부의 무능력과 일관되지 못한 발표를 집중 조명한다.

'그 일'을 진압하기 위해 싸우는 모습을 보이는 지배층은 자신이 괴물로부터 구하려 애쓰는 대상이 사실은 괴물 그 자체라고 말할 수도 있다. 그들, 즉 괴물 그 자체는 지배층이 어떤 대가도 무릅쓰고 용감하게 도우려 노력하는 것을 거절하고 몹쓸 행동을 하는 "골칫덩이 인간들"이다. 선량한 사람이 운영하던 상점에서 귀중품을 훔칠 뿐 아니라 서로를, 심지어 어린아이조차도 강간하고 죽이는 범죄자이자 몹쓸 인간이다. 강간이나 살인 소식 중에서 실제로 입증되는 경우는 거의 없다는 사실은 문제되지 않는다. 그건 지배층 외의 사람들이 갖는 바람일 뿐이다. 그 다음에는? 그들은 곧 지배층을 죽이고 강간할 것이다. 무슨 수를 써서든 그들을 제압해야 한다. 통행금지, 계엄령, 군대, 사살 명령이 필요하다. 그것만이 유일한 희망이다.

재난 사건에서 이 시기는 '그 일'이 다시 일어나는 때다. 이미 재난은 물러갔지만, 다른 것으로 바뀌어 돌아왔다. 자연이 아니라 사람이 일으키는 재난이다. 군대가 진입한다. 이미 군대가 거기 와 있다. 약탈과 범죄는 사실이든 언론이 만들어 낸 것이든 시민을 대상으로 전쟁을 벌일 명분이 된다. 마침내 지배층이 승리한다. 어떻게 이기지 않을 수 있겠는가? 군대를 움직이는 집단인데 말이다. '평화'가 되돌아온다. 과학자들은 조언을 한다. 연구실에서 '그 일'을 끝장낼 기기를 만들어 낸 손택의 젊고 영웅적인 과학자는 아름다운 여자 친구와 볼을 맞대고 하늘을 올려다보며 묻는다. "그런데 그들이 또 올까?"

오늘날 과학자들은 '그 일'은 다시 올 것이며, 다시 올 일은 이전보다 더욱 크고 훨씬 심할 것이라고 말한다. '그 일'이 일어날 만한 지역은 버리고 문제될 만한 모든 곳에 거대한 대비 시설을 설치하라고 권한다. 지배층 구성원들은 자신을 보호할 구상을 하지만 그 외의 사람에게는 관심이 없다. 예를 들어 폭풍으로부터 맨해튼 저지대를 보호할 장벽을 세울 계획은 수립해도 라커웨이를 위해서는 내놓는 게 별로 없다. 안된 일이지만, 거기 살던 사람들은 대체 뭘 하고 있었나?

로워 나인스 워드 주민들은 뭘 했나? 그 골칫덩이 인간들은 위험하다는 사실을 알고 있었던 게 아닌가?

이제 승자가 패자를 약탈할 수 있는 두 번째 기회가 활짝 열린다. 그들이 약탈할 차례. 물론 그들은 자신들의 일을 결코 약탈이라 말하지 않을 테지만 말이다. 돈이 당장, 계속 필요하다. 기나긴 입찰 과정과 검토, 감독에 쓸 시간이 없다. '위험한' 땅은 수용해서 더 나은 목적을 위해 사용해야 한다. 과학자는 동의한다. 부유한 나라에서는 이를 젠트리피케이션 또는 '도시 재생'이라 한다. 지배층이 이익을 챙기고 더 부유해질 수 있는 부동산 개발을 완곡하게 표현하는 것이다. 가난한 나라에서는 일반 시민이 땅을 갖지 못하거나 농사지으며 대대로 살아온 땅에서 쉽게 쫓겨나도록 하는 기괴한 법을 만들어 토지 약탈을 자행한다. 아니면 피해 지역 복구 비용이 너무 높아져서 (예를 들어 뉴올리언스 로워 나인스에서처럼) 이전에 살던 사람이 규제 수준에 맞추어서는 돌아올 수가 없는 상황을 조성한다. 패자는 이전에 갖고 있던 자산마저 잃고, 승자가 그것을 취한다. 자산은 부를 획득하는 열쇠다. 승자가 이미 개인 자산을 갖고 있다면, 대체로 그럴 테지만, 그 자산의 가치가 더욱 높아진다. 승자는 공공 설비 재건을 위한 유리한 계약을 따낼 수 있고, 지배층에 자기편 사람을 보낼 수 있다.

'부자가 이기고, 가난한 사람이 진다.' 불평등이 극심한 세상에서는 자연재해의 결과 또한 불공평할 것임을 확실히 짐작할 수 있다. 재난은 어떤 면에서는 부유하든 가난하든 모든 사람에게 피해를 끼칠 수 있지만, 결코 모든 사람을 즐겁게 하지는 못한다. 재난은 모두가 서로를 끌어 주는 계기가 될 거라고 믿고 싶겠지만 그렇지 않다.

각 집단에 끼치는 영향이 매우 다르고, 각 집단이 대응할 방법도 엄청나게 다르기 때문에, 재난은 각자를 다른 방향으로 끌고 가게 되는 계기가 된다. 각 집단이 재난을 활용하는 방법은 비교할 수 없을 정도로 다르다. 부자는 이용하고, 가난한 사람은 못한다. 슘페터의 광풍은 부자의 요트에 바람을 불어넣지만 가난한 자의 부실한 탈 것은 가라앉게 만든다. 부자는 더 멀리 피할 수 있지만 가난한 사람은 빈곤의 덫에 갇혀 있거나 덫 안쪽으로 더욱 미끄러져 들어간다. 좁은 땅과 적은 수입을 갖고 있다가 땅도 수입도 없는 처지가 되는 식이다.

《21세기 자본》[6]으로 최근 국제적으로 유명해진 프랑스의 경제학자 토마 피케티는 불평등이 감소하는 유일한 시기는 재앙이 일어났을 때며, 그 후로는 전체 경제 규모를 넘어서는 자본이 되돌아오면서(기술 부록 1의 도표1.5 참고) 불평등이 다시 급격히 심해진다고 주장한다. 피케티의 분석은 금융 위기를 바탕으로 한 것인데, 자연재해의 위기에서는 정반대의 상황이 벌어진다. 자본 소유자는 재난 직후에 자본을 급속히 불릴 기회를 발견한다. 재난은 자본 소유자를 더욱 더 부유하게 만들고, 자본이 부족한 이들은 더 가난하게 만들어 불평등을 더욱 심화시킨다.

무엇을 해야 하는 것일까? 재난위험감축DRR은 엄청나게 중요하다. 말할 필요도 없을 정도다. 그러나 재난위험감축은 재난**손실**감축 DLR: Disaster **Loss** Reduction이라고 부르는 편이 더 맞을 것이다. 폭풍이든 지진이든 홍수든, 어떤 일이 발생하든 초기의 손실을 줄이는 데에 초점을 맞추고 있기 때문이다. 가난한 사람이 고통받지 않고 가능한 좋은 조건에서 가능한 빨리 복귀할 수 있도록 돕는 것이 중요하다. 손실이 적을수록 복구는 더 빨라진다는 것이 재난위험감축의 기본 논리인 듯하다. 그러나 이것은 손실이 거의 전무한, 극도로 일어나기 어려운 상황이 아니고서야 불가능한 일이라는 것을 우리는 알고 있다.

그러나 고통스러운 손실의 시기 앞뒤로, 가장 중요한 순간에 이런 일이 벌어진다. 미주리 퍼거슨에서 한 사람이 죽었다. 그 죽음 이후에 벌어진 일은 죽음 그 자체의 수준을 뛰어넘은 일이라고 할 수 있다. 퍼거슨에서는 더 많은 사람이 죽었을 것이다. 그러나 뒤따른 혼란은 목숨을 잃은 사람의 수와 전혀 상관없는 규모로 나타났다. 이는 불평등의 결과다. 퍼거슨 사건은 사망자 수만으로 볼 때는 재난이라고 할 수 없다. 그러나 열다섯 살 아이티 여성의 죽음, 이라와디 삼각주에 버려진 사람들, 중국에서 학교 건물에 깔려 죽은 학생들, 그리고 퍼거슨 사건은 모두 다 사회적 재난이며, 모두 다 피할 수 있어야만 했던 일이다.

퍼거슨은 2000년에는 꽤 번창하고 백인이 다수인 곳이었다가 급속히 흑인이 주를 이루는 극도로 가난한 지역으로 변해 갔다. 퍼거슨 갈등의 원천은, 최근 선거 결과 아프리카계 미국인이 시의회 의석을 세 배나 차지했지만 도시의 모든 정치 체계가 압도적으로 백인 위주로 유지되고 있었던 점에 있었다.[7] 도시의 인구 구조와 경제적 전망이 달라졌음에도 정치 구조는 거의 변하지 않은 것이다. 미얀마를 통치하는 장성들이 일반 시민과 접촉하지 않고, 아이티 페티옹빌의 지배층이 대다수 아이티인과 그랬던 것처럼, 퍼거슨의 지배층도 시민들과 괴리되어 있었다. 퍼거슨 시 정부의 구성원은 도시가 변해 가는 방향이 마음에 들지 않았고, 이제 다수를 차지한 사람들을 두려워했다. 도대체 왜 미주리 소도시의 경찰이 장갑차, 폭동 진압 장비, 공격용 화기를 갖고 있어야 할까? 도덕적 관점에서 그들의 무장은 아이티 지배층을 숨겨 주는 날카로운 철조망을 얹은 높은 장벽이나, 미얀마에서 벌어지는 소수민족 억압, 뉴올리언스 로워 나인스 워드의 고립과 다를 바가 없다. 그런 장비를 갖추었다는 것은, 언젠가 누군가에게 공격을 받을 것이라고 믿었다는 증거다. 그리고 그 '누군가'는 오직 흑인이었을 것이다. 그들이 뉴올리언스의 백인 자경단원처럼 공격할 계획을 세우거나 싸우고 싶어 안달하는 모습을 보였단 말인가?

자연재해는 결코 막을 수 없다는 것은 운명론이 아니다. 재난이 더 늘어날 거라고 말한다면 그것은 다소 운명론적일 수 있다. 그런데 정말로 일어날 법한 일은 재난이 아니라 재난의 부정의가 더 커지는 것이다. 부유한 지배층과 그렇지 않은 99퍼센트 사이의 격차가 점점 더 커짐에 따라, 혼란을 틈타 지배층이 재난의 결과를 통제하기는 더욱 더 쉬워질 것이다. 이는 우연한 일이 아니다. 단지 기존의 불평등 때문이라고 할 수는 없다. 그것은 변명이다. 권력을 가진 이들이 취하는 행동으로 인해 불평등이 더욱 더 심화될 수 있기 때문이다. 재난은 그 자체로 혼란 속에 숨을 수 있는 방패가 된다. 대부분의 사람들은 눈앞에서 벌어지는 현실이 정말로 '자연적인' 현상이라고 믿을 것이다. 그러나 재난의 극적인 상황 속에서 자연이 차지하는 부분은 그리 길지 않다.

자연과학자는 급격한 기후변화로 장기간의 가뭄, 집중 호우, 강력한 폭풍 등 극단적인 기상 재난의 빈도가 늘어날 것이라고 믿는 편이다. 그런 일이 일어나지 않는다 할지라도, 기후변화는 그 자체로 지구상에서 식량을 재배하기 어려운 영역을 점차 늘려 나갈 것이다. 주거할 공간이 점점 줄어드는 행성에서 훨씬 더 많은 사람들이 필요를 채워야 한다. 해가 지나가면서, 느리지만 가차 없이 진행되는 변화에 따라, 지배층은 주거 가능한 땅을 점점 더 많이 약탈하면서 대다수를 살기 힘든 지역에 버려둘 것이다. 기후변화에 대해 확실한 것이 있다면, 그로 인해 우리가 지금보다 더욱더 분열될 것이라는 점이다. 자연재해는 그 일이 어떻게 벌어질지를 우리에게 보여 준다.

재난이 자연적 사건일 뿐 아니라, 경제적·정치적 속성을 갖고 있다는 점을 깨닫는 것이 중요하다. 자연이 처음 타격을 가하는 무시무시한 몇 분 또는 몇 시간 동안에는, 재난은 **자연적**이다. 그 순간은 자연의 탓이다. 그러나 재난 이전과 이후의 상황은 순전히 **사회적** 현상이다. 재난 이후에 평상시 모습으로 되돌아가는 데는 경제적 자극제와 훌륭한 계획, 원칙 외에도 2008년과 2009년 경제 위기에 대처했던 것 같은 행동이 필요하다. 두 사건은 서로 달랐지만 경제 위기에 대응해 성공하는 모습과 실패하는 모습을 보여 주었고, 그 모습들로부터 자연의 분노를 견뎌 내야 하는 모든 사람을 위한 복구 과정을 모색하는 데 도움이 될 교훈을 얻을 수 있다. 이익을 챙기는 행위에는 단호히 대처해야 한다. 그것은 타인을 희생시켜 재빨리 이득을 취하는 행위일 뿐 아니라, 기존의 불평등을 강화시켜 영구적인 피해를 입힐 수 있는 행위다.

기존 재난위험감축 계획의 초점은 전조(국면1)와 사건 그 자체(국면2)에 집중되어 있었다. 정부는 대비, 강화, 보호를 생각한다. 재난 이후에는 다음 재난에 더 잘 대비하기 위한 방편으로, 물리적 피해 복구를 위해 더 나은 건축을 위한 접근법이 도입된다. 그러나 그것으로는 부족하다. 재난 이후 사회적 위험 감축을 위한 현실적인 접근법이 반드시 담겨야 한다. 군사화는 답이 아니다. 지배층이 재난 이후를 좌우하도록 허용하는 것 또한 답이 아니다. 이는 지배층이 이득을 취하고 시민을 배제하도록 허용하는 것이나 다를 바 없다. 정부 기능이 제대로 작동하지 않고 부패한 주나 국가에 재난이 발생하면, 군대를 보낼 게 아니라 구호 기금이 사회 재건과 향상에 쓰이도록 지켜 줄 중립적 집단을 보내야 한다. 이는 정신적 외상을 치유하거나 장례 절차를 지원하는 수준을 말하는 것이 아니다. 재난이 일어나기 전에 사회의 주요 동력을 이해함으로써 재난 이후 사회가 혼란에 빠지지 않도록 대비해야 한다는 뜻이다.

재난의 두 번째 국면이 끝나면 관심을 다른 곳으로 돌리기보다는 세 번째 국면에 대해 세심하게 검토해야 한다. 뉴올리언스지수는 이 과정의 전형을 보여 준다. 복구는 재건축한 건물의 숫자로는 제대로 측정할 수 없으며, 생활이 복구된 주민의 수로 살펴야 한다. 모든 재난은 파인만 경계의 한쪽 또는 다른 한쪽만으로는 이 일을 제대로 해낼 수 없다는 사실을 보여 준다.

점점 더 커져 가는 극심한 사회적 불평등은 셀 수 없이 많은 사회적 병폐와 경제적 재난이 발생하는 원천이다. 이는 우리 시대가 맞닥뜨린 거대한 도전 과제다. 재난으로 이익을 챙길 기회를 제거하는 것은 부정의를 바로잡는 일일 뿐 아니라 멀어져 가는 우리 서로를 좀 더 가까이 끌어 당겨 주는 일이 될 것이다.

# 자연재해가 주는 충격과
# 그 결과에 대한 간략한 사회경제학

기술 부록1에서는 1장에서 제기한 몇 가지 주제를 부연 설명한다. 도표 1.1을 보자.

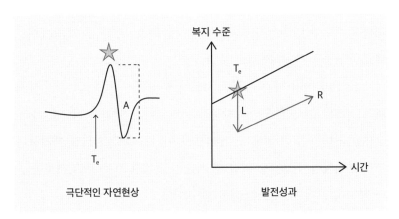

| 도표1.1 물리적 충격이 사회적 충격으로 전환되는 과정

    왼쪽은 일반적인 자연적 충격을 도식화한 것이다. 곡선이 지진계의 바늘이 그리는 궤적과 비슷해 보여서 지진일 거라고 생각할 수 있지만, 반드시 그 경우에만 해당하는 것은 아니다. 사건 발발 시점

인 Te(사건이 시작된 순간)와 강도를 나타내는 A로 이루어져 있다.

오른쪽은 충격이 가져다주는 사회적 영향을 도식화한 것이다. 가로축은 시간, 세로축은 복지 수준이다. 복지 수준의 기준은 국내 총생산일 수도 있지만, 1장에서 논의했던 인간개발지수나 국민총소득 등 다른 어떤 것이 될 수도 있다.

재난은 왼쪽과 마찬가지로 지정된 시각인 Te에 발생한다. 좀 더 진하고 굵은 선은 재난이 발생하지 않았을 경우 도달했을 사회 복지 성장 수준이다. 재난 이전의 성장 수준에다 지나간 Te를 근거로 간단히 추정해서 얻는 값이다. 재난으로 인해 교란되지 않은 성장률로 볼 수 있다.

Te 시점에는 즉시 L 분량의 **특정한** 손실이 발생한다. 대체로는 주택, 산업, 도로, 공항과 같은 자산의 손실을 메우는 데 드는 비용이다. 손실은 인명 피해일 수도 있지만, 보통은 물적 자산의 손실을 가리키는 편이다. 1장에서 보았듯, 이 같은 건설 자산은 GDP 공식에 직접적으로 반영되지 않으므로, 손실이 발생해도 GDP가 곧바로 하락하지는 않을 수 있다.

이어서 복구를 뜻하는 R을 살펴보자. 도표상으로 재난 이후 사회 복지는 비록 시작 시점은 낮지만(재난 이전 수준에서 L을 뺀 값이다), 곧바로 이전과 동일한 비율로 성장하는 것처럼 보인다. 합리적으로 생각해 볼 때, 재난을 당한 후에는 경제가 이전만큼 원활히 작동하지 못할 것으로 짐작되기 때문에 위 도표는 상당히 비현실적이다. 하지만 이는 우리 논의의 단계를 설정하기 위한 것이다.

도표1.2에는 재난의 영향을 받은 사회의 성장률을 예측하는 데 중요한 두 가지 요소가 그려져 있다. 가로축과 세로축은 앞의 도표와

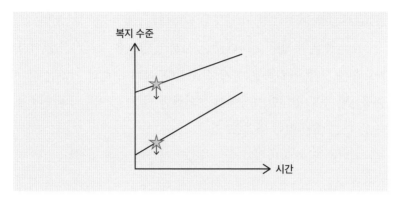

| 도표1.2 서로 다른 경제 발전 수준과 성장률하에서 동일한 손실이 주는 영향

동일하다.

　중요한 요소 하나는 복지 향상 비율을 나타내는 선의 기울기다. 세계에는 느리게 성장하는 경제도 있고 빠르게 성장하는 경제도 있다. 아래쪽 선은 위쪽 선보다 가파르게 상승하고 있는데, 이는 아래쪽 선이 나타내는 나라의 복지가 위쪽 선이 나타내는 나라의 복지보다 빠르게 향상되고 있음을 뜻한다. 동일한 기간 동안 아래쪽 선이 나타내는 나라에서는 위쪽 선이 나타내는 나라보다 복지가 훨씬 더 많이 향상된다.

　한 가지 더 짚어둘 것은 이 두 경우의 절대적 복지 수준이 다르다는 점이다. 위쪽 선은 지나가는 모든 위치에서 아래쪽 선보다 더 높은 곳에 위치하며, 이는 아래쪽 선이 나타내는 나라보다 위쪽 선이 나타내는 나라의 절대적 복지 수준이 더 높다는 것을 뜻한다. 아래쪽 선은 급속히 성장하고 있지만 아직 절대적으로 높은 복지 수준에는 도달하지 못한 경제를 표시한다. 위쪽 선은 아마도 아래쪽보다 더 발전한 국가의 지표일 것이다. 이 차이는 선진국이 중국과 인도처럼 두 자리 수 성장률을 보이고 있는 개발도상국 경제에 비해 더 천천히 성장하는 경향을 보인다는 경험적 증거에 맞아떨어진다.

재난 손실의 총량(아래쪽을 가리키는 화살표)은 양쪽 모두 동일한 절댓값으로 표시되며, 이 동일한 손실량이 두 경제에 미치는 영향은 각각 다를 것이 확실하다. 위쪽 선이 나타내는 경제에 있어서 손실량이 복지 총량에서 차지하는 비율은 아래쪽의 경우보다 더 작다.

복구는 어떻게 구성될까? 도표1.3은 두 가지 경우를 보여 준다. 왼쪽은 비교적 빠르게 성장하는 경제, 오른쪽은 비교적 느리게 성장하는 경제에 해당한다. 양쪽은 동일한 절대적 손실을 입었다. $T_1$과 $T_2$로 표시된 시간은 각각 재난 이전의 수준으로 돌아가는 데 걸리는 시간이다.

$T_2$는 $T_1$보다는 확실히 크니, 빠르게 성장하는 국가가 느리게 성

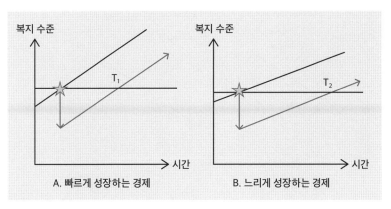

| 도표1.3 성장률이 복구 시간에 미치는 영향

장하는 국가보다 재난 이전 수준을 더 빨리 회복할 것으로 예상된다. 재난으로 인해 하락한 절대적 수준은 여기서는 중요하지 않다.

느린 경제가 회복하기까지 걸리는 긴 시간은, 세계은행이 그다지 빠르게 성장하지 않는 가난한 나라에서 대형 재난 이후 취해야 할 행동이 무엇일지 판단하기를 매우 어렵게 만드는 요소다. 이 간단한 도표에서 또 한 가지 분명한 것은, 손실량이 클수록 복구 기간은 더 길어질 것이므로, 느리게 성장하는 나라는 단지 자연적 성장률이 낮기 때문에 회복에 더 오랜 기간이 필요할 수 있다는 점이다.

GDP로 측정할 때, 미국 경제는 불황 전 수준으로 되돌아갔다. 세로축을 고용으로 바꾸어도 상황은 달라지지 않을 것이다.

재난 이후 손실이 계속되어 경제가 퇴보함에 따라, 성장률이 느리거나 전무한 기간, 심지어는 마이너스 성장을 보이는 기간도 있을 수 있다고 가정해 보는 것은 타당하다. 도표1.4가 이에 해당한다.

침체기는 S로 표시되어 있다. 자연적 성장률과 손실 규모인 L은

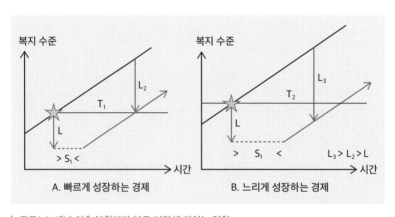

| 도표1.4 재난 이후 불황기가 복구 기간에 미치는 영향

양쪽 모두 동일하다. 도표1.4에서 분명하게 드러나는 것 한 가지는 불황기는 어느 시점에서건, 복구 기간을 불황이 계속된 기간만큼 늘

린다는 것이다. 다시 말해 $T_1$은 $S_1$만큼 늘어나고, $T_2$는 $S_2$ 만큼 늘어난다. 아마도 덜 확실한 것은 불황기가 사실상 손실을 증가시키는가, 즉 $L_2$와 $L_3$가 애초의 손실인 L보다 더 클 것이냐 하는 점일 것이다. 재난으로는 자산만 파괴되는 것이 아니다. 재난이 발생하지 않았다면 해당 기간에 발달했을 복지도 동시에 파괴된다.

재난 손실과 복구를 보여 주는 이 도표들이 2008년 경제 위기 및 불황 그리고 그 이후의 회복 과정과 상당히 비슷하다는 생각이 들 것이다. 2014년 6월 〈뉴욕타임스〉는 마지막 도표와 아주 유사한 도표를 게재했고, 곧 이어 미국 정부는 드디어 경제가 불황 이전 수준에 도달했다고 선언했다.[1] 불황은 (놀랄 만큼 빠르게 발생하지만) 완전히 극복하기까지 시간이 걸리기 때문에, GDP는 재난 그래프에서만큼 급격히 하락하지는 않았다.

복구 시간을 더 늘리는 것은, 직관에 반하는 것처럼 보이겠지만 도표1.5에서 보듯 국가 자원을 사용하는 것이다. 도표에서 이 자원은 R과 r로 표시되어 있는데, R은 r보다 크다. 국가 자원을 사용하면 손실을 **증대**시키는 효과를 가져올 수 있다. 그에 따라 복구 기간은 늘어난다. 초기 손실인 L뿐 아니라 복구를 돕기 위해 투입한 자원의 총량도 회복해야 하기 때문이다. R 또는 r로 표시된 자산은 금융자산이다. 건설 또는 제조자산을 표시하는 L의 자산 손실과는 다르다. 따라서 내가 한 것처럼 단순히 L에다 더해 버리는 것은 올바른 계산이 아니지만, 핵심을 보여 줄 수는 있다. 복구에는 항상 금융자산이 필요한데, 직접 원조나 원조 형태로 외부의 자산을 받는 가난한 나라는 국내 자산이나 대출을 써야 하는 (비교적 부유한) 나라보다 더 유리하다. 국내 자산이나 대출을 쓰면 국가의 빚이 늘어나므로, 상환

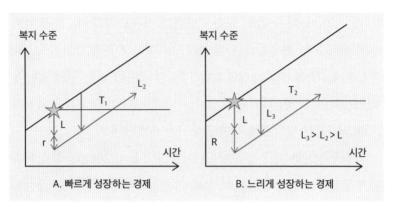

| 도표1.5 비축 자산 투입이 미치는 영향

을 해야 하기 때문이다.

자산을 쓴다는 것은 손실을 줄이는 것으로, 아래쪽에서 일정한 손실을 감수해서 L의 크기를 줄이는 것이라고 할 수 있다. 그러나 손실은 손실이다. 이처럼 손실에 대응하기 위한 지출은 그 자산을 더 생산적인 다른 용도로 사용할 수 없고, 다시 채워 넣어야 한다는 점에서 일종의 손실이다.

자산 투입이 긍정적일지 부정적일지는 자산을 어디에 썼느냐에 따라 크게 좌우된다. 만약 임시 거주 시설, 잔해 제거, 긴급 의료 등에 투입했다면, 이는 정말 손실이 된다. 하지만 만약 기반 시설 복구에 사용했다면, 이는 경제 회복에 긍정적 영향을 줄 수 있다. 자산을 가장 잘 사용하는 방법 가운데 하나는, 재난 이후 사회가 더 빨리 정상 작동하도록 자산을 불황기를 줄이는 데에 투입하는 것이다.

앞의 질문으로 되돌아가 보자. 재난 손실은 무엇을 뜻하는가? 이를 나타내는 도표1.6은 앞에서 본 도표와 모양이 같다. 유일한 차이점은 삼각형 영역을 칠했다는 것이다. 어두운 부분은 재난이 유발

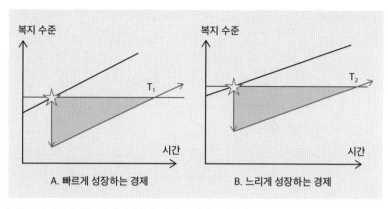

A. 빠르게 성장하는 경제          B. 느리게 성장하는 경제

| 도표1.6 어두운 영역이 재난 손실을 더 잘 표시해줄 것이다.

한 초기 손실로부터 재난 이전의 복지 수준까지 회복하는 데 걸리는 시간의 총합이다. $T_1$은 빠르게 성장하는 경우고, $T_2$는 느린 경우다. 이 같은 손실 총합은 앞에서 설명한 초기 손실인 L에 비해 진정한 경제적 손실을 더 잘 표현해 준다.

초기 손실이 동일함에도, 아래쪽의 삼각형 영역은 위쪽보다 더 넓다.[2] 이는 느리게 성장하는 국가는 초기 손실이 더 적은 경우에도 빠르게 성장하는 국가만큼의 손실을 입을 수 있다는 뜻이다. 따라서 느리게 성장하는 나라는 복구 시간이 더 오래 걸리고 손실 총량이 더 클 수 있다.

그러나 복구선은 여전히 재난이 없었다면 도달했을 경제 수준을 표시한 가상의 선보다 아래에 위치하고 있다. 복구가 된다는 것은 재난 이전의 복지 수준이 아니라, 애초의 성장선까지 도달하는 것을 뜻한다. 도표1.7이 바로 그것이다.

재난 이전에 경제는 A점에 해당했다. A'점에서 경제는 초기의 A 수준으로 회복된다. 그러나 재난이 발생하지 않았다면, 다른 조건이

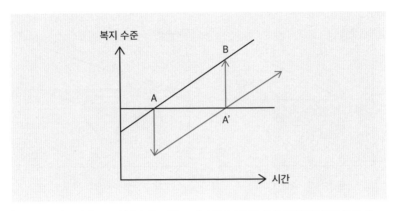

| 도표1.7 재난 이전 수준의 복구 선, 그리고 재난 이전 수준과 예상 성장률을 합한 복구 선

동일하다는 가정하에 경제는 B 수준까지 성장했을 것이다.

　　미국 경제와 불황 회복 과정을 다시 생각해 보자. 2014년 6월, 미국 노동부는 2007년 불황 이전 수준까지 고용률을 회복했다고 발표했다. 그러니까 마지막 도표의 세로축을 일자리로 생각해 보면 미국 경제는 A'지점에 와 있다. 노동부 발표는, 요약하자면 지난 6년 동안 사실상 고용률이 전혀 늘지 않았다는 뜻이다. 경제가 2007년 수준까지 얼추 다시 성장했지만, 2007년 이전 수준의 성장이 지속됐을 때를 가정한 위쪽의 선에는 전혀 근접하지 못하고 있다.

　　발표가 있던 날, 〈뉴욕타임스〉는 복구 상황을 분석한 255개의 인터랙티브 그래프를 온라인판에 게재했다.[3] 고용 측면에서 분석해 보면 복구가 상당히 이질적으로 진행됐다는 사실을 보여 주기 위한 것이었다. 석유와 가스 부문은 불황이 일어나지 않았을 때의 수준, 그러니까 도표1.7의 그래프에서 B지점까지 복구됐다. 이는 아마 셰일 가스 호황 덕분일 것이다.

　　그러나 가구 판매점은 불황 이전에 그리 좋은 상태가 아니었다.

경제 위기의 타격을 크게 입었고 손실을 전혀 회복하지 못하고 있었다. 상업, 환경, 기타 컨설팅 부문은 불황 이전 수준까지 회복했지만 불황이 없을 때의 기대 수준에는 미치지 못했다. 이들 분야의 성장의 궤적은 회복됐지만 절대적 고용 수준까지는 아니었다는 것이다.

〈뉴욕타임스〉의 그래프들은 경제의 각 영역별로 고용률 복구 수준이 다르며, 마이너스 성장을 보이는 경우도 있었다는 사실을 뚜렷이 보여 준다. 자연재해는 사업에 따라, 그리고 사람에 따라 다른 영향을 미칠 것이다. 아주 넓게 비유하자면, 가구 산업은 2010년 지진 이후의 아이티라고 생각해 볼 수 있다. 컨설팅 부문은 아마도 카트리나 이후 뉴올리언스에 해당할 것이다. 석유와 가스 산업에 걸맞는 사례를 찾기는 쉽지 않다.

그렇다면, 우리가 정말로 이루기 원하는 것을 도식화된 형태로 표현하면 도표1.8과 같다. 이제는 재난 이후 성장선이 예상 성장 궤적과 만나서 더 넓고 모양이 다른 삼각형이 나타난다. 재난 이전의 성장 궤적과 만나기 위해서, 복구 성장선이 자연적인 성장 궤적에 비해서 위쪽으로 보다 더 가파르게 올라가는 모습이 바로 눈에 띌 것이다. 이는 경제가 재난이 없을 때의 수준으로 되돌아가려면, 재난 이후 복구 기간에는 이전보다 더 빠르게 성장해야 한다는 뜻이다.

도표1.9에는 동일한 두 가지 성장선이 있다. 차이점은 위쪽의 초기 손실이 아래쪽보다 더 크지만, 위쪽이 더 빠른 복구율을 보인다는 점이다. 위쪽의 어두운 영역은 아래쪽보다 확실히 더 작아 보인다. 위쪽은 절대적 손실이 큰 상황이라도 신속한 대응을 할 역량이 있는 경제라고 생각할 수 있다. 즉 선진국에 가까운 모델을 표현하는 것이고, 아래쪽은 보다 가난한 경우다.

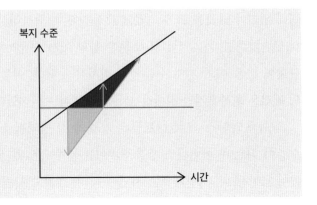

도표1.8 복구를 표시하는 선이 재난이 발생하지 않았을 경우의 경제 성장 수준을 표시하는 선에 닿아야만 복구가 완료된다.

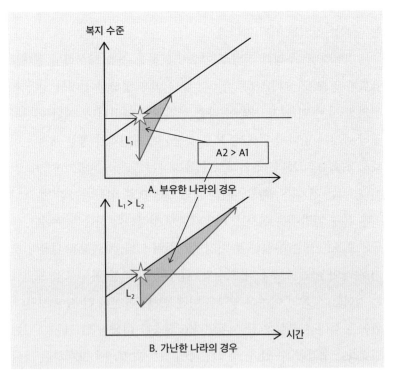

A2 > A1

A. 부유한 나라의 경우

B. 가난한 나라의 경우

도표1.9 복구율에 따라 달라지는 복구 완료 시점

희망을 찾아볼 수 있을까? 재난 이후 기간에 재난 이전보다 어느 정도 더 빨리 성장했다고 상상해 보자. 부채 상환 의무가 없는 외부 자본이 대대적으로 투입되어 목표를 달성할 만큼 제대로 쓰였다고 하면, 위로 올라가던 성장선이 자연적인 예상 성장선에 도달한 뒤 멈출 이유는 없을 것이다. 도표1.10이 바로 이 상태를 표시하고 있다.[4]

다음과 같은 상황을 상상해 보자. 어떤 도시든 간에 도시 내에는 낡은 주택과 새로운 주택, 오래된 건물과 새 건물, 교량, 도로, 항

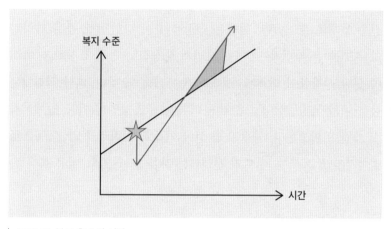

| 도표1.10 복구 후 초과 성장

만, 기타 시설들이 있을 것이다. 개발도상국 도시의 풍경에는 대개 주변부의 슬럼가와 화려하게 높이 솟은 중심가 건물, 아름다운 해변 같은 것이 보이곤 한다.

개발도상국에서는 어떤 형태의 재난이 닥치든 간에, 그래서 거의 모든 것이 일정한 피해를 입는 와중에도, 일부 구조물은 그럴만 했든 우연히든 다른 건물보다 튼튼해서 거의 온전히 남아 있는 경우가 생긴다. 오래되고 낡은 핵심 기반 시설 등의 자산은 비교적 최근

에 건설한 자산보다 더 심각한 피해를 입을 것이라고 기대할 수 있다. 오래된 자산은 어느 면으로 보나 더 낫고 효율적인 새로운 자산으로 교체될 것이다. 낡은 도로와 교량은 더 넓고 튼튼한 새 도로와 교량으로 교체된다. 상업에 핵심적인 기반 시설을 새롭게 마련한 경제는 예전보다 더 빨리 성장해야 한다. 강제적인 기술 향상은 더 큰 성장을 가져온다.

　도표1.11은 두 부분으로 나뉜 경제가 재난을 겪을 때 나타나는 현상을 보여 준다. 다른 요소들은 앞과 동일한 반면, 재난 이전 성장선은 두개로 늘어났다. 위쪽은 성장세가 더 강한 부유층을 가리키고, 아래쪽은 자산을 덜 가진 느리게 성장하는 층을 표시한다. 아래쪽 선의 성장률이 더 낮고 절대적 복지 수준도 낮다. 재난 직전에는 둘 사이의 불평등이 d 수준이며 더 벌어지고 있던 참이다. 앞에서처럼 재난이 발생한다. 이제 위쪽 선이 아래쪽에 비해서 더 큰 폭으로 떨어지지만, 복구는 더 빨리 진행되는 것을 볼 수 있다. 낮은 쪽은 손

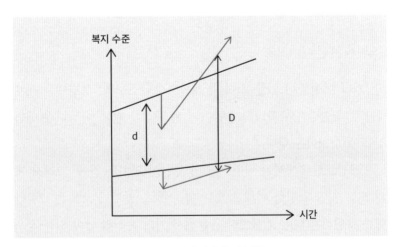

| 도표1.11 사회의 두 부분의 복구 완료 시점과 심화되는 불평등

실이 적지만 복구는 훨씬 느리거나 거의 되지 않는다.

시간이 조금 흐르고 나면, 새로운 두 개의 성장선 사이의 거리가 더 멀어지는 것을 볼 수 있다. D가 d보다 더 크며, 재난 이전 수준에서 벌어지는 차이보다도 더 크다. 불평등은 어떤 상황에서든 늘어나지만, 재난 이후가 제일 심하게 벌어진다. 재난이 불평등을 확대시킨다. 그러나 그것은 재난 그 자체가 주는 즉각적인 영향 때문이 아니라 복구 수준의 차이 때문이다. 자산을 소유한 부유층이 가난한 집단보다 잃는 것이 더 많지만, 결국에는 가난한 집단을 희생시키는 만큼 더 많이 얻는다.

# 신고전주의 성장 이론으로 본 재난

신고전주의 성장 이론은 로버트 솔로Robert Solow의 연구에서 비롯한 것으로, 솔로 모형 또는 솔로-스완 모형Solow-Swan model으로 불리곤 한다[1](T. S. 스완은 1956년 생으로, 솔로와는 별개로 독자 연구를 통해 솔로와 거의 흡사한 모형을 만들어 냈다). 그 개념은 도표2.1에 담겨 있다.

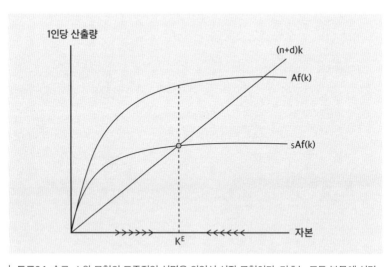

도표2.1 솔로-스완 모형의 표준적인 설명은 외인성 성장 모형이다. 기호는 모두 본문에 설명되어 있다. 출처는 주 1에 표기되어 있다.

세로축은 1인당 산출량으로, 보통 q라고 쓰지만 다른 글자를 쓰기도 한다(주로 y를 쓴다). 1인당 산출량은 소위 생산 함수[2]로 구하는 값이다. 여기서 생산 함수는 $Af(k)$라고 표시하는데, A는 총 요소 생산성이며 k는 자본-노동 비율이다. 가로축은 자본이며, 곡선은 성과가 자본에 따라 어떻게 달라지는지 보여 준다. 이는 성과가 자본(엄밀하게는 가용 노동에 따른 자본)에 의해 좌우된다는 뜻이다. 함수값을 나타내는 위쪽의 곡선은 그 형태로 인해 L-곡선이라고 불린다. (왼쪽 하단 구석) 출발점 근처의 곡선이 크게 경사지는 것은, 적은 자본으로 생산성이 크게 향상되는 상태를 나타낸다. 오른쪽 상단에서는 거의 평평한데, 이는 자본을 투여해도 산출이 적다는 뜻이다. 곡선은 한계 자본 투자점을 지나면 체감한다.

비슷한 형태를 띠는 아래쪽 곡선 $sAf(k)$는 저축률을 표시하는 s가 첫 번째 곡선에 변화를 주는 요인으로 동일한 함수에 추가된 것이다. 아무도 저축을 하지 않았기 때문에 s는 1보다 작아서 두 번째 곡선이 첫 번째 곡선보다 아래에 위치하게 된다. 그리고 $(n+d)k$라는 직선이 있다. 여기서 k는 앞과 같으며, n은 인구 증가율, d는 자본의 감가상각률이다.

$(n+d)k$는 자본 확장을 뜻하는 개념으로, 감가상각과 인구 증가에도 불구하고 자본-노동 비율을 유지하는 데 필요한 총 저축량을 가리킨다. 감가상각과 인구 증가는 성장에 비슷한 영향을 주는 것으로 간주할 수 있다. 만약 인구가 크게 느는데 자본이 동일하면, 이 모형에서는 자본이 생산 요인이기 때문에 1인당 생산은 떨어질 것이다. 반대로, 자본의 감가상각에도 인구가 동일하면 역시 생산성이 줄어든다. 이 직선이 저축 곡선인 $sAf(k)$와 만나는 지점이 있는데, 그곳이

경제가 균형 상태를 이루는 지점이다. 그 점에서 1인당 자본은 $k^E$로 표시한다. 그러면 $k^E$와 균형을 이루는 $q^E$를 얻을 수 있다. 표준 이론에서, 자본 확장선이 저축 곡선보다 아래에 있으면 (보다 현실적으로 표현하자면 저축 곡선이 자본 확장보다 높을 때) 경제는 성장한다.

도표2.2는 이 그래프에서 자본이 재난 이후 남은 양인 $k^D$로 바뀌는 자본 충격 효과를 추가한 것이다. 자본 손실은 균형 지점과 새로운 자본 사이의 차이인 $\Delta k = k^D + k^E$ 라고 할 수 있다. 자본의 감가상각을 늘려 자본 확장선을 더 급격히 기울게 하면 같은 결과를 얻을 수 있다. 그러면 저축 공식이 자본 확장선과 만나는 지점이 그만큼 왼쪽으로 이동해 생산성에 동일한 효과를 준다. 여기서는 $\Delta q$ 만큼 떨어져 $q^D$가 된 것이다.

따라서 재난은 최소한 단기간이라도 경제의 산출량을 떨어뜨린

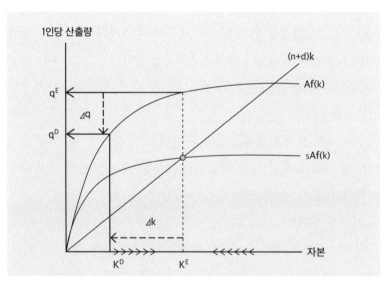

도표2.2 자본 충격 $\Delta k$가 산출량 $\Delta q$에 미치는 영향. 산출은 $\Delta q$만큼 떨어지며, $\Delta q$는 위에서 설명한 효용 함수에 따라 좌우되는 성장 곡선의 형태를 결정짓는다.

다. 또 이 모형에서는 자본 손실이 클수록 산출량 손실분도 커질 것이 분명하다. 재난이 발생할 당시 위쪽 곡선의 어느 지점에 있었는지가 매우 중요하다. 예를 들어 인구 성장률인 n이 감소해 자본 확장선이 보다 완만해진 경우를 상상해 보자. 도표 가운데 있는 검은 점이 오른쪽으로 이동해 곡선의 평평한 부분에 위치할 것이다. 산출량 손실 총량은 곡선 형태에 따라 나타날 것이다. 모든 요소를 오른쪽으로 옮긴다면, ⊿k가 산출량에 미치는 영향은 아주 적을 것이다. 도표2.3이 이것을 표현한다. 경제가 이미 상당한 자본을 축적한 상태라면 자본 손실이 그리 큰 문제가 아니라는 것을 보여 준다. 기술 부록 1에서 다른 형태의 도표로 제시한 내용이기도 하다. 그리고 이는 근본적으로 솔로-스완 체계에서 자본 투입 효과와 반대되는 현상이다.

앞서 자본 손실로 인한 생산 감소를 그려본 도표2.2를 보면, 이

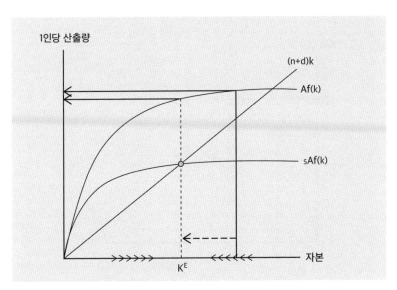

도표2.3 여기서는 동일한 자본 손실량은 대해 산출량 손실 총량이 훨씬 적다. 효용 함수가 매우 평평한 곳에서는 자본 수익이 훨씬 더 한계에 가까워졌기 때문이다.

런 결과가 나오는 이유를 알 수 있다. 생산 곡선의 더 낮은 지점으로 떨어지긴 하지만 곡선의 그 지점은 사실 위쪽으로 더 많이 기울어져 있다. 경사는 줄표와 점으로 이루어진 선으로 표시되어 있다. 생산성이 더 낮은 지점으로 떨어지긴 했지만, 성장 곡선 상에서 자본 투입량에 비해 산출량 성장률이 더 높은 지점에 위치하게 된다. 보다 가난한 경제에서 자본 투입의 효과가 더 큰 것과 마찬가지다. 그래서 자본은 잃었지만, 성장률은 증대된다. 이는 (재난 복구 지원금 같은) 어떤 종류의 새로운 자본을 투입하든 성장률이 크게 뛸 것임을 의미한다. 이렇게 빠른 복구는 앞에서 논한 재난 이전의 성장 궤적에 다시 다다르는 것을 뜻한다. 경제가 자본 투입 대비 성장 수익이 더 큰 상태로 옮겨갔기 때문이라는 것을 도표2.4를 보면 알 수 있다.

솔로-스완 성장 모형에 따르면 가난한 나라는 매우 빠르게 성

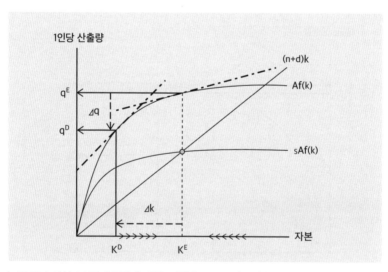

도표2.4 자본 손실이 산출량에 미치는 영향은 도표2.2와 동일하다. 산출량이 절대값으로 볼 때 낮아진 지점에서 줄표와 점으로 이루어진 선으로 표시된 효용 함수의 경사가 더 급격하다는 점을 주목해 보자.

장해야 한다. 하지만 많은 경우, 전혀 그렇지 못하다. 실제로는 침체의 수렁에 빠져 있는 경우가 많고, 심지어 더 후퇴하는 경우도 있다. 컬럼비아 지구연구소 이사이며, 거침없는 경제학자인 제프리 삭스는 자본 축적 수준이 극도로 낮은 경우, 자본 기반의 성장이 더 이상 작동하지 않기 때문이라고 본다. 한 나라에서 투입 자본이 효과를 내려면, 도로와 항만, 공장 같은 기본적인 설비가 어느 정도 갖춰지고, 최소한의 문해력과 적당한 건강 상태를 지닌 노동자층이 있어야 한다. 삭스는 일정 수준 이하에서는 자본 대비 수익이 낮아지는 자본의 한계선이 있다고 본다. 도표2.5는 솔로-스완 모형을 삭스와 동료들이 연구한 것이다. 곡선은 이제 L이 아닌 S 모양을 하고 있다. 가운데 부분의 성장률이 급격히 높고, 처음과 끝은 낮은 형태다.

$k^T$는 최소 자본 한계선이다. 이 선 이전까지는 저축이 자본 확

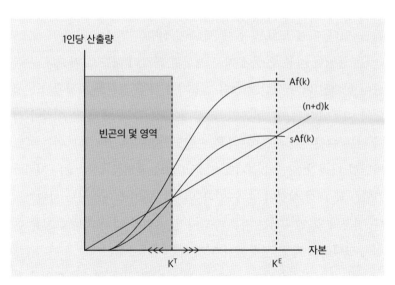

**도표2.5** 솔로-스완 외인성 성장 곡선에 대한 설명. 빈곤의 덫을 유발하는 낮은 자본 수준에서의 느린 성장을 표시하기 위해서 그래프의 시작 지점을 수정한 것.

장선보다 아래에 있어, 긍정적인 (하지만 충분하지는 않은) 자본 투자가 있어도 경제에 변화가 생기지 않는 상태. 삭스는 최소 자본 한계선 $k^T$의 반대편에 있는 경제는 "빈곤을 지속시키는 자가 증폭 기제"라고 정의내린 빈곤의 덫에 빠질 것이라고 주장한다.[3] 빈곤의 덫을 유발하는 기제는 다양하다. 건강의 덫에 빠지기가 가장 쉬울 것이다. 아파서 돈을 벌 수가 없다. 아이들은 기술을 익히기 위해 학교에 갈 수가 없다. 병 때문에 수입이 줄어들 수 있다는 뜻이다. 그러나 만약 가난한 나라에 산다면, 위생 수준이나 보건 체계가 부실해서 병을 얻을 가능성이 훨씬 높다. 따라서 가난이 병을 유발하고, 그 병이 가난한 사람을 더욱 더 가난하게 만든다. 도표에서 회색 부분이 빈곤의 덫에 빠지는 부분이다. 이런 지역은 이 상태를 벗어나기에는 인구 증가율 대비 저축률이 너무 낮다는 게 삭스의 주장이다.

이제 드디어 재난으로 인한 자본 손실의 영향을 여기에 추가해 볼 수 있다. 다음 도표를 보자. 세 가지 선명한 부분이 있다. 첫째, ⊿k라는 동일한 자본 손실에 따른 생산량 하락이 극도로 커졌다. 손실량이 한계선 너머 생산 곡선의 기울기가 가장 급격한 지점에서 발생했기 때문이다. 둘째, 빈곤의 덫 상태에서는 자본에 따른 이익이 의미 없는 수준이기 때문에, 자본 손실의 영향도 별로 없다. 이는 때로 가난한 나라가 재난의 결과로 인한 발전의 후퇴를 겪지 않는 것처럼 보이는 데 대한 설명이 될 수 있다. 역으로 발전에 대해서도 마찬가지다. 빈곤의 덫 안에서는 자본 투입이 별 효과가 없기 때문에 자본 손실이 크더라도 별로 큰 문제가 되지 않는다.

이 같은 발견은 스테판 헬러것과 마이클 길이 제시한 의견과 잘 맞아떨어지지만, 그것은 가난한 나라에 대한 이야기가 아니었다.[4] 그

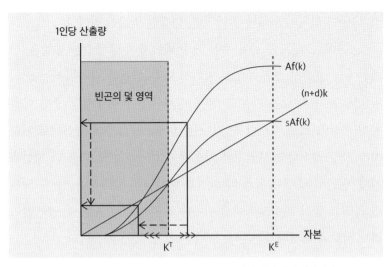

1인당 산출량

빈곤의 덫 영역

Af(k)

(n+d)k

sAf(k)

자본

$K^T$    $K^E$

도표2.6 ⊿k라는 동일한 규모의 자본 충격에 따른 빈곤의 덫 발생 예상 과정이다.
산출량 손실이 아주 커져서 빈곤의 덫 바깥에 있던 경제가 빈곤의 덫으로 빠져들 정도의
잠재적 영향을 끼친다.

들은 선진국에서 공통적으로 나타나는 경기 순환의 각 단계별로 재
난이 끼치는 영향을 분석했다. 그 순환 단계는 보통 호황기 다음에
불황기, 그 다음에 호황기 등으로 계속 이어진다. 뚜렷한 호황과 불
황을 보이지는 않더라도, 순환은 대체로 거의 동일하게 나타난다. 그
렇다면 이렇게 물을 수 있을 것이다. 재난을 감당하기에 호황기가 나
을까, 불황기가 더 나을까? 나를 포함해 거의 대부분은 호황기라고
대답할 것이다. 그러나 핼러컷과 길은 그 반대가 맞다고 본다.

　모든 일이 잘 돌아가는 호황기에는, 경제가 역량을 최대로 발휘
하고 있기 때문에 여력을 갖지 못한다. 그러나 불황기에는 역량이 남
아돈다. 실직자들이 둘러앉아 일자리를 찾고, 기계는 가동을 멈추
고, 상점은 텅 비는 상태가 불황이다. 호황기의 경제는 모든 역량을
최대한으로 쓰고 있기 때문에, 재난이 닥쳐왔을 때 대응할 사람이

없다. 반면 침체기에 재난이 닥치면, 대응할 역량이 있다.

마지막 그래프가 보여 주는 세 번째이자 가장 중요한 통찰은, 한계선에서 충분히 오른쪽으로 떨어진 매우 발전한 나라에서는 거의 별 영향을 주지 않는 자본 손실이, 한계선 근처에서 성장 중인 나라를 빈곤의 덫으로 빠뜨릴 수 있다는 점이다. S 모양의 곡선에서 기울기가 가장 급격하고 불안정한 가운데 부분에 가까울수록 더 위험해진다. 빈곤의 덫에서 이제 막 간신히 빠져나온 상태라면, 할 수 있는 한 최대한 빨리 가장자리에서 벗어나길 원할 것이다. 아주 약간만이라도 뒤로 후퇴했다가는 다시 덫에 빠질 수 있기 때문이다.

여기서 가장 중요한 점은 (한 사회를) 빈곤의 덫에 빠지게 만드는 요소와 빈곤의 덫 안에 계속 붙잡아 두는 요소의 차이점이다. 재난은 한 사회를 깊은 빈곤의 덫에 던져 넣을 수 있다. 그리고 일단 그곳에 빠진 상태에서는, 각 개인을 빠져나오지 못하게 막는 기제가 재난 그 자체와는 별 상관이 없을 수 있다. 물론 이 S 곡선은 한 나라 안에서 처지가 다른 사람들이나 경제 부문들 사이에도 적용할 수 있다. 가난한 사람과 부유한 사람이 있는 나라라면 어디든 적용된다. 부유한 사람은 한계선에서 오른쪽으로 충분히 떨어져 잘 살아간다. 가난한 사람은 한계선 근처나 그 너머에서 산다. 재난이 닥쳐오면 가난한 사람은 부유한 사람과는 아주 다른 수준의 손실을 겪는다.

# 파인만 경계를 넘어선 협력으로

상당히 어려운 작업이었다. 과학에 약간의 관심은 있지만 직접 연구하거나 깊이 파고들어 본 적은 없는 내가 과학자가 쓴 책을 번역하기는 몹시 부담스러웠다. 행여 과학적 사실과 전문 용어에 담긴 맥락을 놓치거나 왜곡하게 되지 않을까 조심스러웠다. 하지만 다행히도 저자의 주제 의식을 이해하고 나서부터는 걱정보다 흥미진진한 마음으로 작업을 해 나갈 수 있었다. 이 책을 집어든 독자들도 나와 비슷한 감정을 경험할 듯하다.

이 책은 '자연'현상이라고 불러도 좋을 수많은 자연재해를 다루고 있지만 그것이 왜, 어떻게 발생하는지 혹은 어떻게 하면 정확히 예측하고 대비할 수 있는지를 과학적으로 설명하려는 의도에서 쓰인 책이 아니다. 수많은 재난의 현장에서 얼마나 엄청난 비극이 발생하는지를 웅장한 스펙터클로 묘사하는 르포도 아니다. 제목에서 알 수 있듯, 재난이라는 사건이 사회 구조와 어떤 상호작용을 하는지, 그 과정을 거쳐 특정 공간에 내재해 있던 불평등이라는 '사회'현상을 어떻게 드러내 보이는지를 과학과 역사에 나타나는 사실을 통해 입체적으로 보여 주는 책이다. 재난의 현장만을 들여다보아서는 결코 발견할 수 없는 진실을 '파인만 경계', 즉 자연과학과 사회과학의 경계 위에서 마주한 결과물이라는 의미다.

자연과학자는 자연재해의 물리적인 규모나 작동 방식을 설명할 수는 있지만, 비슷한 규모의 사건이 발생 지역이나 피해 계층에 따라 어째서 그토록 다른 결과를 가져오는지는 설명하지 못한다. 그런 설명은 흔히 파인만 경계 건너편에 있는 사회과학자의 역할이라 생각한다. 실제로도 그것은 사회과학자의 몫이다. 하지만 사회과학 역시 자연과학이 발견한 사실과 분석에 기초하지 않고서는 재난을 올바로 분석할 수 없다.

무엇보다도 '과학스러움'에 근거를 두고 현상을 설명하는 정치와 언론은 대중을 가장 위험한 영역으로 몰아넣는다. 자연과학자의 빈자리는 단지 왜곡된 지식으로 채워지는 데 그치지 않고 엄청난 후폭풍을 야기할 수 있다. 이탈리아 라퀼라에서 벌어진 비극이 바로 그런 사례였다. 작은 규모의 지진이 계속되어 불안해하던 주민들에게 국가기관의 대변인은 "과학계로부터 듣기로는"이라는 단서를 붙여 더 이상의 위험은 없을 거라는 발언을 했다. 과학적 사실이 아닌 과학스러움에 근거한 그의 설명은 주민들을 안심시켰고, 폐허가 될 자리를 끝까지 지킨 이들은 끝내 어처구니없는 죽음을 당했다.

책에서 언급된 파인만 경계를 기준으로, 나는 저자의 반대편에 서 있는 사람이라 할 수 있다. 저자가 둘러본 여러 지역 가운데 아체와 버마(미얀마)는 내가 사회운동을 공부하고 활동가로 살기 시작한 후 처음으로 깊은 애정과 슬픔을 느껴야 했던 현장이었다. 물론 그 '현장'으로 뛰어간 적은 없고, 국내에서 약간의 연대 활동을 했을 뿐이다. 그래도 당시 마음에 품은 애정은 꽤 깊었으며, 그렇기에 단지 진실을 외치는 것만으로는 거의 아무것도 바꿀 수 없다는 사실을 깨닫는 게 몹시 슬펐다. 그 후 오랜만에 두 지역에 대한 이야기를 이 책에서 다시 마주하니 기분이 묘했다.

인도네시아 정부의 국가폭력에 대항해 자유아체운동을 펼쳐 온 아체의 주민들은 2004년 쓰나미로 20만여 명이 목숨을 잃은 후, 내전을 끝내고 복구에 매진해 지역사회를 극적으로 향상시켰다. 반면 수십 년 동안 폐쇄적으로 정권을 장악해 온 버마의 군부는 2008년 그다지 위력적으로 보이지 않던 사이클론 나르기스가 이라와디 삼각주를 강타해 엄청난 피해를 일으켰을 때, 그야말로 아무 행동도 하지 않고 방치했다가 태풍이 물러가자마자 복구는커녕 피해 지역의 토지를 마구 약탈했다. 이제는 버마도 민주화의 길을 걷고 있지만, 이라와디에 살던 카렌족이 그때 빼앗긴 삶의 근원을 되찾을 수 있을지는 미지수다.

연대활동을 하던 당시에 나는 이 두 지역이 이처럼 뜻밖의 재난으로 이런 극적인 변화를 맞이할 거라고는 정말 상상도 하지 못했다. 마찬가지로, 두 지역이 겪은 자연재해의 규모나 성격만으로 이후에 일어난 사회의 변화를 예상하거나 이해할 수 있었던 자연과학자가 과연 있었을까 싶다.

저자는 자연과학에서 출발해 사회과학을 만나려는 노력을 통해, 재난의 이면을 들춰 그 아래 있는 사회 구조라는 진짜 비극의 원인을 발견하는 데 성공했다. 자연과학자든 사회과학자든 재난의 진실을 마주하려면 이제는 파인만 경계를 넘어 협력해야 한다. 재난의 이면에 숨은 불평등한 사회 구조를 들여다보고, 재난을 틈타 이익을 취하는 부정의한 행위를 차단하려면 양쪽의 노력이 모두 필요하기 때문이다. 저자가 결론에 담은 이런 강렬한 연대의식은 번역을 마무리하는 시점에 큰 감동으로 다가왔다. 부족하나마 나의 작업을 통해 독자들도 그 감동에 공감할 수 있기를 간절히 바란다.

마지막으로 진부한 표현이지만 서두에 쓴 것처럼 혹 있을지 모를 번역상의 오류나 왜곡은 모두 번역자의 책임이다. 이 책을 번역할 기회를 준 도서출판 동녘과 기획부터 교정, 전문가 감수 등 까다로운 작업을 충실히 진행해 준 편집자 사공영 님에게 감사의 인사를 전한다.

2016년 8월
장상미

# 주

## 개정판 서문

1.  Barry, John M., *The site of origin of the 1918 influenza pandemic and its public health implications.* Journal of Translational Medicine, 2004, 그리고 *The Great Influenza:the epic story of the deadliest plague in history*, Penguin, 2004.
2.  이 문장의 원전은 카를 마르크스인데, 원래 역사는 반복된다라는 짧은 문장을 늘여 쓴 것이다. 다른 사람도 많이 쓰는 문장이었을 테지만, 마르크스는 자신이 헤겔의 영향을 받았다고 생각했다.
3.  Cater, Zachary D. *The Price of Peace*. Random House, 2020. 그는 인플루엔자 증세를 보이긴 했어도 감염 사실을 인정한 적은 없다. 그저 침대에 누워서 낫기만 기다렸다.
4.  Beach, Brian, Clay K., and Saavendra M, The 1918 influenza pandemic and its lessons for COVID 19, June 2020
5.  이 주제를 다룬 주목할만한 소설로는 실제 경험을 토대로 한 필립 로스Phillip Roth의 마지막 저서 네메시스Nemesis를 추천한다.
6.  Shaman, Jeff. Columbia University video briefing on COVID 19, July 2020
7.  Bookings, June 2020, Race gaps in COVID 19 deaths are even bigger than they appear. Tiffany Ford, Reber S. Reeves R.V. 이 연구는 CDC 자료를 바탕으로, 미국을 대상으로 진행한 것이다.

## 들어가는 말

1.  예를 들어 이런 보고서가 나왔다. Social Science Research Council," Understanding Katrina: Perspectives from the Social Sciences," June 2006, http://understandingkatrina.ssrc.org/.
2.  Daniel Kahneman, *Thinking, Fast and Slow* (New York: Farrar, Straus and Giroux, 2011). 〔국역본, 《생각에 관한 생각》, 김영사, 2012.〕
3.  Daniel Kahneman and Amos Tversky," Prospect Theory: An Analysis of Decision under Risk," *Econometrica* 47, no. 2 (1979): 263.

4.  Daniel Mendelsohn," Unsinkable: Why We Can't Let Go of the Titanic," *New Yorker*, April 16, 2012, http://www.newyorker.com/magazine/2012/04/16/unsinkable-3.

## 1장

1.  이에 대해서는 2장에서 설명한다.
2.  아미르 지나와 솔로몬 시앙의 연구에서 이러한 접근 방식이 가장 잘 활용되었다. 열대저기압만을 대상으로 한 연구지만 상당히 눈길을 끄는 내용이다. S. M. Hsiang and A. S. Jina, "The Causal Effect of Environmental Catastrophe on Long-Run Economic Growth: Evidence from 6,700 Cyclones," Working paper, NBER 20352, National Bureau of Economic Research, Cambridge, MA, 2014.
3.  "Japan's Demography: The incredible Shrinking Country, *The Economist*, March 25 2014, http://www.economist.com/blogs/banyan/2014/03/japans-demography.
4.  1944년 발생한 산후안 지진은 도시 전체를 완전히 무너뜨리고 1만 명의 목숨을 앗아갔다.
5.  Mark Skidmore and Hideki Toya, "Do Natural Disasters Promote Long-Run Growth?" *Economic Inquiry* 40 (2002): 664–687, doi: 10.1093/ei/40.4.664.
6.  슘페터는 오스트리아-헝가리 제국 시대에 현재 체코 공화국의 영토(인 모라비아 지방)에서 태어났다.
7.  Joseph Schumpeter, *Capitalism, Socialism and Democracy* (New York: Harper, 1947). (국역본, 《자본주의, 사회주의, 민주주의》, 한길사, 2011.)
8.  Drake Bennett, "Do Natural Disasters Stimulate Economic Growth?" *New York Times*, July 8, 2008, http://www.nytimes.com/2008/07/08/business/worldbusiness/08iht-disasters.4.14335899.html?pagewanted=all.
9.  Douglas C. Dacy and Howard Kunreuther, *The Economics of Natural Disasters: Implications for Federal Policy* (New York: Free Press, 1969), 270.
10. Betty Hearn Morrow, "Stretching the bonds: the families of Andrew" in *Hurricane Andrew: Ethnicity, Gender and the Sociology of Disaster*, ed. Walter Peacock, Betty Hearn Morrow, and Hugh Gladwin (New York: Routledge, 1997), 141–69.
11. *Online Etymology Dictionary*, http://www.etymonline.com/index.php?term=disaster.
12. John Stuart Mill, *Principles of Political Economy with Some of Their Applications to Social Philosophy* (1848, London: Longmans, Green, 1909), http://www.econlib.org/library/Mill/mlP5.html#I.5.19.html
13. 예를 들면 이런 연구에서 등장하는 개념이다. Philip Brickman, Dan Coates, and Ronnie Janoff-Bulman, "Lottery Winners and Accident Victims: Is Happiness Relative," *Journal of Personality and Social Psychology* 36, no. 8 (1978): 917–927.
14. 〈타임〉에 실린 한 기사는 사별을 다루는 보나노 및 여타 연구자들의 새로운 연구 분야가 슬픔에 대한 잘못된 통념을 파헤치고 있다고 평했다. Ruth David Konigsberg, "New Ways to Think about Grief," *Time*, January 29, 2011, http://content.time.com/time/magazine/article/0,9171,2042372-1,00.html. George Bonano, *The Other Side of Sadness: What the New Science of Bereavement Tells Us About Life after Loss* (New York: Basic Books, 2009). (국역본,《슬픔 뒤에 오는 것들》, 초록물고기, 2010.)
15. W. G. Sebald, *The Natural History of Destruction* (Munich: Carl Hanser Verlag, 1999).
16. 〈이코노미스트〉는 도덕적 해이를 이렇게 정의한다. "보험 산업과 관련된 두 가지 주요한 시

장 실패 중 하나다. 다른 하나는 역선택이다. 도덕적 해이란 보험에 가입한 사람이 보장을 받을 수 있다는 생각에 보험이 없을 때보다 더 큰 위험에 노출되려 하는 경향을 뜻한다. 이로 인해 보험사는 예상보다 더 많은 보상금을 지급하게 된다." 다음 링크에서 내용을 확인할 수 있다. http://www.economist.com/economics-a-to-z/m#node-21529763.

17. Charles Percy Snow, *The Two Cultures* (1959, repr., London: Cambridge University Press, 2001).

18. Public Religion Research Institute, "Believers, Sympathizers, and Skeptics: Why Americans Are Conflicted about Climate Change, Environmental Policy, and Science", report, November 21, 2014, Washington, DC, http://publicreligion.org/research/2014/11/believers-sympathizers-skeptics-american-conflicted-climate-change-environmental-policy-science/.

19. CRED 웹 사이트 http://www.cred.be/

20. David Stromberg, "Natural Disasters, Economic Development, and Humanitarian Aid," *Journal of Economic Perspectives* 21, no. 3 (Summer 2007): 199–222.

21. "Counting the Cost of Calamities," *Economist*, January 14, 2012, http://www.economist.com/node/21542755.

22. Geoffrey Ward, review of *This Republic of Suffering: Death and the American Civil War* by Drew Gilpin Faust, *New York Times*, January 27, 2008; http://www.nytimes.com/2008/01/27/books/review/Ward-t.html?_r=0.

23. 메이그스의 아들은 죽은 북부군 병사의 제복을 입고 위장해 북부군 진영 내에 숨어 있던 남부군 병사에게 살해당했다.

24. Eric Klinenberg, *Heat Wave: A Social Autopsy of Disaster in Chicago* (Chicago: University of Chicago Press, 2002). See also "Dying Alone: An interview with Eric Klinenberg, author of *Heat Wave: A Social Autopsy of Disaster in Chicago*," University of Chicago Press website, http://www .press.uchicago.edu/Misc/Chicago/443213in.html

25. David Laskin, *The Children's Blizzard* (New York: HarperCollins, 2004).

26. William Bronson, *The Earth Shook, the Sky Burned* (San Francisco: Chronicle Books, 1996).

27. National Oceanic and Atmospheric Administration, 1972, *A Study of Earthquake Losses in the San Francisco Bay Area–Data and Analysis*, Report prepared for the Office of Emergency Preparedness (Washington, DC: U.S. Department of Commerce, 1972).

28. Gladys Hansen and Emmit Condon, *Denial of Disaster: The Untold Story and Photographs of the San Francisco Earthquake and Fire of 1906* (San Francisco, Cameron and Company, 1989).

29. Centers for Disease Control, "Deaths in World Trade Center Terrorist Attacks-New York City, 2001", *Morbidity and Mortality Weekly Report* 51, Special Issue (September 11, 2002):16-18, http://www.cdc.gov/MMWR/preview/mmwrhtml/mm51SPa6.htm.

30. Diane Coyle, GDP: *A Brief but Affectionate History* (Princeton, NJ: Princeton University Press, 2014).

31. Thomas Piketty, *Capital in the Twenty-First Century*, trans. Arthur Goldhammer (Cambridge, MA: Harvard University Press, 2014). 〔국역본,《21세기 자본》, 글항아리, 2014.〕

32. Joseph Stiglitz, Amartya Sen, and Jean-Paul Fitoussi, *Mismeasuring Our Lives: Why GDP Doesn't Add Up* (New York: New Press, 2010). 〔국역본,《GDP는 틀렸다》, 동녘, 2011.〕

33. Friedrich Schneider, "Size and Measurement of the Informal Economy in 110 Countries around the World," Paper presented at a Workshop of Australian National Tax Centre,

ANU, Canberra, July 2002, available at http://www.amnet.co.il/attachments/informal_economy110.pdf.

34. "Sex, Drugs and GDP: Italy's Inclusion of Illicit Activities in Its Figures Excites Much Interest," *Economist*, May 31, 2014, http://www.economist.com/news/finance-and-economics/21603073-italys-inclusion-illicit-activities-its-figures-excites-much-interest-sex, Sarah O'Connor, "Sex, Drugs and GDP—How Did the ONSZ Do It," *Financial Times*, May 2014, http://blogs.ft.com/money-supply/2014/05/29/sex-drugs-and-gdp-how-did-the-ons-do-it/, Angela Monaghan, "Drugs and Prostitution to Be Included in UK National Accounts," *Guardian*, May 29, 2014, http://www.theguardian.com/society/2014/may/29/drugs-prostitution-uk-national-accounts.

35. 빅맥 지수, http://bigmacindex.org/.


## 2장

1. John L. Gallup, Jeffrey D. Sachs and Andrew D. Mellinger, "Geography and Economic Development" *International Regional Science Review* 22, 2 (1999), 179–232.

2. Daron Acemoglu and James Robinson, *Why Nations Fail: The Origins of Power, Prosperity, and Poverty* (New York: Crown Business, 2013). 〔국역본, 《국가는 왜 실패하는가》, 시공사, 2012.〕

3. C. Mayhew and R. Simmon, *Earth's City Lights*, October 23, 2000. Retrieved from National Aeronautics and Space Administration (NASA) Visible Earth: http://visibleearth.nasa.gov/view.php?id=55167.

4. 대변한다는 것은 직접적으로는 산출하기 어려운 정보를 그 대상과 직접 관련된 다른 요소를 통해 직접 산출한다는 뜻이다. 예를 들어 나무의 나이테는 과거의 기온을 파악하는데 활용되지만, 직접적으로 기온을 측정할 수 있게 하지는 않는다.

5. W. Spence, S. A. Sipkin, and G. L. Choy, "Measuring the Size of an Earthquake," *Earthquakes and Volcanoes* 21, no. 1 (1989): 58–63. Retrieved from United States Geological Survey (USGS) Earthquake Hazards Program. http://earthquake.usgs.gov/learn/topics/measure.php.

6. 다양한 기본 교과서에서 판 구조론에 대한 설명을 찾아볼 수 있다. 대학 수준에서 그림과 함께 잘 설명해 놓은 책은 다음과 같다. Stephen Marshak, *Earth: Portrait of a Planet* (New York: Norton, 2014). 위키피디아에도 이해하기 쉽게 설명되어 있고, 좋은 참고 자료도 인용되어 있다. http://en.wikipedia.org/wiki/Plate_tectonics.

7. R. A. Rohde, "Saffir-Simpson Hurricane Intensity Scale," NANSA Earth Observatiry, November 2, 2006, http://earthobservatory.nasa.gov/IOTD/view.php?id=7079.

8. 내륙에 내린 호우의 결과로 발생하는 홍수는 대양에서 밀려온 폭풍 해일로 인한 홍수와 구분하기 위해서 담수 홍수freshwater flooding라 부르는 경우도 있다.

9. 크라카타우 섬 폭발 당시에는 뒤이은 쓰나미로 3만6,000명 정도가 사망했다. 폭발음은 3,000마일 밖에서도 들릴 정도로 컸다. 근대에 지구상에서 발생한 가장 큰 소리였다.

10. Incorporated Institutes for Seismology, Education and Outreach. http://www.iris.edu/hq/programs/education_and_outreach.

11. 코리올리 힘(정확히는 힘이 아니라 효과)은 회전하는 물체라면 어디에서든 나타난다. 지구상에서는, 표면에서 움직이는 물체는 무엇이든 정확히 동서로 이동하지 않는 이상 원래 향하던 방향에서 휘어지게 만든다. 그래서 만약 작고 그다지 빠르지 않은 비행기가 런던을 떠

나 남쪽에 있는 가나 수도 아크라를 향해 날아가면, 실제로는 서아프리카 연안에 있는 세네갈에 착륙할 것이다. 비행기가 남쪽을 향했기 때문에 아크라는 동쪽으로 이동했다. 지구가 고정되어 있다고 치면 비행기는 서쪽으로 휘어진 셈이 된다. 남반구에서는 정반대의 현상이 나타난다. 같은 비행기가 요하네스버그에서 북쪽의 카이로를 향하는 경우를 생각해 보라. 더 자세한 설명은 다음 링크를 참고하라. http://hyperphysics.phy-astr.gsu.edu/hbase/corf.html.

12. 적도 또는 적도로부터 남북 모두 위도 5도까지는(300마일) 태풍이 발생하지 않는다. 그 이유는 각각 다르다. 적도대에서는 코리올리 효과가 너무 약해서 태풍의 초기 형태인 제각기 흩어진 '작은 폭풍'을 회전시키지 못한다. 대서양 남쪽은 바다 표면 온도가 낮은 데다 수직 풍 시어shear가 너무 강해서 태풍이 형성되지 못한다. 그리고 열대수렴대에서 심한 증발로 형성되는 구름은 남쪽으로 충분히 내려가지 못한다.

13. National Oceanic and Atmospheric Administration (NOAA)/National Weather Service, "Saffir-Simpson Hurricane Wind Scale," May 24, 2013, http://www.nhc.noaa.gov/aboutsshws.php.

14. 이를 관측창observation window이라는 개념을 통해서 설명하는 경우도 많다. 특정한 현상을 관측하는 데 필요한 기간을 뜻한다고 보면 된다. 예를 들어 파리의 평소 강우량을 알려면 날씨를 몇 년 정도 관측하면 되지만, 엘니뇨현상이 강우량에 어떤 영향을 미치는지를 알려면 수십 년에 걸쳐 관측을 해야 한다. 엘니뇨는 3년에서 7년 마다 한 번씩 발생하는데, 분석을 하려면 여러 차례 관측을 반복해야 하기 때문이다.

15. Ross S. Stein, "Earthquake Conversations," *Scientific American* 288 (2003): 72–79. Also published in: *Our Ever Changing Earth, Scientific American, Special Edition* 15, no. 2 (2005): 82–89.

16. Tokuji Utsu, Yshihiko Ogata, Ritsuko S. Matsu'ura, "The Centenary of the Omori Formula for a Decay Law of Aftershock Activity," *Journal of the Physics of the Earth* 43 (1995): 1-33.

17. John C. Mutter, "Voices: Italian Seismologists: What Should They Have Said?" *Earth Magazine*, July 1, 2010, http://www.earthmagazine.org/article/voices-italian-seismologists-what-should-they-have-said.

18. Tia Ghose, "L'Aquila Earthquake Forces Geologists to Rethink Risk," *Live Science*, December 11, 2012, http://www.livescience.com/25420-laquila-earthquake-lessons.html.

19. 단층의 움직임에 대해서는 다음 링크를 참고하라. United States Geological Survey, "Haywood—Creeping Fault," geomaps.wr.usgs.gov/sfgeo/quaternary/stories/hayward_creep.html.

20. Roger Bilham, "The Seismic Future of Cities," *Bulletin of Earthquake Engineering* 7, no. 4 (November 2009): 839–887. See also an interview with Bilham at World Bank, "Seismic Future of Cities. Interview with Dr. Roger Bilham," February 22, 2011, http://go.worldbank.org/GTQ1AL0AG0.

21. Travis Daub, "China's War on Illegal Buildings," *The Rundown*(blog), PBS Newshour, August 17, 2010. http://www.pbs.org/newshour/rundown/chinas-war-on-illegal-buildings/.

22. "Workers Forced to Join Work," *Daily Star*, April 25, 2013, http://archive.thedailystar.net/beta2/news/workers-forced-to-join-work/.

23. Mark, "New Christchurch Earthquake Photos," *NZ Raw*(blog), February 24, 2011. http://www.nzraw.co.nz/news/new-christchurch-earthquake-photos/.

24. 이에 대한 기본적인 설명은 다음을 참고하라. Charles J. Ammon, "Earthquake Effects," Department of Geosciences, Penn State University, n.d., http://eqseis.geosc.psu.edu/~cammon/HTML/Classes/IntroQuakes/Notes/earthquake_effects.html.

25. 지진파가 퍼지는 속도는 지나가는 경로에 위치한 암석의 물성에 좌우되기 때문이다. 단단한 암석은 에너지를 더 빨리 전달한다. 무른 토양은 단단하지 않아 에너지를 매우 느리게 전달한다. 강한 암석을 통과해 나온 지진파가 무른 토양을 만나면 속도가 느려지지만, 지진파에 담긴 에너지량은 동일하기 때문에 더 좁은 지역에 에너지가 집중되면서 더 큰 진동을 유발한다. 에너지가 쌓이면서 진폭을 증가시킨다. 쓰나미의 파고가 해안의 얕은 물과 만나서 더 높아지는 것과 매우 유사한 과정이다. 암석 지대 내부의 빈 공간은 진동을 심하게 증폭시킬 수 있다. 그래서 토질을 측정하고 지도로 작성해 진동이 가장 강력하게 나타나는 위치가 어디인지를 알아내는 지진 미소구역화seismic microzonation에 대한 연구가 활발히 진행되고 있다. 이런 정보는 지진의 피해를 가장 크게 입을 수 있는 지역의 초기 발견자가 참고할 수 있고, 도시계획 시 기존 공공 구조물을 강화하고 새로운 시설을 설치할 때도 도움이 된다.

26. Suzanne Snively, "New Zealand Tops 2013 Corruption Perceptions Index," December 3, 2013. Retrieved from Transparency International: http://www.transparency.org/news/pressrelease/new_zealand_tops_2013_corruption_perceptions_index.

27. 이에 대해서는 약간 검토가 필요하다. 극지방 또한 거친 환경 때문에 생산성이 그리 높지 않다. 이런 지역에서도 부유한 곳이 있을 수 있는데, 대체로는 자원이 산출되는 곳에 국한되는 편이다.

28. 연구소의 가장 최근 연차보고서(2012~2013)를 다음 링크에서 살펴볼 수 있다. http://www.isr.gujarat.gov.in/images/pdf/APR%202012-13.pdf. 동료인 아서 러너-램Arthur Lerner-Lam과 나는 연구소가 설립되기 2년 전에, 정부에 조직 설립에 대한 자문을 하기 위해 구자라트에 몇 차례 방문했다.

29. 일반적으로 가난한 나라는 지진보다는 기상 관측 체계를 훨씬 더 잘 갖추고 있다. 기본적인 기상학적 관측은 지진 관측보다 쉽고, 비용도 훨씬 덜 든다. 특히 영국 같은 식민 지배 권력은 식민지 식량 생산과 수출에 중요한 현지 날씨를 파악하기 위해서 기상 관측소를 설치하고 운영했다. 식민지의 체계는 대개 본국의 체계를 모방해 만들어졌다. 영국의 식민지 중에서 특히 인도 같은 경우는 그만한 규모의 가뭄에 대응한 경험이 없는 식민 당국의 치명적인 대응 실패로 엄청난 가뭄과 기근에 시달리곤 했다(인도의 가뭄 대응 실패와 재앙에 가까운 사망자 규모에 대한 기록은 마이크 데이비스Mike Davis의 《후기 빅토리아 시대의 홀로코스트 Late Victorian Holocausts》에서 찾아볼 수 있다). 식민 지배를 겪은 국가는 독립 후 기존 기상 관측 시설이 있던 곳에 지진 관측망을 설치하고, 기존의 기상 관측 체계에 맞물려 운영하는 경우가 많았다. 관리 측면에서는 매우 좋은 선택이었다. 이미 환경이 잘 갖춰져 있고, 정기적으로 방문 관리하는 사람이 지진계를 제대로 운영할 수 있는 훈련을 받기만 하면 되었으니 말이다. 그러나 안타까운 사실은, 기상 관측소가 설치된 곳이 지진 관측에는 그다지 맞지 않을 수 있다는 점이다. 실제로 두 영역은 거의 연관성이 없다. 이런 까닭에 가난한 나라의 지진계는 이상적인 위치에 설치된 경우가 별로 없다. 오늘날에는 전 세계에 걸쳐 광역 관측 위성 체계가 갖춰져 있어 사실상 누구나 기상 정보를 얻을 수 있기 때문에 갑작스런 기상 악화로 놀랄 일이 별로 없다. 개별 국가는 이런 종류의 정보를 취합하고 분석하는 역량이 제각각이며, 주로 지상의 관측 도구에 의존한다. 역량이 우수한 국가가 주변 국가와 정보를 공유한다 하더라도, 미얀마나 북한처럼 고립된 국가에는 전하기 쉽지 않다. 인도 기상청은 상당히 발달했고 자체 위성도 갖추고 있다. 엘니뇨의 영향으로 인한 몬순(우기) 강우량 감소나 가뭄은 인도 경제에 파괴적인 영향을 끼치기 때문에, 인도에서는 지난

100여 년 동안 기상 예보가 국가의 가장 중요한 기능이었다. 주변 국가들도 같은 영향을 받지만, 인도만큼 예보 역량이 발달하지 못했다.

# 3장

1. Jonathan M. Katz, *The Big Truck That Went By: How the World Came to Save Haiti and Left Behind a Disaster* (New York: Palgrave Macmillan, 2013).

2. P. Cockburn, "Haiti's Elite Haunted by Fear of Revenge: Supporters of the Embattled Military Regime Dread a Bloody Repeat of 1791 when Tormented Slaves Massacred Their Rich Masters," *The Independent*, July 18, 1994.

3. M. Davis, "Planet of Slums," *New Left Review* 26 (2004): 5-34.

4. Pure Water for the World, "Transforming the Lives of Children & Families Struggling in Cit Soleil, Haiti," 2015, http://purewaterfortheworld.org/our-projects-cite-soleil-1000-homes.html.

5. CIA, *The World Factbook: Haiti*, March 11, 2015, https://www.cia.gov/library/publications/the-world-factbook/geos/ha.html.

6. 위와 같은 자료.

7. 관련 내용을 다음 글에서 살펴볼 수 있다. Sudhir Muralidhar, "Gangs of Port-au-Prince," *The American Prospect*, March 11, 2015, http://prospect.org/article/gangs-port-au-prince. 이 글은 기관명을 밝히지 않은 채 국제연합 평가 자료를 인용하고 있다. 애스거 레스의 다큐멘터리 영화 〈시테 솔레이유의 유령Ghosts of Cité Soleil〉 (A. Leth and M. Loncarevic, directors, 2007)"은 포르토프랭스 갱단의 삶과 죽음을 보여 준다.

8. Richard Sanders, "Chimère, the 'N' word of Haiti," *Press for Conversion!*, Issue 61 (2007): 50-51, http://coat.ncf.ca/our_magazine/links/61/50-51.pdf.

9. Athena R. Kolbe, "Revisiting Haiti's Gangs and Organized Violence," *Humanitarian Action in Situations Other than War Discussion Paper* 5 (2013): 1-36, http://hasow.org/uploads/trabalhos/101/doc/449921257.pdf. MINUSTAH, MINUSTAH Facts and Figures, October 14, 2014, http://www.un.org/en/peacekeeping/missions/minustah/facts.shtml.

10. UN Stabilization Mission in Haiti, "MINUSTAH Facts and Figures."

11. Daniele Lantagne G. Balakrish Nair, Claaudio F. Lanata and Alejando Cravioto, "The Cholera in Haiti: Where and how did it begin?," *Current topics in Microbiology and Immunology*, 2013. 요약본은 다음 링크에서 볼 수 있다. http://www.cepr.net/index.php/blogs/relief-and-reconstruction-watch/uns-own-independent-experts-now-say-minustah-troops-most-likely-caused-cholera-epidemic.

12. 불평등을 측정하는 방법 중 하나는 지니 계수다. 에반스 자다트는 아이티의 지니 계수를 0.6457로 계산했다. 이 계수는 완벽한 평등을 0으로 설정하며, 1.0을 가장 불평등한 상태로 설정한다. 다른 연구에서는 남아프리카공화국 및 몇몇 아프리카 국가들이 더 불공평한 곳으로 나타나기도 하지만, 자다트에 따르면 아이티보다 더 불평등한 나라는 나미비아 뿐이다. 지니는 소득의 실질적 분배(로렌츠 공식으로 산출)의 격차로부터 소득 불평등 수준을 추출해 내는 통계적 방식으로, 가상의 완벽한 평등 상태란 구성원 중 5퍼센트가 전체 부의 5퍼센트를 차지하는 상태, 20퍼센트면 20퍼센트의 부를 차지하는 상태 등을 뜻한다. Evans Jadotte, "Income Distribution and Poverty in the Republic of Haiti," Partnership

for Economic Policy— Poverty Monitoring, Measurement and Analysis, paper provided by PEP-PMMA in its series *Working Papers PMMA* with number 2006-13.

13. Oxfam, (2014). "Working for the Few. Political Capture and Economic Inequality," Oxfam Briefing Paper 178 (2014), 1–6, https://www.oxfam.org/sites/www.oxfam.org/files/bp-working-for-few-political-capture-economic-inequality-200114-summ-en.pdf.

14. World Bank, "Investing in People to Fight Poverty in Haiti," Washington, DC, 2015, http://www.worldbank.org/content/dam/Worldbank/document/Poverty%20documents/Haiti_PA_overview_web_EN.pdf.

15. Deborah Sontag, "Years after Haiti Quake, Safe Housing Is a Dream for Many," *New York Times*: August 15, 2012, http://www.nytimes.com/2012/08/16/world/americas/years-after-haiti-quake-safe-housing-is-dream-for-multitudes.html?_r=1.

16. Manuel Roig-Franzia, Mary Beth Sheridan, and Michael E. Ruane, "Haitians Struggle to Find the Dead and Keep Survivors Alive after Earthquake," *Washington Post*, January 15, 2010, http://www.washingtonpost.com/wp-dyn/content/article/2010/01/14/AR2010011401013.html.

17. Maura R. O'Connor, "Two Years Later, Haitian Earthquake Death Toll in Dispute," *Columbia Journalism Review*, January 12, 2012, http://www.cjr.org/behind_the_news/one_year_later_haitian_earthqu.php?page=all.

18. Hans Jaap Melissen, "Haiti Quake Death Toll Well under 100,000," Radio Netherlands Worldwide, February 23, 2010, http://www.rnw.nl/english/article/haiti-quake-death-toll-well-under-100,000.

19. Global Agriculture and Food Security Program, "Haiti Earthquake PDNA: Assessment of Damage, Losses, General and Sectoral Needs," World Bank, Washington, DC, March24, 2010.

20. World Health Organization, Division of Mental Health, *Psychological Consequences of Disasters: Prevention and Management* (Geneva: World Health Organization, 1992).

21. Timothy T. Schwartz, Yves-François Pierre, and Eric Calpas for LTL Strategies, *Building Assessments and Rubble Removal in Quake-Affected Neighborhoods in Haiti* (Washington, DC: USAID, 2011).

22. Claude de Ville de Goyet, Juan Pablo Sarmiento, and François Grünewald, *Health Response to the Earthquake in Haiti January 2010: Lessons to Be Learned for the Next Massive Sudden-Onset Disaster* (Washington, DC: Pan American Health Organization, 2011).

23. Financial Tracking Service, "Haiti in 2013—Related Emergencies. List of outstanding pledges and funding in 2013," United Nations Office for the Coordination of Humanitarian Affairs, 2013.

24. Elizabeth Ferris, "Earthquakes and Floods: Comparing Haiti and Pakistan," Brookings Institute, August 26, 2010, http://www.brookings.edu/~/media/research/files/papers/2010/8/26-earthquakes-floods-ferris/0826_earthquakes_floods_ferris.pdf.

25. 이와 관련해서는 내가 공동 연구자로 발표한 논문이 있다. Elisabeth King and John C. Mutter, "Violent Conflicts and Natural Disasters: The Growing Case for Cross-Disciplinary Dialogue," *Third World Quarterly* 35, no. 7 (2014): 1239–1255. 단층이 단독으로 존재하는 경우는 드물다. 대체로는 샌 안드레아스와 같은 주 단층이 하나 있고, 그로부터 뻗어 나온 수많은 줄기들이 상당히 멀리까지 펼쳐지기도 한다.

26. Katz, *The Big Truck That Went By*, May 5, 2012.

27. Vivian A. Bernal, and Paul Procce, "Four years on: What China Got Right when Rebuilding after the Sichuan Earthquake," *East Asia & Pacific on the Rise*(blog), World Bank, May 11, 2012, http://blogs.worldbank.org/eastasiapacific/four-years-on-what-china-got-right-when-rebuilding-after-the-sichuan-earthquake. 5/11/2012

28. Louisa Limb, "Five years after a quake, Chinese cite shoddy reconstruction" *All things considered*, NPR May 13, 2013, http://www.npr.org/blogs/parallels/2013/05/14/183635289/Five-Years-After-A-Quake-Chinese-Cite-Shoddy-Reconstruction.

29. Sarah Chayes, *Thieves of State: Why Corruption Threatens Global Security* (New York: Norton, 2015).

30. Nicholas Ambraseys and Roger Bilham, "Corruption Kills," *Nature* 469 (2011): 153-155.

31. 아이티는 175개국 중에서 161위다. 중국은 100위다. Transparency International, Haiti, 2014, http://www.transparency.org/country#HTI.

32. 지질공학은 토목공학의 한 갈래로 지구상의 천연 물질의 속성과 인간의 개입이 대지에 끼치는 영향을 연구한다. 이 분야 안에는 지구의 구성에 따른 지진의 영향에 초점을 맞추는 연구 부문도 있다. 지질공학은 기계적 속성에 특화된 분야로 지질학과는 다르며, 지질학에 기원을 두고 있지도 않다.

33. 세계무역센터 건물이 붕괴될 때, 지진 규모2에 해당하는 만큼 땅이 흔들렸다.

34. National Science Foundation, "Collaborative Research: Geoengineering Extreme Events Reconnaissance (GEER) Association: Turning Disaster into Knowledge," 2012, http://www.nsf.gov/awardsearch/showAward?AWD_ID=0825507, http://www.geerassociation.org/GEER_Post%20EQ%20Reports/Haiti_2010/Cover_Haiti10.html

35. United Nations Institute for Research and Training, "Haiti Earthquake 2010: Remote Sensing Based Building Damage Assessment Data"2010, http://www.unitar.org/unosat/haiti-earthquake-2010-remote-sensing-based-building-damage-assessment-data

36. Ellen Rathje et al., "Geotechnical Engineering Reconnaissance of the 2010 Haiti Earthquake," 2010, http://www.iris.edu/hq/haiti_workshop/docs/GEER%20Haiti%20Report%202010.pdf.

37. UNOSAT Operational Satellite: http://www.unitar.org/unosat/.

38. Rathje et al., "Geotechnical Engineering," 11.

39. Mac McClelland, "Rebuilding Haiti for the Rich," *Mother Jones*, January 11, 2011, http://www.motherjones.com/rights-stuff/2011/01/rebuilding-haiti-rich

40. Sonoma County Permit and Resource Management Department, Sonoma County Hazard Mitigation Map (Sonoma, CA: Author, 2011).

41. 엄밀하게는 난민이란 "인종, 종교, 국적, 특정 사회집단의 구성원 신분 또는 정치적 의견을 이유로 박해를 받을 우려가 있다는 합리적인 근거가 있는 공포로 인하여, 자신의 국적국 밖에 있는 자로, 국적국의 보호를 받을 수 없거나, 또는 그러한 공포로 인하여 국적국의 보호를 받는 것을 원하지 아니하는 자"를 가리킨다. 국제연합 난민 기구의 정의를 참고하라. "Refugees: Flowing across Borders," March 11, 2015, http://www.unhcr.org/pages/49c3646c125.html.

42. Megan Bradley, "Four Years after the Haiti Earthquake, the Search for Solutions to Displacement Continues," Brookings Institute, January 13, 2014, http://www.brookings.edu/blogs/up-front/posts/2014/01/13-haiti-earthquake-anniversary-bradley.

43. Executive Office of the President, *2014 Native Youth Report* (Washington DC: The White

House, 2014).

44.  Amanda Ripley, "The Gangs of New Orleans," *Time*, May 14, 2006, http://content.time.com/time/magazine/article/0,9171,1194016,00.html.

45.  Athena Kolbe and Rober Muggah, "Haiti's Silenced Victims," *New York Times*, December 8, 2012, http://www.nytimes.com/2012/12/09/opinion/sunday/haitis-silenced-victims.html?_r=0.

46.  Mary A. Renda, *Taking Haiti: Military Occupation and the Culture of U.S. Imperialism, 1915–1940*. (Chapel Hill: University of North Carolina Press, 2001).

47.  Alisa Klein, *Sexual Violence in Disasters: A Planning Guide for Prevention and Response* (Enola, LA: Louisiana Foundation Against Sexual Assault and National Sexual Violence Resource Center, 2008).

48.  Athena R. Kolbe and Royce A. Hutson "Human Rights Abuses and Other Criminal Violations in Port-au-Prince, Haiti: A Random Survey of Households," *Lancet* 368, no. 9538 (2006): 864–873.

49.  위와 같은 자료.

50.  Enrico L. Quarantelli, "Conventional Beliefs and Counterintuitive Realities" *Social Research: An International Quarterly of the Social Sciences* 75, no. 3, (2008): 873–904.

51.  Melissa Lyttle, "Yet More on Fabienne Cherisma," *Prison Photography* February 10, 2010, http://prisonphotography.org/2010/02/10/yet-more-on-fabienne-cherisma/.

52.  James Oatway, "Haiti Earthquake Aftermath," 2010, http://www.jamesoatway.com/haiti-earthquake-aftermath/.

53.  Jan Granup, "This is 15-year-old Fabienne Cherisma, Shot Dead by Policeman after Looting Three Picture Frames," *Color Magazine* no. 86 (April 9, 2013), http://www.colorsmagazine.com/stories/magazine/86/story/this-is-15-year-old-fabienne-cherisma-shot-dead-by-a-policeman-after-looting.

54.  이 사건을 우발적인 것으로 설명하는 글도 있다. 경찰은 질서 회복을 위해 군중의 머리 위로 총을 쏘았는데 파비엔이 오발탄을 맞았다는 것이다. 만약 그렇다면, 파비엔을 의도적으로 죽인 사람은 없다는 뜻이 된다. 결과만 놓고 볼 때 이런 설명이 무슨 차이가 있을지는 모르겠다. 적어도 파비엔의 가족에게는 다를 바가 없을 것이다.

55.  Frank Bajak, "Chile-Haiti Earthquake Comparison: Chile Was More Prepared," *Huffington Post*, April 29, 2010, http://www.huffingtonpost.com/2010/02/27/chile-haiti-earthquake-co_n_479705.html.

56.  Transparency International, "Corruption Perception Index," 2014, http://www.transparency.org/cpi2014/results#myAnchor1.

57.  World Bank, Gini Index (World Bank Estimate), March 11, 2015, http://data.worldbank.org/indicator/SI.POV.GINI.

58.  UN Development Program, *Human Development Reports*, March 11, 2015, http://hdr.undp.org/en/countries/profiles/CHL.

59.  Christi n Larroulet, "Chile's Path to Development: Key Reforms to Become the First Developed Country in Latin America," Heritage Foundation, October 15, 2013, http://www.heritage.org/research/reports/2013/10/chiles-path-to-development-key-reforms-to-become-the-first-developed-country-in-latin-america.

60.  Council on Hemispheric Affairs, "The Inequality behind Chile's Prosperity," November 23, 2011, http://www.coha.org/the-inequality-behind-chiles-prosperity/.

61. CIA, *The World Factbook: Chile*, March 11, 2015, https://www.cia.gov/library/publications/the-world-factbook/geos/ci.html.

62. Sara M. Llana, "Chile Earthquake: President Bachelet Opens Up to Foreign Aid," *Christian Science Monitor*, March 10, 2010, http://www.csmonitor.com/World/Americas/2010/0301/Chile-earthquake-President-Bachelet-opens-up-to-foreign-aid.

63. Patrick J. McDonnell, "Chile Sends Army into Post-Quake Chaos," *Los Angeles Times*, March 3, 2010, http://articles.latimes.com/2010/mar/03/world/la-fg-chile-quake3-2010mar03.

64. J. Busby, "Feeding Insecurity," in S. E. Rice, C. Graff, and C. Pascua, *Confronting Poverty: Weak States and U.S. National Security* (Washington DC: Brookings Institute, 2010), 140.

65. Juan Forero, "Post-Quake Looting Challenges Chile's Perceptions of Social Progress," *Washington Post*, March 5, 2010, http://www.washingtonpost.com/wp-dyn/content/article/2010/03/03/AR2010030304595.html.

66. Felipe Cordero, "Chile: Earthquake Reveals Social Inequalities," (2010.). *Global Voices*, March 10, 2010, http://globalvoicesonline.org/2010/03/10/chile-earthquake-reveals-social-inequalities/: Felipe Cordero, "Chile: Army Deployments to Streets of Concepción," March 2, 2010, *Global Voices*, March 2, 2010, http://globalvoicesonline.org/2010/03/02/chile-army-deployed-to-streets-of-concepcion/.

67. 위와 같은 자료.

68. 위와 같은 자료.

69. 위와 같은 자료.

70. 위와 같은 자료.

71. Urseem Micheal, Howard Kunreuther, and Erwann-Micheal Kerjan. *Leadership Dispatches: Chile's Extraordinary Comeback from Disaster.* Stanford University Press, 2015.

72. Paul Collier, *The Bottom Billion: Why the Poorest Countries are Failing and What Can Be Done About It* (New York: Oxford University Press, 2007).

73. P. Collier, "Haiti: From Natural Catastrophe to Economic Security. A Report for the Secretary-General of the United Nations," United Nations Secretary-Generals Office, 2009. http://www.focal.ca/pdf/haiticollier.pdf.

74. Center for Economic and Policy Research, "Haitian Companies Still Sidelined from Reconstruction Contracts," 2011, April 19, 2011, http://www.cepr.net/index.php/blogs/relief-and-reconstruction-watch/haitian-companies-still-sidelined-from-reconstruction-contracts.

75. 위와 같은 자료.

76. 카라콜 산업 공단에 대해서는 미국경제협조처 웹 사이트와 클린턴 재단 사이트를 참고하라. Clinton Foundation in Haiti, March 11, 2015, https://www.clintonfoundation.org/our-work/clinton-foundation-haiti/programs/caracol-industrial-park.

77. Jonathan M. Katz, J "A Glittering Industrial Park in Haiti Falls Short," *Al Jazeera America*, September 10, 2013, http://america.aljazeera.com/articles/2013/9/10/a-glittering-industrialparkfallsshortinhaiti.html.

78. C. S. Prentice et al., "Seismic Hazard of the Enriquillo–Plantain Garden Fault in Haiti Inferred from Palaeoseismology," *Nature Geoscience* 3 (2010): 789–793.

79. CIA, "Distribution of Family Income—Gini Index," *The World Factbook*, 2015, https://

www.cia.gov/library/publications/the-world-factbook/rankorder/2172rank.html.

80. '블랙 스완 사건'은 나심 탈레브가 쓴 동명의 책《블랙 스완The Black Swan: the impact of the highly unlikely》(Nassin Taleb, New York: Random House, 2007)에서 나온 것으로, 극도로 드문 사건을 가리키는 용어다. 탈레브는 호주 남서부에 토종 검은 백조가 수천 마리나 살고 있다는 사실을 몰랐던 것이 틀림없다. 퍼스에 사는 사람들은 오히려 흰 백조가 드물다고 생각한다. 〔국역본,《블랙 스완》, 동녘사이언스, 2008.〕


## 4장

1. International Tsunami Information Center, "10 Years since Dec. 26, 2004 Indian Ocean Tsunami," 2014, http://itic.ioc-unesco.org/index.php.

2. Peter Symonds, "The Asian Tsunami: Why There Were No Warnings," World Socialist Web Site, International Committee of the Fourth International, January 3, 2005, https://www.wsws.org/en/articles/2005/01/warn-j03.html.

3. Maryann Mott, "Did Animals Sense Tsunami Was Coming?" *National Geographic*, January 4, 2005, http://news.nationalgeographic.com/news/2005/01/0104_050104_tsunami_animals.html. C. Sabine, "Senses Helped Animals Survive the Tsunami," NBC News, 2005, January 6th. http://www.nbcnews.com/id/6795562/ns/nbc_nightly_news_with_brian_williams/t/sense-helped-animals-survive-tsunami/%20-%20.U—P7EgfmHk#.VQcG6Y7F-So.

4. World Bank, "Sri Lanka Overview," February 2015, http://www.worldbank.org/en/country/srilanka/overview#1.

5. A. K. Jayawadane, "Recent Tsunami Disaster Stricken to Sri Lanka and Recovery," International Seminar on Risk Management for Roads, 2006.

6. Harvard University, "What Did Sri Lanka Export in 2012?" *The Atlas of Economic Complexity*, March 2015, http://atlas.cid.harvard.edu/explore/tree_map/export/lka/all/show/2012/. 〈하버드 아틀라스Harvard Atlas〉의 수출 도표상에서 어업은 심지어 표시도 되지 않았다. 이는 어업 수익이 스리랑카 GDP 중 1퍼센트에도 못 미친다는 뜻이다.

7. Sisira Jayasuriya and Peter McCawley, *The Asian Tsunami Aid and Reconstruction after a Disaster* (Cheltenham: Asian Development Bank, Edward Elgar, 2010), http://www.e-elgar.co.uk/bookentry_main.lasso?id=13668.

8. World Bank data, World Development Indicators, "GDP Growth (Annual %), 2015, http://data.worldbank.org/indicator/NY.GDP.MKTP.K D.ZG?page=1

9. Nishara Fernando, "Forced Relocation after the Indian Ocean Tsunami. Case Study of Vulnerable Populations in Three Relocation Settlements in Galle, Sri Lanka," UNU-EHS Graduate Research Series, Bonn, 2010, http://www.ehs.unu.edu/file/get/10660.pdf.

10. 위와 같은 자료.

11. World Bank, "Sri Lanka: Country Snapshot," 2014. http://documents.worldbank.org/curated/en/2014/10/20305899/sri-lanka-country-snapshot.

12. National Police Agency of Japan, "Damage Situation and Police Countermeasures Associated with 2011 Tohoku District—off the Pacific Ocean Earthquake," 2015, https://www.npa.go.jp/archive/keibi/biki/higaijokyo_e.pdf.

13. Kazuhiro Morimoto, "The Tohoku Economy Three Years after the Great East Japan

Earthquake," April 30, 2014, http://www.iist.or.jp/en-m/2014/0230-0927/.

14. 몰리 슈넬은 현재 프린스턴 대학교에서 박사 과정 중이다. Molly K. Schnell David E. Weinstein, "Evaluating the Economic Response to Japan's Earthquake," Research Institute of Economy, Trade and Industry Policy Discussion Paper Series 12-P-003, 2012, http://www.rieti.go.jp/jp/publications/pdp/12p003.pdf.

15. Preston Phro, "Nearly 290,000 People Still Living in Shelters 2 1/2 Years after Tohoku Disaster," *Japan Today*, September 18, 2013, http://www.japantoday.com/category/national/view/nearly-290000-people-still-living-in-shelters-2-12-years-after-tohoku-disaster.

16. Tim Stephens, "Slippery Fault Unleashed Destructive Tohoku-Oki Earthquake and Tsunami," *University of California, Santa Cruz Newscenter*, December 5, 2013, http://news.ucsc.edu/2013/12/slippery-fault.html.

17. David Funkhouser, "Lessons from the Japan Earthquake," *State of the Planet: Blogs from the Earth Institute*, March 31, 2011, http://blogs.ei.columbia.edu/2011/03/31/lessons-from-the-tohoku-earthquake/.

18. Dambisa Moyo, *Dead Aid: Why Aid Is Not Working and How There Is a Better Way for Africa* (New York: Farrar, Straus Giroux, 2009). William Easterly, *The White Man's Burden: Why the West's Efforts to Aid the Rest Have Done So Much Ill and So Little Good* (New York: Oxford University Press, 2006).

## 5장

1. CIA, *The World Factbook: Myanmar*, March 11, 2015, https://www.cia.gov/library/publications/the-world-factbook/geos/bm.html.

2. T. T. Win, "Composition of the Different Ethnic Groups under the 8 Major National Ethnic Races in Myanmar," 2008, http://www.embassyofmyanmar.be/ABOUT/ethnicgroups.htm.

3. CIA, *The World Factbook: Myanmar*.

4. Emma Larkin, *Everything Is Broken: A Tale of Catastrophe in Burma* (New York: Penguin Books, 2010).

5. Win, "Composition of the Different Ethnic Groups."

6. 예를 들자면 이런 글이 있다. K. Szczepanski, "The 8888 Uprising in Myanmar (Burma)," March 2015, http://asianhistory.about.com/od/burmamyanmar/fl/The-8888-Uprising-in-Myanmar-Myanmar.htm.

7. B. Crossette, "Burma's Eroding Isolation," *New York Times*, November 24, 1985, http://www.nytimes.com/1985/11/24/magazine/burma-s-eroding-isolation.html.

8. Arakan Oil Watch "Burma's Resource Curse: The Case for Revenue Transparency in the Oil and Gas Sector," 2012, http://www.burmalibrary.org/docs13/Burmas_Resource_Curse%28en%29-red.pdf.

9. 자원의 저주는 한 나라가 광물이나 석유 같은 자원 채굴 산업에 모든 역량을 집중하기 시작할 때 발생한다. 그 나라는 곧 해당 자원의 가격에 크게 영향을 받게 되고, 환율은 농산품 같은 다른 수출품이 그러하듯, 해당 자원의 가격과 연동된다. "Resource Curse," *Investopedia*, n.d., http://www.investopedia.com/terms/r/resource-curse.asp#ixzz3X1ITJ4bF.

10. National Oceanic and Atmospheric Administration/National Weather Service, "Saffir-Simpson Hurricane Wind Scale," May 24, 2013, http://www.nhc.noaa.gov/aboutsshws.

php.

11. 사망자 집계는 다음 자료에서 확인할 수 있다. International Federation of Red Cross and Red Crescent Societies, "Myanmar: Cyclone Nargis 2008 Facts and Figures," May 3, 2011, http://www.ifrc.org/en/news-and-media/news-stories/asia-pacific/myanmar/myanmar-cyclone-nargis-2008-facts-and-figures/#sthash.3vTxw4sW.dpuf:8.

12. Swiss Reinsurance Company, *Natural Catastrophes and Man-Made Disasters in 2008: North America and Asia Suffer Heavy Losses* (Zurich: Swiss Reinsurance Company, 2009).

13. National Disaster Risk Reduction and Management Council, "NDRRMC Update: Updates re the Effects of Typhoon 'Yolanda' (Haiyan)," April 17, 2014, https://web.archive.org/web/20141006091212/http://www.ndrrmc.gov.ph/attachments/article/1177/Update%20Effects%20TY%20YOLANDA%2017%20April%202014.pdf.

14. Michael Casey, "Cyclone Nargis Had All the Makings of a Perfect Storm," *Washington Post*, May 8, 2008, http://www.washingtonpost.com/wp-dyn/content/article/2008/05/08/AR2008050801931_pf.html.

15. Larkin, *Everything Is Broken*.

16. Thomas Fuller, "A Most Unlikely Liberator in Myanmar," *New York Times*, March 14, 2012, http://www.nytimes.com/2012/03/15/world/asia/a-most-unlikely-liberator-in-myanmar.html.

17. Global Security, "Myanmar—Defense Spending," February 1, 2015, http://www.globalsecurity.org/military/world/myanmar/budget.htm.

18. Peter G. Peterson Foundation, "The U.S. Spends More on Defense than the Next Eight Countries Combined," April 13, 2014, http://pgpf.org/Chart-Archive/0053_defense-comparison.

19. Andrew Selth, "Even Paranoids Have Enemies: Cyclone Nargis and Myanmar's Fears of Invasion," *Contemporary Southeast Asia* 30, no. 3 (2008): 379–402.

20. Gareth Evans, "Facing Up to Our Responsibilities," May 12, 2008, International Crisis Group, http://www.crisisgroup.org/en/regions/asia/south-east-asia/myanmar/evans-facing-up-to-our-responsibilities.aspx

21. Kevin Woods, "A Political Anatomy of Land Grabs," *Myanmar Times*, March 3, 2014, http://www.mmtimes.com/index.php/national-news/9740-a-political-anatomy-of-land-grabs.html.

22. "Eminent Domain," Cornell University Law School, Legal Information Institute, March 12, 2015, https://www.law.cornell.edu/wex/eminent_domain.

6장

1. "Louisiana. Worldmark Encyclopedia of the States," Encyclopedia.com, 2007; http://www.encyclopedia.com/doc/1G2-2661700031.html.

2. Daniel H. Weinberg, "U.S. Neighborhood Income Inequality in the 2005–2009 Period," *American Community Survey Reports*, Census Bureau, US Department of Commerce, Washington, DC, October 2011, 12, http://www.census.gov/prod/2011pubs/acs-16.pdf.

3. Sarah Burd-Sharps, K. Lewis, and E. B. Martins, *A Portrait of Louisiana. Louisiana Human Development Report 2009*, American Human Development Project of the Social

Science Research Council, 2009, http://ssrc-static.s3.amazonaws.com/moa/A_Portrait_of_Louisiana.pdf.

4.  위와 같은 자료.

5.  Alan Berube and B. Katz, "Katrina's Window: Confronting Concentrated Poverty Across America" *Brookings*, October 2005, http://www.brookings.edu/research/reports/2005/10/poverty-berube.

6.  Kris Macomber, Sarah E. Rusche, and Delmar Wright, "After the Levees Broke: Reaction of College Students to the Aftermeth of Hurricane Katrina," in David L. Brunsma, David Overfelt, and J. Stephen Picou, *The Sociology of Katrina: Perspectives on a Modern Catastrophe* (Lanham, MD: Rowman and Littlefield, 2010), 166.

7.  Edward L. Glaeser and R. E. Saks, "Corruption in America," *Journal of Public Economics* 90 (2006): 1053–72.

8.  "Ex-New Orleans Mayor Ray Nagin Gets 10 Years in Prison," CNN, July 9, 2014, http://www.cnn.com/2014/07/09/justice/ray-nagin-sentencing/.

9.  Ariana Huffington, "The Flyover Presidency of George W. Bush," *Huffington Post*, May 25, 2011, http://www.huffingtonpost.com/arianna-huffington/the-flyover-presidency-of_b_6566.html.

10. Stephen C. Webster, "Bush's Disgraced FEMA Director Stunned at Sandy Response: 'Why Was This So Quick?'" *Raw Story*, October 30, 2012, http://www.rawstory.com/rs/2012/10/bushs-disgraced-fema-director-stunned-at-sandy-response-why-was-this-so-quick/.

11. Michael D. Brown and Ted Schwarz, *Deadly Indifference: The Perfect (Political) Storm: Hurricane Katrina, the Bush White House, and Beyond* (Plymouth, MA: Taylor Trade, 2011).

12. Richard D. Knabb, Jamie R. Rhome, and Daniel P. Brown, "Tropical Cyclone Report: Hurricane Katrina," National Oceanic and Atmospheric Administration (NOAA) National Hurricane Center, 2005, http://www.nhc.noaa.gov/pdf/TCR-AL122005_Katrina.pdf.

13. Eric S. Blake, Todd B. Kimberlain, Robert J. Berg, John P. Cangialosi, and John L. Beven II,. (2013). "Tropical Cyclone Report Hurricane Sandy (AL182012) 22–29 October 2012," NOAA National Hurricane Center, http://www.nhc.noaa.gov/data/tcr/AL182012_Sandy.pdf.

14. Erik Larson, *Isaac's Storm: A Man, a Time, and the Deadliest Hurricane in History* (New York: Crown, 2000).

15. David L. Johnson, "Service Assessment. Hurricane Katrina August 23–31, 2005," NOAA, National Weather Service, 2006, http://www.nws.noaa.gov/om/assessments/pdfs/Katrina.pdf.

16. Issac M. Cline, "Special Report on the Galveston Hurricane of September 8, 1900," NOAA History, February 4, 2004, http://www.history.noaa.gov/stories_tales/cline2.html.

17. Julian Gavaghan, "On This Day: Hurricane Betsy Kills 76 in New Orleans in Deadliest Storm before Katrina," September 24, 2013, https://uk.news.yahoo.com/on-this-day—hurricane-betsy-kills-76-in-new-orleans-in-deadliest-storm-before-katrina-152855522.html.

18. Elliot Aronson, "Fear, Denial, and Sensible Action in the Face of Disasters," *Social*

*Research* 75, no. 3 (2008): 855–872.

19.  Eric Lipton, "White House Knew of Levee's Failure on Night of Storm," *New York Times*, February 10, 2006, http://www.nytimes.com/2006/02/10/politics/10katrina. html?pagewanted=all&_r=0.

20.  Keren Fraiman, Austin Long, and Caitlin Talmadge, "Why the Iraqi Army Collapsed (and What Can Be Done about It)," *Washington Post*, June 13, 2014, http://www.washingtonpost. com/blogs/monkey-cage/wp/2014/06/13/why-the-iraqi-army-collapsed-and-what-can-be-done-about-it/.

21.  Brown and Schwarz, *Deadly Indifference*.

22.  Kevin. Drum, "Bush and Katrina," *Political Animal*(blog), *Washington Monthly*, September 1, 2005, http://www.washingtonmonthly.com/archives/individual/2005_09/007023.php.

23.  Ken Silverstein, "Top FEMA Jobs: No Experience Required," *Los Angeles Times*, September 9, 2005, http://articles.latimes.com/2005/sep/09/nation/na-fema9.

24.  Scott Price, *The U. S. Coast Guard & Hurricane Katrina*, November 17, 2014, http://www. uscg.mil/history/katrina/docs/karthistory.asp.

25.  Kathleen B. Blanco, "Taskforce Pelican," September 30, 2005, http://www. blancogovernor.com/index.cfm?md=newsroom&tmp=detail&catID=1&articleID=53 2&navID=3&printer=1.

26.  Douglas Brinkley, *The Great Deluge: Hurricane Katrina, New Orleans, and the Mississippi Gulf Coast* (New York: Harper Perennial, 2007). Jed Horne, *Breach of Faith: Hurricane Katrina and the Near Death of a Great American City* (New York: Random House, 2006).

27.  Thomas E. Nelson, Zoe M. Oxley, and Rosalee A. Clawson, "Toward a Psychology of Framing Effects," *Political Behavior* 19, no. 3 (1997): 221–246.

28.  Susan Sontag, "The Imagination of Disaster," *Commentary* (October 1965), https:// americanfuturesiup.files.wordpress.com/2013/01/sontag-the-imagination-of-disaster.pdf.

29.  E. L. Quarantelli, "Conventional Beliefs and Counterintuitive Realities," *Social Research: An International Quarterly of the Social Sciences* 75, no. 3 (2008): 873–904, http:// dspace.udel.edu/bitstream/handle/19716/4242/Article%20450%20for%20DSpace. pdf?sequence=1.

30.  위와 같은 자료.

31.  Kathleen Tierney, Christine Bevc, and Erica Kuligowski, "Metaphors Matter: Disaster Myths, Media Frames, and Their Consequences in Hurricane Katrina," *Annals of the American Academy of Political and Social Science* 604, no. 1 (2006): 57–81.

32.  Guy Gugliotta and Peter Whoriskey, "FloodsRavageNewOrleans, Two Levees Give Way," *Washington Post*, August 31, 2005, http://truth-out.org/archive/component/k2/ item/56907:floods-ravage-new-orleans.

33.  Kevin McGill, "Officials Throw Up Hands as Looters Ransack City,: *San Diego Union-Tribune*, August 31, 2005, http://legacy.utsandiego.com/news/nation/20050831-0839-katrina-looting.html.

34.  Robert McFadden and R. Blumenthal, "Higher Death Toll Seen, Police Ordered to Stop Looters," *New York Times*, September 1, 2005, http://www.nytimes.com/2005/09/01/ national/nationalspecial/01storm.html?pagewanted=print&_r=0.

35.  Sam Coates and D. Eggen, "In New Orleans, a Desperate Exodus," *Washington Post*, September 1, 2005, http://www.washingtonpost.com/wp-dyn/content/

article/2005/08/31/AR2005083101804.html.

36. Joseph B. Treaster and Deborah Sontag, "Local Officials Criticize Federal Government over Response," *New York Times*, September 2, 2005, http://www.nytimes.com/2005/09/02/national/nationalspecial/02storm.html?pagewanted=all.

37. Maureen Dowd, "United States of Shame," *New York Times*, September 3, 2005, http://www.nytimes.com/2005/09/03/opinion/03dowd.html.

38. Anderson Cooper et al., "New Orleans Shelters to Be Evacuated. Floodwaters Rising, Devastation Widespread in Katrina's Wake," CNN, August 31, 2005, http://www.cnn.com/2005/WEATHER/08/30/katrina/index.html?PHPSESSID=80205969dd4db592b10a3c325fb0e01c.

39. Lisa G. Sun, "Disaster Mythology and the Law," *Cornell Law Review* 96, no. 5 (2011): 1132.

40. 이 경기장은 1998년과 2004년에도 '피난민 최종 대피처'로 사용된 적이 있기 때문에, 홍수로 집을 나온 시민들은 과거처럼 식량과 음료를 얻을 수 있으리라 생각하고 경기장을 찾아갈 수 있었다.

41. Jim Dwyver and Christopher Drew, "Fear Exceeded Crime's Reality in New Orleans," *New York Times*, September 29, 2005, http://www.nytimes.com/2005/09/29/national/nationalspecial/29crime.html?adxnnl=1&fta=y&pagewanted=1&adxnnlx=1406477443-FbnkdjkU0QyYWci0LqBcpA. A. Taylor, "Rebecca Solnit by Astra Taylor," BOMB (Fall 2009), http://bombmagazine.org/article/3327/rebecca-solnit.

42. Brian Thevenot, "Reports of Anarchy at Superdome Overstated," *Seattle Times*, September 26, 2005, http://www.seattletimes.com/nation-world/reports-of-anarchy-at-superdome-overstated/.

43. Lee Clarke and Caron Chess, "Elites and Panic: More to Fear than Fear Itself," *Social Forces* 87, no. 2 (2008): 993–1014.

44. Rebecca Solnit, *A Paradise Built in Hell: The Extraordinary Communities That Arise in Disaster* (New York: Penguin Books, 2009). Taylor, "Rebecca Solnit by Astra Taylor." (국역본, 《이 폐허를 응시하라》, 펜타그램, 2012.)

45. Michael E. Dyson, *Come Hell or High Water: Hurricane Katrina and the Color of Disaster* (New York: Basic Civitas, 2005).

46. Van Jones, "Black People 'Loot' Food (…) White People 'Find' Food," *Huffington Post*, May 25, 2011, http://www.huffingtonpost.com/van-jones/black-people-loot-food-wh_b_6614.html.

47. Webster Commission, *The City in Crisis' A Report by the Special Advisor to the Board of Police Commissioners on the Civil Disorder in Los Angeles, Los Angeles*, UCLA, Institute for Government and Public Affairs, 1992.

48. Federal Emergency Management Agency, *Report of the Joint Fire/Police Task Force on Civil Unrest*, February 1994, http://www.usfa.fema.gov/downloads/pdf/publications/fa-142.pdf.

49. "New Orleans Rocked by Huge Blasts," BBC, September 2, 2005, http://news.bbc.co.uk/2/hi/americas/4207202.stm.

50. Philip L. Fradkin, *The Great Earthquake and Firestorms of 1906: How San Francisco Nearly Destroyed Itself* (Berkeley: University of California Press, 2006).

51. A. C. Thompson, "Katrina's Hidden Race War," *The Nation*, December 17, 2008, http://

www.thenation.com/article/katrinas-hidden-race-war.

52. Mai Denawa, "Behind the Accounts of the Great Kanto Earthquake of 1923," 2005, http://library.brown.edu/cds/kanto/denewa.html.

53. Robert Neff, "The Great Kanto Earthquake Massacre," *Ohmy News*, September 29, 2006, http://english.ohmynews.com/articleview/article_view.asp?at_code=363496.

## 7장

1. Mai Denawa, "Behind the Accounts of the Great Kanto Earthquake of 1923," 2005, http://library.brown.edu/cds/kanto/denewa.html; Joshua Hammer, "The Great Japan Earthquake of 1923," *Smithsonian Magazine* (May 2011), http://www.smithsonianmag.com/history/the-great-japan-earthquake-of-1923-1764539/?no-ist; United States Geological Survey, "Earthquakes with 1,000 or More Deaths 1900–2014," USGS Earthquakes Hazard Program, February 19, 2015, http://earthquake.usgs.gov/earthquakes/world/world_deaths.php.

2. C. D. James, "The 1923 Tokyo Earthquake and Fire," 2002, http://nisee.berkeley.edu/kanto/tokyo1923.pdf.

3. J. Charles Schenking, *The Great Kanto Earthquake and the Chimera of National Reconstruction in Japan* (New York: Columbia University Press, 2013).

4. Kevin Rozario, *The Culture of Calamity: Disaster and the Making of Modern America* (Chicago: University Of Chicago Press, 2007)

5. John R. Logan, "The Impact of Katrina: Race and Class in Storm-Damaged Neighborhoods," Brown University, 2006, http://www.s4.brown.edu/katrina/report.pdf.

6. Gary Rivlin, "A Mogul Who Would Rebuild New Orleans," *New York Times*, September 29, 2005, http://www.nytimes.com/2005/09/29/business/29mogul.html?pagewanted=all&_r=0.

7. John Harwood, "Louisiana Lawmakers Aim to Cope with Political Fallout," *Wall Street Journal*, September 9, 2005, http://www.wsj.com/articles/SB112622923108136137.

8. Charles Babington, "Some GOP Legislators Hit Jarring Notes in Addressing Katrina," *Washington Post*, September 10, 2005, http://www.washingtonpost.com/wp-dyn/content/article/2005/09/09/AR2005090901930.html.

9. Mike Davis, "Gentrifying Disaster," *Mother Jones*, October 25, 2005, http://www.motherjones.com/politics/2005/10/gentrifying-disaster.

10. Lori Rodriguez and Zeke Minaya, "HUD Chief Doubts New Orleans Will Be As Black," *Houston Chronicle*, September 29, 2005, http://www.chron.com/news/hurricanes/article/HUD-chief-doubts-New-Orleans-will-e-as-black–1919882.php.

11. Babington, "Some GOP Legislators Hit Jarring Notes in Addressing Katrina."

12. Cathy Young, "Everything You Knew about Hurricane Katrina Was Wrong," *Y-Files*(blog), January 6, 2006, http://cathyyoung.blogspot.com/2006/01/everything-you-knew-about-hurricane.html.

13. Patrick Sharkey, "Survival and Death in New Orleans: An Empirical Look at the Human Impact of Katrina," *Journal of Black Studies* 37, no. 4 (2007): 482–501, http://jbs.sagepub.com/content/37/4/482. See also Patrick Sharkey, *Were Whites Really More Likely*

*to Die in Katrina? A Reanalysis of Data on Race and the Casualties of Katrina* (Cambridge, MA: New Vision: An Institute for Policy and Progress, 2006).

14. Gary Rivlin, "Anger Meets New Orleans Renewal Plan," *New York Times*, January 12, 2006, http://www.nytimes.com/2006/01/12/national/nationalspecial12plan.html.

15. Davis, "Gentrifying Disaster."

16. Ben Margot, "Plans to Rebuild New Orleans Spark Controversy," *USA Today*, January 11, 2006, http://usatoday30.usatoday.com/news/nation/2006-01-11-neworleansrebuilding_x.htm.

17. "Geology of National Parks, 3D and Photographic Tours: Breezy Point (Gateway National Recreation Area),", US Geological Survey, January 20, 2015, http://3dparks.wr.usgs.gov/nyc/parks/loc69.htm.

18. Narayan Sastry and Jesse Gregory, *Spatial Dislocation and Return Migration Among New Orleans Residents After Hurricane Katrina* (Ann Arbor, MI: Institute for Social Research, University of Michigan, 2009), http://paa2010.princeton.edu/papers/10164.

19. Naomi Klein, *The Shock Doctrine: The Rise of Disaster Capitalism* (New York: Metropolitan Books, 2007).

20. Peter T. Leeson, and R. S. Sobel, "Weathering Corruption," *Journal of Law and Economics* 51 (2008): 667–81.

21. Allison Plyer, Elaine Ortiz, Ben Horwitz, and George Hobor, *The New Orleans Index at Eight: Measuring Greater New Orleans' Progress Toward Prosperity* (New Orleans, LA: Greater New Orleans Community Data Center, 2013)

22. Haeyoun Park and Archie Tse, "Mapping the Recovery of New Orleans," *New York Times*, August 27, 2010, http://www.nytimes.com/interactive/2010/08/27/us/20100827-katrina-resettlement.html?_r=0.

23. Plyer et al., *The New Orleans Index at Eight*.

24. Logan, "The Impact of Katrina."

25. Michelle Krupa, "New Orleans' Official 2010 Census Population Is 343,829, Agency Reports," *Times Picayune*, February 3, 2011, http://www.nola.com/politics/index.ssf/2011/02/new_orleans_officials_2010_pop.html.

26. Elizabeth Fussell, Katherine J. Curtis, and Jack DeWaard, "Recovery Migration to the City of New Orleans after Hurricane Katrina: A Migration Systems Approach," *Population and Environment* 35, no. 3 (2014): 305–22.

27. Logan, "The Impact of Katrina."

28. Lyndsey Layton, "In New Orleans, Major School District Closes Traditional Public Schools for Good," *Washington Post*, May 28, 2014, http://www.washingtonpost.com/local/education/in-new-orleans-traditional-public-schools-close-for-good/2014/05/28/ae4f5724-e5de-11e3-8f90-73e071f3d637_story.html.

29. Danielle Dreilinger, "John White: New Orleans Charter Civil Rights Complaint 'a Joke,'" *Times Picayune*, May 15, 2014, http://www.nola.com/education/index.ssf/2014/05/john_white_new_orleans_charter.html.

30. Plyer et al., *The New Orleans Index at Eight*.

31. 위와 같은 자료.

32. 위와 같은 자료.

33. Richard Campanella, "Gentrification and Its Discontents: Notes New Orleans,"

*NewGeography*, 2013, http://www.newgeography.com/content/003526-gentrification-and-its-discontents-notes-new-orleans.

34. Alberto Amore, "Regeneration from the Rubble, Culture and Creative Urban renewal in Post-Earthquake Christchurch, New Zealand," n.d., Academia.edu, http://www.academia.edu/9057248/Regeneration_from_the_rubble._Culture_and_creative_urban_renewal_in_post-earthquake_Christchurch_New_Zealand.

35. Michelle W. Anderson, "The New Minimal Cities," *Yale Law Journal* 123, no.5 (2014): 1118-1227.

36. Ben Austen, "The Post-Post-Apocalyptic Detroit," *New York Times*, July 11, 2014, http://www.nytimes.com/2014/07/13/magazine/the-post-post-apocalyptic-detroit.html.

37. Monica Davey, "A Private Boom amid Detroit's Public Blight," *New York Times*, March 14, 2013, http://www.nytimes.com/2013/03/05/us/a-private-boom-amid-detroits-public-blight.html.

38. T. S. Bernard,"Rebuilding After Sandy, but with Costly New Rules," *New York Times*, May 10, 2013, http://www.nytimes.com/2013/05/11/your-money/after-hurricane-sandy-rebuilding-under-higher-flood-insurance.html.

39. Definition from *Merriam-Webster*, http://www.merriam-webster.com/dictionary/profit.

8장

1. Aaron Morrison, "Ferguson Police Racism Report: Full Text of Justice Department Probe after Michael Brown's Death," *International Business Times*, March 4, 2015, http://www.ibtimes.com/ferguson-police-racism-report-full-text-justice-department-probe-after-michael-browns-1835944.

2. Radley Balko, *Rise of the Warrior Cop: The Militarization of America's Police Forces* (New York: Public Affairs, 2013). 다음 글도 참고하라. http://www.vice.com/video/radley-balko-on-the-militarization-of-americas-police-force. 이런 장비를 갖추게 된 데는 두 가지 배경이 있다. 하나는 9·11 발발 이후 테러와의 전쟁 역량을 강화하기 위해 각 지자체에 거약의 예산을 배정한 것이고, 또 하나는 오바마 정부에서 군 장비를 그대로 (지자체에) 제공한 것이다.

3. Matt Apuzo, "War gear flows to police departments," *New York Times*, June 8th, 2014, http://www.nytimes.com/2014/06/09/us/war-gear-flows-to-police-departments.html?_r=1.

4. Susan Sontag, "The imagination of disaster," *Commentary Magazine*, August 1965, https://www.commentarymagazine.com/articles/the-imagination-of-disaster/; see also https://americanfuturesiup.files.wordpress.com/2013/01/sontag-the-imagination-of-disaster.pdf.

5. "Jury convicts Blackwater guards in 2007 killings of Iraqi civilians," *Guardians*, October 22, 2014, http://www.theguardian.com/us-news/2014/oct/22/us-jury-convicts-blackwater-security-guards-iraq.

6. Thomas Piketty, *Capital in the twenty-first century*, trans. Arthur Goldhammer, (Cambridge, MA: Belknap Press, 2014). 〔국역본,《21세기 자본》, 글항아리, 2014.〕

7. Jim Salter and Jim Suhr, Associated Press, "Ferguson Election Triples Number of Blacks

on City Council," *U. S. News & World Report*, April 8, 2015, http://www.usnews.com/news/us/articles/2015/04/07/ferguson-voters-go-to-polls-to-elect-3-to-council-members.

## 기술 부록 1

1. Binyamin Appelbaum, "U.S. Economic Rocovery Looks Distant as Growth Stalls," *New York Times*, June 11, 2014, http://www.nytimes.com/2014/06/12/business/economy/us-economic-recovery-looks-distant-as-growth-lingers.html.
2. 해당 영역은 L(Ti-Te)/2로, i는 1과 2 모두 해당한다. Te는 일반성을 잃지 않고 0이 될 수 있는데, 그 경우에는 확실히 위쪽보다 아래쪽이 더 넓다.
3. Jeremy Ashkenas and Alicia Parlapiano, "How the Recession Reshaped the Economy in 255 Charts," *New York Times*, June 6, 2014, http://www.nytimes.com/interactive/2014/06/05/upshot/how-the-recession-reshaped-the-economy-in-255-charts.html?_r=0.
4. 이 그림과 앞의 그림은 스테판 헬러겟(St phane Hellegate)과 마이클 길(Michael Ghil)이 다음 논문에서 제시한 것과 유사하다. "Natural Disasters Impacting a Macroeconomic Model with Endogenous Dynamics," *Ecological Economics*, 68, nos. 1-2(2008): 582-92. 기술 부록 1은 이들의 연구에 크게 영감을 받았다.

## 기술 부록 2

1. Robert M. Solow, "A Contribution to the Theory of Economic Growth," *Quarterly Journal of Economics* 70, no. 1 (1956): 65-94, doi:10.2307/1884513. JSTOR 1884513; Trevor W. Swan, "Economic Growth and Capital Accumulation," *Economic Record* 32, no. 2 (1956): 334-361, doi:10.1111/j.1475-4932. Robert M. Solow, "Technical Change and the Aggregate Production Function," *Review of Economics and Statistics* 39, no. 3(1957): 312-320, doi:10.2307/1926047.
2. 《브리태니커 사전》에 따르면, 생산 함수는 투입한 생산 요소(노동, 자본 등)의 총량과 총 생산량 사이의 관계를 표현하는 방정식이다. 가능한 가장 효율적인 생산 방법을 사용한다는 가정하에, 요소들을 결합시키는 모든 방식을 통해 얻을 수 있는 총 생산량을 표시한다.
3. Costas Azariadis and John Stachurski, "Poverty Traps," *Handbook of Economic Growth*, Philippe Aghion & Steven Durlauf, eds. (ed. 1, vol. 1, no. 1, Elsevier, 2005), 326. 위키피디아의 '빈곤의 덫Poverty Traps' 항목 아래의 내용이 유용하며, 삭스의 연구가 반영되어 있다. 다음 자료도 참고하라. A. V. Banerjee and Ester Duflo, Poor Economics: *A Radical Rethinking of the Way to Fight Global Poverty* (New York: Public Affairs/Perseus Book Group, 2011).
4. Stépehane Hellegate and Michael Ghil, "Natural Disasters Impacting a Macroeconomic Model with Endogenous Dynamics," *Ecological Economics* 68 (2008): 582-592, doi:10.1016/j.ecolecon.2008.05.022.

# 그림 출처

그림1  컬럼비아 대학교 국제지구과학정보네트워크센터CEISIN: Center for International Earth
Science Information Network, 나사 사회경제데이터센터NASA SEDAC: Socioeconomic Data and
Applications Center

그림2  나사 고다드우주연구소GISS: Goddard Institute for Space Sciences, http://www.giss.nasa.gov /
research/news/20011105/flat_earth_nightm.jpg.

그림3  나사 지구천문대NASA Eatth Observatory

그림4  미국 지질연구소U. S. Geological Survey, http://geoscience.wisc.edu/~chuck/MORVEL/
global_eq.jpg.

그림5  나사NASA, http://eoimages.gsfc.nasa.gov/images/imagerecords /7000/7079/tropical_
cyclone_map_lrg.gif.

그림6  NASA/GSFC/METI/ERSDAC/JAROS, 미일 아스터 과학단U. S./Japan ASTER Science
Team.

그림7  NZ Raw. 마크 링컨Mark Lincoln이 촬영한 사진을 허가를 받아 게재함. marklincoln.co.nz.

그림8  미국 지질연구소U. S. Geological Survey

그림9  에드워드 린스미어Edward Linsmier가 찍은 사진. 허락을 받아 게재함.

기술 부록 1, 2의 도표는 모두 저자가 직접 그렸다.